# Aprendiz de Umbanda

Pablo Araújo de Carvalho

# Aprendiz de Umbanda

© 2019, Editora Anúbis

**Revisão:**
Rosemarie Giudilli

**Apoio cultural:**
Rádio Sensorial FM web
www.sensorialfm.com.br

**Projeto gráfico e capa:**
Edinei Gonçalves

Dados Internacionais de Catalogação na Publicação (CIP)
Agência Brasileira do ISBN - Bibliotecária Priscila Pena Machado CRB-7/6971

```
C331   Carvalho, Pablo Araújo de.
          Aprendiz de umbanda / Pablo Araújo de Carvalho. -- São
       Paulo : Anubis, 2019.
          320 p. ; 23 cm.

          ISBN 978-85-67855-59-2

          1. Umbanda. 2. Religião afro-brasileira. 3. Magia.
       I. Título.

                                                    CDD 299.672
```

São Paulo/SP – República Federativa do Brasil
*Printed in Brazil* – Impresso no Brasil

Este livro segue as novas regras do Acordo Ortográfico da Língua Portuguesa.

Os direitos de reprodução desta obra pertencem à Editora Anúbis. Portanto, não é permitida a reprodução total ou parcial desta obra, de qualquer forma ou por qualquer meio eletrônico, mecânico, inclusive por meio de processos xerográficos, incluindo ainda o uso da internet, sem a permissão expressa por escrito da Editora (Lei nº 9.610, de 19.2.98).

Distribuição exclusiva
**Aquaroli Books**
Rua Curupá, 801 – Vila Formosa – São Paulo/SP
CEP 03355-010 – Tel.: (11) 2673-3599
atendimento@aquarolibooks.com.br

# Dedicatória

*Para um espírito comum, porém, com uma força de vontade incomum em servir a Deus e auxiliar seus semelhantes.*

Dedico esta obra ao meu grande mestre Rubens Saraceni, que durante sua vida terrena dedicou-se de forma ímpar às forças espirituais e à sua espiritualidade, toda ela voltada para a evolução humana, a codificação e a ordenação da Semente Divina, chamada Umbanda, que foi plantada pelo Caboclo das Sete Encruzilhadas e seu médium Zélio Fernandino de Moraes, como prática da caridade realizada por meio da manifestação de espíritos e cuja base é: "Com os mais evoluídos aprenderemos, aos menos evoluídos ensinaremos e a nenhum renegaremos".

É louvável o grande esforço e amor dedicados ao crescimento, à expansão e à unificação da Umbanda como religião, reconhecida não apenas pelo seu papel social, uma vez caracterizado por nosso pai Zélio Fernandino de Moraes, mas também pela liturgia, teogonia, gênese, hierarquização, fundamentação e base religiosa apresentados por Rubens Saraceni e pelos guias que lhe inspiraram. E é por isso que podemos com orgulho afirmar que a Umbanda tem sua Gênese Divina e pode ser explicada segundo nossa concepção e crença, como tudo que se originou a partir de Deus (Olorum).

Não bastasse isso, a generosidade dos guias mestres da luz que inspiraram Rubens Saraceni, abrindo e revelando mistérios e mais mistérios que fundamentam a Umbanda, tais como: fatores divinos (verbos realizadores de Olorum), escrita mágica simbólica, ciência dos entrecruzamentos, fontes vivas, estados da criação, tronos de Olorum, planos e realidades divinas, e por último e, especialmente, a Magia Divina, pois foi Rubens Saraceni, essa grande Alma, o codificador e grande idealizador de mistérios que há muito existiam, porém, estavam fechados à espera de um espírito ímpar, digno e capaz de se entregar de corpo e alma ao cumprimento de sua missão como mensageiro, difusor e concretizador da fundamentação desse mistério chamado Magia Divina aqui no plano material.

Não há como negar a Rubens Saraceni e à seara de espíritos que o assistiu e inspirou, o pioneirismo do que podemos chamar de divisor de águas no que se refere à literatura, ao estudo e à abertura de mistérios divinos presentes no universo umbandista, e nada poderá ser escrito ou estudado sem que passe por aquilo que revelou nos livros que psicografou com tanta propriedade. E, vale mencionar aqui o exercício da psicografia, até então, inédito na Umbanda até o surgimento do Best Seller, *O Guardião da Meia-Noite*.

Hoje, ao escrever este texto me veio à mente: Quantos sacerdotes foram formados por ele, Rubens Saraceni, a partir do que foi codificado no astral como um acelerador da evolução religiosa umbandista? E quantos estão formando centenas de sacerdotes, todos embasados nessa codificação divina? Sem falar nos magos, igualmente formados por ele e que também estão formando centenas de outros magos iniciados nos mistérios divinos, mistérios esses que são mais um recurso divino para evolução humana e para o bem-estar de todos. Provavelmente, teríamos centenas de pessoas que ainda estariam semeando que Exu Mirim é um espírito de moleque batedor de carteira, que Exu foi o malandro que morreu no crime e que Pomba-Gira foi moça de vida fácil.

Como nossa memória é curta e abstrata, vale eternizar certas ideias no papel, nem que seja apenas para lembrarmos o quanto esse espírito comum, porém com uma força de vontade superior, chamado Rubens Saraceni, engrandeceu, ajudou e elucidou a tantos que escolheram a Umbanda como via religiosa evolucionista...

Obrigado mestre, as suas obras falam por si!

Pablo Araújo de Carvalho

# Agradecimentos

Dedico esse livro a todos os alunos que passaram por mim e outros que ainda virão, agradecendo-os pela oportunidade de tornar minha vida mais alegre fazendo aquilo que realmente me enche de Deus, que é servi-Lo, servindo meus semelhantes através da expansão e do compartilhamento dos conhecimentos de umbanda. Sem os alunos nada disso seria possível, pois todos nós estamos aprendendo uns com os outros e por isso somos eternos aprendizes do conhecimento divino.

Gratidão eterna a vocês, meus amados alunos e alunas, com quem passo boa parte do meu tempo e a parte boa da minha vida.

# Sumário

| | |
|---|---|
| Prefácio | 13 |
| Introdução | 15 |
| CAPÍTULO I – Religião de Umbanda e Conceitos de Religião | 17 |
| Umbanda, a renovação dos orixás africanos | 17 |
| O Culto e a Importação dos Orixás no Brasil | 17 |
| Como nasceu a Umbanda | 18 |
| Ética e Religião | 21 |
| A intolerância, o evangelho e a Umbanda | 25 |
| Direito de ser religioso | 27 |
| A redemocratização de Olorum na Umbanda | 30 |
| A Renovação e a perpetuação das religiões | 32 |
| A parte e o todo | 34 |
| O mecanismo e a beleza do ritual de Umbanda | 36 |
| Um Século de Umbanda | 40 |
| Umbanda que Pari Umbandas | 41 |
| Graus da Umbanda | 43 |
| Ciganos e Malandros e as linhas auxiliares e transitórias na Umbanda | 47 |
| Salve a abertura dos trabalhos de Umbanda! | 51 |
| Umbanda, a Reconstrução de uma Religião em Construção | 54 |
| Sou umbandista e isso basta! | 59 |
| Estrutura familiar umbandista | 62 |
| O sincretismo na Umbanda e na história das religiões | 65 |
| Umbanda e os guias protetores | 67 |
| Na Umbanda não há lugar para vaidade | 70 |

A Umbanda é maniqueísta? .................................. 71
Religião – escola que nos aperfeiçoa. ....................... 76
Religiosidade – transferência do templo externo para o templo íntimo. . 78
Diferenças e semelhanças entre Umbanda, Candomblé e Kardecismo . . 79
CAPÍTULO II – Conceitos de Mediunidade. ..................... 81
Mediunidade – início, meio e fim ............................ 81
Cuidado e direcionamento ao médium iniciante .............. 82
As dificuldades da vida material e a mediunidade ........... 83
Médium – o elo mais frágil da corrente. ..................... 84
Cautela mediúnica. ........................................... 85
Campo mediúnico, absorção, doação e repulsão. .............. 87
Poder mental e desenvolvimento mediúnico na Umbanda. ...... 90
O desenvolvimento e o desdobramento das faculdades mentais ou
    dons divinos ............................................. 93
Carma – ser ou não ser – eis a questão! ..................... 95
Conhece-te a ti mesmo ....................................... 101
Polos positivo e negativo nos seres. ........................ 102
Faixas vibratórias positivas e negativas .................... 103
Universos paralelos mentais negativos e positivos. .......... 106
O velho e o novo sacerdote. ................................. 108
A cosmogonia da máquina em relação à gênese da peça (segundo um
    torneiro visionário). ................................... 110
A paciência é uma prece muda. ............................... 112
Seja crença, não seja verdade. .............................. 113
A simplicidade é a marca indissolúvel de Olorum. ............ 115
Breve ensaio sobre intolerância ............................. 116
O espinho e a rosa que falam de mim. ........................ 117
Nietzsche, o advogado de Deus ............................... 120
Espelho d'água. ............................................. 121
Ame escutando e escute amando ............................... 122
O mito e os Orixás .......................................... 123
Mitos, crendices e preconceitos na mediunidade .............. 129
Os nossos vícios ou excessos perante as virtudes divinas. ... 134
Tipos de mediunidade ........................................ 136
Capítulo III – Princípios Divinos ........................... 139

| | |
|---|---|
| O fundamento do altar sagrado | 139 |
| Imagens entronizadas | 141 |
| Sistemas religiosos | 143 |
| Orixás – a personificação sagrada do divino criador | 145 |
| Orixá Ibeji o princípio e a qualidade imanente da pureza de Deus | 164 |
| O valor e a transmutação do desejo para o amor | 170 |
| Ode à Pomba-Gira | 171 |
| Pomba-Gira e a psique | 174 |
| Exu – como apresentá-lo? | 176 |
| Logunan – a canção da vida, o tempo e seus mistérios | 185 |
| Lendas – alegoria que revela o oculto | 188 |
| Um oráculo sobre Pedragon – o guardião das ausências divinas (uma história sobre a ambição e a vaidade) | 191 |
| Orixá Meta-Meta e Ogum Xoroquê | 195 |
| Histórias de um velho babalaô e o seu neófito Yaô – uma história de amor | 199 |
| Capítulo IV – Liturgia de Umbanda | 205 |
| Todo ato é sagrado | 205 |
| Pontos salutares | 206 |
| Entrada da porta do terreiro | 206 |
| Cruzeiro das almas | 206 |
| Entrada na faixa delimitadora entre o corpo mediúnico e a assistência | 207 |
| Congá (altar) | 207 |
| Tronqueira ou assentamento dos orixás Exu, Pomba-Gira e Exu Mirim | 208 |
| Encostar a testa no congá "bater a cabeça" | 209 |
| Ritual da pemba e da toalha sagrada | 209 |
| Ritual da esteira sagrada | 210 |
| Defumação e o ato de defumar | 210 |
| As velas e as funções dos orixás | 211 |
| Prece, magia e vibração mental | 212 |
| Saudação às sete linhas de Umbanda | 214 |
| Saudação aos orixás | 214 |
| Hino da Umbanda | 215 |

Saudação ao Pai Oxalá . . . . . . . . . . . . . . . . . . . . . . . . . . . 216
Saudação aos orixás regentes da casa . . . . . . . . . . . . . . . . . 217
Saudação ao orixá que abrirá os trabalhos . . . . . . . . . . . . . . 217
Saudação à linha de força espiritual que realizará o trabalho de atendimento . . . . . . . . . . . . . . . . . . . . . . . . . . . 217
Saudação à linha de força espiritual que descarregará as vibrações energéticas após o trabalho de atendimento . . . . . . . . . . . 218
Saudação ao orixá que fechará os trabalhos . . . . . . . . . . . . . 218
Encerramento . . . . . . . . . . . . . . . . . . . . . . . . . . . . . . . . 219
Indumentária Religiosa . . . . . . . . . . . . . . . . . . . . . . . . . . 219
Roupa branca. . . . . . . . . . . . . . . . . . . . . . . . . . . . . . . . . 220
Cobertura de cabeça ou filá . . . . . . . . . . . . . . . . . . . . . . . 221
Guias ou colares . . . . . . . . . . . . . . . . . . . . . . . . . . . . . . 221
Fundamento dos atabaques. . . . . . . . . . . . . . . . . . . . . . . 224
Magnetismos nas oferendas . . . . . . . . . . . . . . . . . . . . . . 225
Magnetismos opostos complementares . . . . . . . . . . . . . . . 227
Magnetismos antagônicos . . . . . . . . . . . . . . . . . . . . . . . . 227
Magnetismos atratores . . . . . . . . . . . . . . . . . . . . . . . . . . 227
Magnetismos neutros . . . . . . . . . . . . . . . . . . . . . . . . . . . 228
Magnetismos repelidores: água e azeite . . . . . . . . . . . . . . . 228
Assentamento de poderes divinos e firmeza de forças espirituais . . 229
Divindades e os sentidos dos arquétipos . . . . . . . . . . . . . . . 234
Imitação de Oxalá . . . . . . . . . . . . . . . . . . . . . . . . . . . . . 237
Horas e minutos nas oferendas – portais sagrados do dia do Orixá . . 238
A cura de espíritos sofredores . . . . . . . . . . . . . . . . . . . . . 241
Clamor aos Orixás. . . . . . . . . . . . . . . . . . . . . . . . . . . . . 244

# Prefácio

É com muita alegria e honra que apresento *Aprendiz de Umbanda*, livro escrito por nosso irmão, amigo e mestre Pablo Araújo, exemplo de ser humano em busca constante de sua evolução.

Esta coletânea de dissertações oferece oportunidade de desenvolvimento e aprendizado sobre os fundamentos e mistérios contidos na Umbanda. O leitor é estimulado a refletir sobre a história, as lendas e os conceitos relacionados à nossa amada religião, bem como sobre de que maneira seus conhecimentos, valores e ações interferem no cotidiano, promovendo uma autoanálise rumo à reforma íntima, o que nós, aprendizes nesta jornada evolutiva, tanto almejamos!

Nesta busca do saber e do aprimoramento pessoal, exercitamos nossa mente, nosso senso crítico e exploramos as múltiplas combinações do pensamento. À medida que nos aperfeiçoamos, podemos vivenciar de forma mais significativa os rituais da prática religiosa.

Agradeço a Olorum, a todos os orixás e aos guias protetores que me assistem, pois, recebi com essa tarefa um presente da espiritualidade! Tive a sensação que lia cada parágrafo e cada texto, no momento exato, ou seja, à medida que podiam fazer significado às minhas experiências, dúvidas, certezas e desejos.

Por fim, ressalto a sensibilidade e o amor impressos pelo autor em toda a obra, pedindo ao nosso Pai Maior que em sua infinita misericórdia lhe faculte tudo o que é necessário, saúde, paz, prosperidade, humildade, alegrias e conquistas! Possibilitando-o entregar ao mundo dos encarnados mais fontes e meios de conhecimento, esclarecimento e Luz Divina! Axé irmão!

Eliane Cristina Brasileiro Casarin – *uma aprendiz de Umbanda*

# Introdução

*Aprendiz de Umbanda* é um livro que fala de todas as religiões a partir da visão de um umbandista, aproximando todas as religiões com um ponto em comum que é onde todas cumprem ou devem cumprir seu papel de elevação íntima em um despertar contínuo da consciência, conduzindo a todos à fraternidade e à comunhão em que Deus está presente através das virtudes manifestadas em nossos atos e palavras.

*Aprendiz de Umbanda* é um livro que iguala a tudo e a todos e coloca as religiões no lugar que elas merecem, como verdadeiras aceleradoras das virtudes através do humanismo, bondade, humildade e compaixão que ela desperta naqueles que a buscam como um meio evolutivo e melhor forma de servir a Deus, servindo seus semelhantes com o que trazemos de melhor em nosso íntimo que é o amor e a sabedoria.

*Aprendiz de Umbanda* é um livro que dá o direito a todos de ser religioso, democratizando Deus como um bem absoluto e pertencente não a uma ou outra denominação religiosa, mas sim pertencente à humanidade, quando essa se manifesta em atitudes, palavras e ações virtuosas, despertando a bondade e a misericórdia nos corações mais gélidos e ausentes da calorosa presença de Deus, que se manifesta por meio do amor, da fraternidade e da comunhão dos homens e das mulheres de bem a favor do bem comum.

*Aprendiz de Umbanda* é acima de tudo o deixar do Eu a favor do nosso.

*Aprendiz de Umbanda* é o princípio da unidade em Deus e a multiplicidade na forma Dele se manifestar.

*Aprendiz de Umbanda* é a unidade em Deus que une a tudo e a todos como filhos do mesmo Pai, sendo a unidade que ao se manifestar o faz através da multiplicidade nas diversas culturas e formas de nos voltarmos a esse mesmo Criador.

*"A casa do meu Pai tem muitas moradas."*

Nesta frase emblemática do nosso mestre Jesus, está implícito que no mundo gerado por Deus existem várias formas de se voltar a Ele, e o *Aprendiz de Umbanda* defende todas as formas e meios de fazer o bem por meio das religiões que são meios legítimos de evolução que nos conduzem e despertam em nós um estado de consciência mais elevado, despertando assim as virtudes divinas que são os meios por onde Deus se manifesta em nós.

P.S.: Salientamos a todos os leitores que não possuem conhecimento profundo na liturgia de Umbanda, que onde se lê Olorum também se lê Deus, onde Olorum tem o mesmo significado de Deus, o criador de tudo e de todos, encontrado em todas as outras religiões e com os mais variados nomes: Javé, El Shaday, Elohim, Allah, Adonai, Brahma, Tupã, Olodumare, Zeus, Marduque, Baal, etc., mas que representa em todas elas a mesma fonte única criadora e geradora de tudo e de todos, ou seja, o mesmo Deus, mas com nomes diferentes. De modo similar, é o exemplo do termo Pai e Mãe que tem o mesmo significado no mundo inteiro. No Brasil temos um pai que se chama Sebastião e uma mãe que se chama Severina, e no Japão alguém tem um pai chamado Hiroshi e uma mãe chamada Yumi, porém a essência, a qualidade, o atributo, a atribuição e o sentido da palavra que designa a qualidade denominada Pai e Mãe não mudam, tendo o mesmo significado em todo o mundo.

Então, se você, amigo leitor, é cristão, Olorum pode ser chamado e entendido por você como Deus ou o Sagrado Jeová. Se você é islâmico, Olorum pode ser chamado e entendido por você como o Sagrado Allah. Se você é indígena, Olorum pode ser chamado e entendido por você como o Sagrado Tupã. Se você é hinduísta, Olorum pode ser chamado e entendido por você como o Sagrado Brahma. Se você é judeu ou semita, Olorum pode ser chamado e entendido por você como o Sagrado Adonai.

E se somos filhos do amor do mesmo Pai, então somos irmãos fraternos e aprendizes sagrados do amor divino.

Axé

# CAPÍTULO I

# Religião de Umbanda e Conceitos de Religião

## Umbanda, a renovação dos orixás africanos

A Umbanda é uma religião com matriz divina fundamentada no culto aos Orixás, culto nascido em solo africano. A divindade é a mesma, porém, o seu culto se renovou na religião de Umbanda, na qual os preceitos de outrora foram substituídos por uma dinâmica e liturgia em acordo com a evolução e a necessidade de seus atuais praticantes. Nasceu assim nova religião, pois, trouxe liturgia própria. Embora esteja fundamentada nos Orixás, é diferenciada em todos os aspectos do culto de nação, tanto em sua liturgia, quanto em sua gênese, doutrina e teologia, herdando dos cultos afros somente as suas divindades principais denominadas Orixás.

## O Culto e a Importação dos Orixás no Brasil

O fenômeno do culto aos Orixás deu-se em solo brasileiro com a importação dos negros trazidos como escravos, pois até então na África cada nação ou região cultuava um único Orixá, por exemplo: Iemanjá era cultuada pelos Egbas nação Ioruba da região de Ifé; Nanã por meio da nação Jeje na região de Dahomey pelos povos Mahi etc. Muitos dos povos dessa região desconheciam outras divindades ou até as tinham por inimigas.

O culto aos Orixás enriqueceu, pois, os escravos de nações diferentes compartilharam suas tradições e culto às suas divindades, tornando o que era restrito a um grupo ou nação em algo coletivo, possibilitando aos que eram de uma determinada nação e detinham o conhecimento somente de seu Orixá de culto, conhecer, recorrer e oferendar outras divindades, sendo iniciados nos mistérios e axés das mesmas.

Podemos afirmar que a junção dos diversos cultos é um fenômeno brasileiro. E a miscelânea de povos e cultos africanos ocorreu quando os navios negreiros aportaram na Bahia (nação Keto, Angola e Congo), em Pernambuco, Paraíba e Alagoas (nação Xangô do Nordeste), no Maranhão (nação Tambor de Mina), entre outros, surgindo assim novos cultos e expandindo as classes de divindades Orixás, dando origem ao Candomblé.

E a Umbanda, embora esteja fundamentada nos Orixás da teogonia africana, tem seu próprio culto, liturgia, gênese e fundação. Como boa nova ou renovação do culto aos Orixás, incorporou em seu culto a manifestação de espíritos guias, com forma única e original de trabalho, não vista e nem praticada até seu surgimento como religião em 16 de novembro de 1908, na pessoa do saudoso Pai Zélio Fernandino de Moraes e do espírito mensageiro da boa nova Caboclo das Sete Encruzilhadas.

## *Como nasceu a Umbanda*

A Umbanda nasceu do impedimento de espíritos oriundos de culturas e sociedades diferentes manifestarem-se e propagarem palavras de fé, carinho e esclarecimento.

Tudo começou quando uma família tradicional da cidade de Neves em Niterói, no Rio de Janeiro, foi surpreendida por uma ocorrência de aspectos sobrenaturais com um de seus filhos, o jovem Zélio Fernandino de Moraes, acometido de estranha paralisia, que os médicos não conseguiam debelar, até que certo dia ergueu-se do leito e declarou: "Amanhã estarei curado". No dia seguinte, levantou-se normalmente e começou a andar, como se nada houvesse lhe tirado os movimentos. Nessa época, Zélio contava 17 anos de idade e se preparava para ingressar na carreira militar na Marinha.

A medicina não soube explicar o que acontecera. Os tios, sacerdotes católicos, colhidos de surpresa, nada esclareceram. Um amigo da família sugeriu, então, uma visita à Federação Espírita de Niterói, presidida na época por José de Souza.

No dia 15 de novembro, Zélio foi convidado a participar da sessão, ocupando um lugar à mesa. Tomado por uma força estranha e superior à sua vontade e contrariando as normas que impediam o afastamento de qualquer dos componentes da mesa, levantou-se e disse: "Aqui está faltando uma flor", e saiu da sala em direção ao jardim, voltando logo depois com uma flor que a depositou no centro da mesa. Tal atitude considerada insólita quase causou um tumulto.

Restabelecidos os trabalhos, manifestaram-se nos médiuns kardecistas espíritos que se diziam pretos escravos e índios, e, advertidos de seu estado de atraso espiritual, foram convidados a se retirar. Novamente, uma força estranha dominou o jovem Zélio e ele falou, sem saber o que dizia; ouvia apenas a sua própria voz perguntar quais motivos levavam os dirigentes dos trabalhos a não aceitarem a comunicação daqueles espíritos. Por que eram considerados atrasados? Em virtude de encarnações passadas que revelavam?

Seguiu-se um diálogo acalorado, e os responsáveis pela sessão procuravam doutrinar e afastar o espírito desconhecido que desenvolvia argumentação segura. Um médium vidente perguntou: "Por que o irmão fala nestes termos, pretendendo que a direção aceite a manifestação de espíritos, que pelo grau de cultura que tiveram quando encarnados, são claramente atrasados"? Por que fala desse modo, se estou vendo que me dirijo neste momento a um jesuíta e à sua veste branca reflete uma aura de luz? E qual o seu nome, irmão?

E o espírito desconhecido falou: "Se julgam atrasados os espíritos de pretos e índios, devo dizer que amanhã, 16 de novembro às 20h, estarei na casa de meu aparelho para dar início a um culto em que esses irmãos poderão dar suas mensagens e, assim, cumprir a missão que o plano espiritual lhes confiou. Será uma religião que falará aos humildes, simbolizando a igualdade que deve existir entre todos os irmãos encarnados e desencarnados. E se querem saber meu nome, que seja este: Caboclo das Sete Encruzilhadas, porque para mim não haverá caminhos fechados. O vidente retrucou, perguntando com ironia: "Julga o irmão que alguém irá assistir a seu culto"? E o espírito já identificado disse: "Cada colina de Niterói atuará como porta-voz, anunciando o culto que amanhã iniciarei."

No dia seguinte, ao se aproximar a hora marcada na casa da família Moraes na Rua Floriano Peixoto, número 30, estavam presentes membros da Federação Espírita, para comprovarem a veracidade do que havia sido declarado na véspera, parentes mais próximos, amigos, vizinhos e do lado de fora uma multidão de desconhecidos. Às 20h00min, manifestou-se o Caboclo das Sete Encruzilhadas e declarou que naquele momento iniciava-se novo culto, no qual espíritos de velhos africanos (que haviam servido como escravos, e após o seu desenlace não encontravam campo de atuação nas remanescentes seitas negras, já deturpadas e dirigidas em sua totalidade para os trabalhos de feitiçaria) e de índios nativos de nossa terra poderiam trabalhar em benefício de seus irmãos encarnados, qualquer que fosse a cor, raça, credo e condição social. A prática da caridade, no sentido do amor fraterno, seria a característica principal deste culto.

Naquele momento, o amado Caboclo das Sete Encruzilhadas descreveu como seria a nova religião com fundamentos divinos, considerados dogmas inalteráveis, como atendimento gratuito, nome do movimento religioso que se iniciava: UMBANDA – Manifestação do Espírito para a Caridade, e todos os espíritos poderiam trabalhar em benefício de seus irmãos.

Retomando o nosso comentário, está implícito na história do fundador da Umbanda que, por motivos idealistas ou idealizadores, a mensagem de um espírito deve ser medida pelo grau intelectual adquirido em vida (médicos, poetas, escritores, filósofos), negando-se a manifestação de espíritos que não trazem patente material, considerados ignorantes por não concursarem em meios acadêmicos, como se uma palavra de amor, conforto e bondade necessitasse de uma cátedra ou de um título nobre para ser dita. Como se uma palavra de fé precisasse vir não do íntimo, onde habita o criador, mas sim de um oratório exemplar.

Esses espíritos foram expulsos porque a sua linguagem era desprovida dos padrões cultos da língua, pois o que brilhava aos olhos nas manifestações espíritas era o espírito envolto de uma cátedra e renome e não bastavam as atitudes simples de um negro velho ao abraçar alguém e confortar o seu coração com palavras simples, mas muito sábias, pois era necessária a pompa de um vocabulário elitista. Para eles, a luz do espírito provinha do grau de intelectualidade trazido de uma encarnação anterior: "É índio ou negro escravo aqui não pode se manifestar."

Como poderia uma religião fundamentada nas reencarnações exigir critérios ou medir a evolução de um espírito pelo nível de erudição ou roupagem perispiritual de sua última encarnação? Como se o espírito acumulasse apenas uma encarnação, haja vista muitos pretos-velhos que se manifestam segundo a sua última roupagem reencarnatória, ainda que tivessem sido grandes poetas, filósofos etc., em outras encarnações.

A religião de Umbanda foi muito bem pensada, e os espíritos que se manifestam com nomes simbólicos, como Caboclo Sete Encruzilhada, Caboclo Sete Luas e Preto-Velho Pai José do Cruzeiro, o fazem porque renunciaram a todas as identidades pessoais e culturais, sejam de escravos, filósofos, médicos, imperadores, sumo-sacerdotes, gregos, troianos, africanos, alemães, judeus, entre outros, para se consagrarem a uma identidade divina e sagrada. Esses espíritos, ao abandonarem graus materiais para adotarem um grau divino, tinham por objetivo atrair as pessoas não pelo que foram em outras encarnações, uma vez que anularam sua natureza íntima para vivenciarem sua natureza divina.

Palavras de fé, carinho e esclarecimento podem ser ditas por qualquer espírito encarnado ou desencarnado, independentemente de sua cultura, origem, grau de escolaridade ou acadêmico, etnia, religião.

Fé, amor, conhecimento, razão, caráter, sabedoria e vida são sentimentos que todos nós herdamos de Olorum (Deus) como suas qualidades e dons divinos e temos todo direito de manifestar tais sentidos, sem necessitar de nenhuma patente superior, somente de sentimentos virtuosos, que é por onde o Criador se manifesta e flui.

"Com os espíritos mais evoluídos aprenderemos, aos menos evoluídos ensinaremos e a nenhum renegaremos". Eis o mandamento dito pelo Caboclo das Sete Encruzilhadas, que complementa o mandamento do grande mestre Jesus "Amai-vos uns aos outros como a ti mesmo". Somente amando ao próximo como a nós mesmos, procuraremos aprender com os mais evoluídos e a ensinar os menos evoluídos, para que assim, de mãos dadas, possamos cumprir nosso desígnio divino – o retorno ao Divino Criador, despertos em todos os sentidos. E como caminhantes abrirmos caminhos onde muitos possam vir a caminhar.

## *Ética e Religião*

A palavra "ética" deriva do grego que significa "bom costume", "costume superior" ou "portador de caráter". Diferentemente da moral que se fundamenta na obediência a costumes e hábitos recebidos, a ética busca fundamentar as ações morais exclusivamente pela razão.

A ética em religião é fundamental e pressupõe a razão e o bom-senso acima das regras religiosas. Todavia, o que vemos é a maioria delas vivendo da vilipendiação de outras, ganhando força, desprestigiando os cultos alheios, assenhorando-se das verdades divinas como os únicos povos escolhidos por Olorum, conferindo à sua religião via única de salvação e condenando as demais ao inferno, propagando e estimulando a intolerância religiosa e a morte aos infiéis. Temos como exemplo as santas inquisições e os atuais radicais islâmicos.

Oras! Temos de entender que para se constituir uma sociedade, seja ela religiosa ou acadêmica, precisamos de dogmas e regras de conduta. Porém, tais regras passam por renovações para bem mais se habituarem ao seu meio social. E, conforme a humanidade evolui, a religião deve acompanhar essa evolução sem descaracterizar a essência de sua lei, liturgia ou culto, mas sim readaptando-a ou criando aditivos em seus dogmas para dar sustentação à vida de forma equilibrada e ordenada.

Na história da humanidade, em particular na história religiosa, sempre foi necessário quebrar alguns paradigmas ao se fundar nova religião, constituída na base por uma mesma divindade, mas se alterando o *modus operandi* ou o culto. Por exemplo, do Judaísmo nasceu o Cristianismo, uma vez que o Judaísmo tornou-se tradicionalista e muito ortodoxo, não atendendo às expectativas de seus fiéis que não conseguiam se manter em uma tradição rigorosa.

Com a vinda do mestre Jesus, muitas dessas leis foram transgredidas para atender aos anseios daqueles que esperavam por mudanças, menor rigor e fanatismo nas religiões de então. Jesus foi o catalisador de toda uma insatisfação religiosa dos que clamavam perdão a Olorum por não cumprirem à risca alguns preceitos puramente dogmáticos e criou seus próprios conceitos, perdoando os pecados daqueles que transgrediram, não às leis divinas, mas sim às leis humanas, criadas por homens que não encontravam fundamentos nas verdades divinas. E assim nasceu o Cristianismo.

E a Umbanda nasceu da insatisfação de espíritos desencarnados, por não encontrarem uma religião em que pudessem se manifestar de forma natural, de acordo com sua origem. Com a manifestação dos Pretos-velhos, entretanto, houve significativa redução do preconceito e do racismo, pois, ao se consultar com o espírito de um negro incorporado num médium pobre e receber de Olorum um milagre divino em sua vida, o branco rico passava a respeitar, diminuindo assim as diferenças e a distância de classes existentes e firmadas somente em nossas mentes ignorantes, uma vez que perante Olorum todos somos espíritos de pura luz, sem diferenças entre um e outro.

Vemos em países e em culturas do Oriente Médio o extremismo beirando o fanatismo, no que diz respeito ao poder patriarcal onde as mulheres são colocadas em segundo plano. Vemos os extremismos e a deturpação no Islamismo, que levam seres humanos a se explodir e explodir a quem está à sua volta com a promessa de adentrar o reino de Allah e ter por companhia trinta virgens.

Ora, o mestre e profeta Maomé tinha um harém, não porque era um desvirtuado, degenerado ou um insaciável sexual, mas sim porque no seu país, devido aos conflitos religiosos, havia e há até hoje muita guerra e muitos homens morriam e morrem, deixando suas esposas à míngua. E a lei de castas de seu país exigia que a mulher viúva caso não se casasse novamente, deveria ser abandonada à própria sorte.

E Maomé em sua infinita sabedoria, sem transgredir as leis religiosas (dogmas) de seu país, casava-se com todas que encontrava em seu caminho, assumindo seus filhos e filhas, para que não fossem lançados ao abandono. Casou-se por amor à vida e não por sexo, para sustentar a vida de muitas mulheres que viviam sob o julgo de uma sociedade religiosa patriarcal, em que a mulher era tida como um ser inferior, colocada sempre em segundo plano.

A ética em religião está acima de suas regras religiosas. Serve para renovar as leis sempre que a vida está sendo anulada ou prejudicada em sua sustentação. A religião serve para dar sustentação à vida, sempre calcada na tolerância, no respeito ao próximo, na virtude, no bom-senso, suportando a vida religiosa e civil de seus fiéis. Exemplos de ética religiosa e dogma religioso:

Dogma religioso no Cristianismo ou religião judaico-cristã: homosexualidade – as leis judaico-cristãs proíbem a comunhão de pessoas do mesmo sexo. Toda sua vertente religiosa, tais quais: Protestantismo, Catolicismo e Judaísmo a seguem à risca, colocando à margem quem assume tal condição, considerado endemoniado, excomungado de seu meio.

A ética religiosa sempre aparece quando há um conflito no dogma ou lei religiosa. Ser ético religiosamente é saber conviver em um meio, respeitando os princípios que sustentam a vida. A forma como homens ou mulheres se relacionam não interfere em suas convicções religiosas, ou seja, em sua fé em Olorum e nem diminui o seu amor pelo Criador.

Se a religião é sustentadora da vida, a ética entra como um aditivo nos dogmas ou leis religiosas, renovando-as, aceitando, por exemplo, a comunhão de pessoas do mesmo sexo, desde que sejam mantidos os princípios humanos exigidos para constituir um relacionamento calcado no respeito, na fidelidade, na compreensão e no companheirismo. Princípios tais que constituem uma união sólida e equilibrada. Porém, isso está muito longe de acontecer, pois o respeito pela natureza do ser é deixado de lado em favor de uma conversão amparada em princípios religiosos arcaicos. Resultado: pedofilia, abortos. E, em nome do voto de castidade, de uma regra (dogma religioso), mata-se a vida.

A Umbanda é a única religião, e isso posso afirmar com toda a certeza, que aceita por seguidores fiéis todos aqueles que, independentemente de sua etnia, sejam virtuosos e vivam suas vidas de forma equilibrada e ordenada, de acordo com os princípios éticos e morais que orientam Olorum e os Sagrados Orixás, tendo por base regras inalteráveis: fé, bondade, tolerância, respeito, caridade pura e gratuita.

Orgulhe-se de sua religião de Umbanda! Pois, sua origem está na ruptura de preconceitos, em que espíritos de negros e índios não podiam se manifestar, pois eram espíritos inferiores, beirando um holocausto espiritual, ou seja, morte (anulação) à manifestação de raças inferiores.

Orgulhe-se de sua religião de Umbanda! Pois, espíritos excelsos, cuja identidade particular foi anulada para se integrar a um poder maior e a uma identidade divina, abaixam suas vibrações para se manifestar em seus médiuns e assim, por amor à humanidade, com uma palavra de fé, carinho e esclarecimento, aceleram e amparam a nossa evolução para que um dia possamos estar junto a eles, voltados para o amparo e para a evolução da humanidade.

Orgulhe-se de sua religião de Umbanda! Pois, outra igual não há. As linhas de trabalhos erigidas com o nome de Preto-Velho, Caboclo, Baiano, Boiadeiro, Marinheiro, Exu e Pomba-Gira são graus e patentes onde se manifestam espíritos de variados tipos de cultura, cor, raça e religião, não restringindo a nada e a ninguém.

Aqueles que querem servir à Umbanda devem aceitar e seguir dois dos maiores mandamentos: a Umbanda é a manifestação do espírito para caridade gratuita (o que receberam de graça, de graça doarão), pois, assim como o amor, quanto mais se doa mais se multiplica. O outro mandamento consiste em aprender com os espíritos mais evoluídos, ensinar os menos evoluídos e não renegar nenhum espírito, seja ele encarnado ou desencarnado.

É isso, irmãos, a Umbanda não renega ninguém, acolhe aquele que quer se iniciar nela, sem exigir mais do que fé, amor, respeito e reforma íntima, ou seja, uma vida de acordo com os princípios éticos e morais, divinamente humanos e humanamente divinos. A religião é abstrata, do mesmo modo que a manifestação de sentimentos, que não podemos ver, mas sabemos que existem.

E, se assim é a Umbanda, assim são os umbandistas. E se a Umbanda é vista como tolerante e sem nenhum tipo de preconceito, generosa, amorosa, caridosa e elucidativa é porque seus adeptos refletem essa verdade em suas atitudes.

Se a Umbanda é vista como uma religião politizada, é porque os umbandistas são atualizados segundo as leis que amparam nossa liberdade de culto. Para a Umbanda ser vista como religião com base teológica fundamentada em sua liturgia e culto, assim deverão ser os umbandistas que com conhecimentos pertinentes à sua liturgia elucidarão aqueles que até eles se achegarem curiosos para conhecer a sua religião.

Enfim, para que a Umbanda cresça feito uma árvore frondosa deverá ter raízes fortes calcadas na força da fé, no esclarecimento, no conhecimento que deverá ser aplicado sempre com sabedoria e humildade.

Umbandistas, sejam virtuosos, conhecedores e humildes para que a sua religião seja a expansão e a expressão daquilo que habita em seu templo mais íntimo, onde Olorum habita e se propaga.

Você, umbandista, é o princípio, e a Umbanda é a causa de suas ações, pois ela reflete o que do seu corpo religioso dimana. Você é a energia, ela é a lâmpada que acende. Se você se mostrar fraco, fraca será sua luz. De forma análoga, na vida e obra do mestre Jesus gerou-se o Cristianismo, ou seja, da virtude do Mestre nasceu a religião e dependerá dos cristãos que essa luz se mantenha acesa.

E da mesma forma, da vida e obra de Pai Zélio Fernandino de Moraes e do Caboclo das Sete Encruzilhadas nasceu uma religião que é pura luz. Contudo, sua luz dependerá das atitudes virtuosas de seu corpo religioso, pois a base já foi solidificada e deverá ser regada com gotas de virtudes para que sua estrutura se mantenha viva e sólida.

E Olorum está em tudo e em todos. Ele é a base de todas as religiões, não importa o nome que se dê a Ele: Olorum, Deus, Zeus, Iave, Jeová, Alah, Brama, Jah. Em verdade, não existe religião politeísta (formada por vários deuses), o que existe é um Olorum supremo e a sua corte divina para auxiliá-lo, ou seja, todas elas possuem um Olorum supremo criador de tudo e de todos com sua corte de seres divinos, tais quais orixás, anjos, arcanjos, devas, querubins, tronos, potestades, potência, cupido, santos. Efetivamente, o Politeísmo consiste em uma luta religiosa pelo poder, em dizer que meu Olorum é único e não pode existir dois deuses. E quando alguém assevera que sua religião é o único caminho para a salvação significa jogar as demais nas valas comuns da intolerância.

## *A intolerância, o evangelho e a Umbanda*

Evangelho, palavra que significa "boas novas" ou "boas notícias", provém da palavra grega koiné, que significa popular ou comum, disseminada com grande propriedade na mensagem cristã.

Embora a palavra evangelizar tenha sido propagada com mais propriedade e tomado corpo por meio da religião cristã, todas as religiões têm como um de seus principais fundamentos a evangelização ou a mudança de um estado de consciência anterior para novo despertar consciente e renovador – um meio de voltarmos ou religarmos com Olorum.

E, boas novas é o que a religião de Umbanda vem trazendo e semeando na seara religiosa, onde infelizmente Olorum – o Divino Criador – é disputado a "tapas" como propriedade única a serviço de fiéis e religiões.

Olorum concebeu e gerou tudo e todos e, revela-se em nós, seus filhos, por meio dos sentidos divinos, dos quais somos herdeiros, manifestando-os em nosso íntimo com os sentimentos da fé, do amor, do conhecimento, da lei, da vida, da evolução, da justiça, da tolerância, da compreensão, da misericórdia. Enfim, tudo que seja expressão da vontade de se fazer o bem ou a virtude representada por Sua presença Divina.

Quando vibramos sentimentos negativos por meio de nossos atos, palavras e pensamentos nos ausentamos da presença de Olorum e, como na ausência Dele nada existe, passamos a nos sentir vazios, em estado de ausência Divina em nós.

Sabemos que os sentimentos negativos não existem por si sós, pois o Divino Criador não gerou nada de forma negativa, ou seja, a ignorância é a ausência da sabedoria, o ódio a ausência do amor, o mal a ausência do bem, o vício a ausência da virtude e as trevas a ausência da luz. Com a presença da luz a escuridão dissipa-se, com a presença do amor o ódio cessa e com a presença da sabedoria a ignorância se anula.

A Umbanda é tolerância, paciência, misericórdia, compaixão, respeito, amor, ou seja, a virtude e a vontade que comporta todos esses sentimentos. Assim também devem ser todos os umbandistas ou qualquer fiel de outra religião, pois sabemos que religião é algo concebível a partir de uma idealização de Olorum, e a mesma somente se concretiza quando os fiéis que a compõem manifestam tais sentimentos e atitudes a partir de si.

Não devemos definir Olorum em uma única via, forma ou religião, pois, Ele é todas as formas, vias e religiões e está presente em tudo e em todos. E, de forma ecumênica, devemos respeitar todas as religiões como formas de chegar ao Pai ou manifestá-Lo.

Ecumenismo, eis a palavra que mais bem define a Religião de Umbanda, ou seja, o respeito às várias formas de cultuar o Divino Criador. Os Umbandistas entendem que Olorum é a verdade absoluta, revelada pelas virtudes dos sentidos que são verdades relativas ou meios de chegarem até Ele, pois aquele que segue as mensagens de Jesus, o Cristo, chega a Olorum por meio das virtudes expressa nelas. Todavia, sabemos que aqueles que seguem Buda (Sidarta Gautama) também chegam a Olorum por meio das virtudes expressas por sua mensagem redentora. Porém, jamais devemos afirmar que a mensagem de um ou de outro mestre seja a verdade absoluta, pois estaríamos anulando aquela que não seguimos; o correto seria dizer que são tão somente verdades relativas que direcionam a Olorum, que é em si todas a verdades.

## *Direito de ser religioso*

Existem vários meios de cultuarmos Olorum, todos eles envoltos em uma liturgia e prática exclusivas de determinada religião. Porém, concordamos que religião é propriedade de Olorum, à medida que é um bem Divino que nos foi legado por Ele, o Divino Criador.

Colocamos, dessa forma redundante, que religião é propriedade de Olorum, para iniciarmos uma reflexão: sabemos que existem centenas ou milhares de religiões, ativas ou já recolhidas, e todas são unânimes em propagar que aquela religião ou aquele templo é a casa de Olorum, onde Ele e sua corte Divina fazem morada e se manifestam em benefício dos seres sob sua regência.

Todas também são unânimes em dizer que Olorum manifesta-se por meio de seus arcontes divinos, sejam eles, santos católicos (São Jorge, Santa Bárbara, Santo Expedito, Nossa Senhora Aparecida e outros) ou divindades judaico-cristãs e islâmicas, na personificação de anjos e arcanjos.

Na religião Budista, Buda representa a busca da iluminação ou a santificação do espírito. Na vertente Evangélica, a manifestação de Olorum, na divindade de Jesus Cristo e a iluminação do espírito na presença do Espírito Santo. Temos assim, no Budismo a busca pela iluminação, e no Cristianismo a busca pela santificação do ser pelo que o Divino Espírito Santo simboliza. Na religião Ameríndia ou Indígena, existe a manifestação de Tupã e sua corte divina, nomeados de espíritos ou forças da natureza (deus do trovão ou Anhanguera, deus da chuva, das árvores etc.). Na Umbanda e no Candomblé, Deus se manifesta por meio das divindades denominadas Orixás e busca a naturalização do espírito por meio dessas divindades.

A forma de culto pouco importa, somos unânimes em dizer que a religião é um dos meios (fé) por onde Deus e sua corte de Seres Divinos revelam-se, e os nomes desses seres são irrelevantes, mas todos têm sua classe de seres divinos ou ao menos um ser que traz em si a manifestação do Pai Criador e que na religião é seu porta-voz.

Digo isso para que reflitam: Em religião existe algo realmente novo?

Caros irmãos, comentem, ao menos, uma religião que foge desse parâmetro aqui descrito. Em toda religião encontra-se algo em comum, por exemplo, todas têm um ou vários representantes encarnados, seja ele papa, pajé, pastor, rabino, pai de santo, profeta etc., e são pessoas respeitadas em seu meio religioso com a missão de fornecer conhecimento e fundamentação religiosa a respeito de seu culto.

Peço, mais uma vez, caros irmãos, reflitam e perguntem se há alguma diferença em religião. Senão, vejamos mais um aspecto comum – toda religião tem sua gênese ou forma de interpretação de como Olorum criou o mundo e os seres. Vale ressaltar, quando falamos em religião, que o Judaísmo, o Cristianismo e o Islamismo são considerados novos se comparados às religiões egípcia, grega ou mesopotâmica, que existem há mais de dez mil anos, sem falar nos cultos milenares chineses e japoneses, que hoje são retratados por festas folclóricas, mas que representam restos imortais de religiões multimilenares, como o culto aos dragões, que já foi recolhido no astral e ainda ressoa na mente da humanidade atual.

É comum em toda religião, a idolatria por algo que represente o Criador, e, todas têm ao menos um símbolo a regê-las, seja adoração de imagens ou a simbolatria (adoração de símbolos) como estrelas, cruzes (encontradas em muitas igrejas evangélicas) etc. Temos também a livrolatria, culto embasado em um livro santo que é adorado como a manifestação do verbo divino ou palavra de Olorum, como exemplos a Bíblia, no Cristianismo; o livro sagrado, Mahabharata no Hinduísmo; no Bramanismo, o livro sagrado Rig-Veda; no Islamismo, o Alcorão; no Zoroastrismo, o livro sagrado Zend Avesta. Sem falarmos no culto a lugares sagrados, tais quais: Monte das Oliveiras (Cristianismo); Monte Olimpo (religião grega); Montanha Sagrada, onde Moisés recebeu os mandamentos; as cachoeiras de Oxum etc.

Irmãos, onde está a diferença entre as religiões?

Se ela existe, está somente na forma de culto a Olorum. E, como em Olorum tudo é infinito, então, infinita é sua criação e sua forma de se manifestar. Ou não é verdade que temos várias raças, vários troncos linguísticos? Temos a fauna e a flora que são exuberantes, exemplos de diversidade e equilíbrio, com diversas espécies de plantas, folhas, ervas, flores, árvores, enfim, todas com uma finalidade e todas coparticipantes no equilíbrio e manutenção do planeta. No reino animal, a diversidade de criaturas é infinita e Exuberante, uma mais incrível que a outra, e todas com uma função específica no equilíbrio da criação. Entre os seres humanos, existem infinitas culturas, cada uma com sua lógica e ordem para o equilíbrio e a harmonia do seu povo.

A palavra amor pode ser descrita de várias maneiras, falada em diversas línguas e seu sentido e sua essência permanecem intocáveis, invioláveis e eternos. Assim é Olorum, cultuado de diversas formas em todas as religiões. Porém, sua essência deve permanecer intacta. E o amor, sendo uma das virtudes divinas eternas e imutáveis, deve estar presente em todas as religiões. Assim como os sentimentos de tolerância, amor, fé, fraternidade, ética, moral, sabedoria, humildade, compaixão, perdão, pois, são infinitas as formas virtuosas de Olorum mostrar-se a partir do nosso íntimo.

Se há diferença entre as religiões está em nosso hábito de julgar o que é diferente ou estranho, está no preconceito, na intolerância e no fanatismo, em nossos sentimentos viciados e vazios que invertem a ordem virtuosa e positiva de tudo, e, uma vez desvirtuados, passamos a externar nossos desequilíbrios em nome de Olorum e de alguma religião. Como cegos passamos a guiar outros cegos, incitando-os a externar seus desequilíbrios: ódio, revolta e fanatismo, imputando tais sentimentos viciados a uma criação mental humana, de denominação variada: demônio, satanás, capeta, anjo caído, entre outros, buscando assim escamotear a verdade.

Caros irmãos, em pleno século XXI, não devemos nos deixar envolver por essa malha rota de ignorância. Pois, somos templos vivos de Olorum e é por meio do nosso íntimo, de nossas ações virtuosas que Ele se manifesta.

Vamos a outro exemplo:

Quando ajudamos alguém, essa pessoa ajudada, geralmente, diz: "Nossa você é um anjo de Olorum que apareceu em minha vida!" Vamos refletir no que essa expressão de gratidão quer dizer. Ora, a pessoa auxiliada viu em você uma ação virtuosa, e se Olorum manifesta-se em nossas ações virtuosas, então, revelou-se através de você para ajudar aquele seu semelhante, que de sua ação sentiu a bondade de Olorum. Em contrapartida, você que ajudou, sentiu o conforto Divino que uma ação positiva proporciona. Isso é claro, se você não se sentir "O cara" e seu ego engoli-lo vivo.

É isso, irmãos! Convido a cada um de vocês à seguinte reflexão:

Há diferença em religião?

Peço que reflitam e deixem cair sobre terra os dogmas que paralisam e criam essa couraça em suas mentes; vamos nos unir todos em um ecumenismo verdadeiro e reverenciar Olorum com seus sentidos Divinos. E, de mãos dadas, vamos celebrar a fé, o amor, o conhecimento, a razão, a moral, a sabedoria, a vida e todas as virtudes que elevam o espírito!

O direito de ser religioso é o dever de ser virtuoso.

## *A redemocratização de Olorum na Umbanda*

A democracia, a partir da legitimidade popular, é considerada um processo que não cessa sua construção e reconstrução, resultando na redemocratização. Assim, a Umbanda, em um processo silencioso, mas, muito abrangente e universalista, chama para si a redemocratização da crença em Olorum, expandindo a mensagem de que todas as religiões são vias evolutivas, cujos caminhos particulares deságuam em uma mesma fonte Divina, chamada Olorum.

Encontramos mensagens doutrinadoras e virtuosas, que visam à evolução dos seres que vivem sob o amparo dessa religião, escolhida como veio evolucionista; encontramos leis que são limitadoras e refreadoras de nossos vícios e instintos negativos; encontramos lugares sagrados na natureza; encontramos canalizadores de vontades superiores, que são denominados avatares, médiuns ou profetas; encontramos a crença em suas potências divinas ou divindades.

Citarei algumas religiões que aparentam ser diferentes. No entanto, possuem a mesma essência, tendo em vista que, em religião tudo se repete: no Judaísmo, encontramos a crença em um Olorum único referenciado como Adonai ou YHWH, substituído por "Senhor" na liturgia mais recente, e encontramos também a crença nas potências divinas ou classes de seres celestiais denominadas arcanjos.

No Hinduísmo, encontramos a crença em um Olorum único, conhecido por Brâman (O Espírito Supremo); encontramos também a crença nas potências divinas ou classes de seres celestiais, denominadas Vedas; encontramos lugares sagrados de cultos na natureza, como o Rio Ganges; encontramos canalizadores de vontades superiores ou avatares como Krishna e Rama.

Na Umbanda, encontramos a crença em um Olorum único, chamado Olorum supremo, Senhor do Alto, e encontramos também a crença nas potências divinas ou classes de seres celestiais a serviço de Olorum denominadas orixás; encontramos lugares sagrados de cultos na natureza como: cachoeiras, lagos, rios, mar, matas, pedreiras, ou seja, toda a natureza, encontramos canalizadores de vontades superiores ou médiuns tais quais: Pai Zélio Fernandino de Moraes e muitos outros.

E assim, repete-se na religião grega, egípcia etc. Já vimos que da religião judaica nasceu o Cristianismo, tendo como fundador Jesus Cristo, e o Islamismo tendo como fundador Maomé, renovando o culto a Olorum e atendendo às necessidades dos povos de então, mudando apenas a forma de culto, porém, o objetivo é o mesmo: voltar-se ao Criador de tudo e de todos por meio dos sentidos virtuosos que conduzem até Ele.

Em religião, tudo se repete e se renova. E, a Umbanda, de forma silenciosa, traz essa missão redentora de universalização, conscientização e democratização de Olorum, pois no seu nascedouro mostrou-se universalista e na sua dinâmica espiritual já trazia espíritos de negros escravos, índios, padres, nordestinos que somente aos olhos dos cegos e incautos não viram que por traz dessas apresentações simbólicas espirituais a Lei Maior estava agindo contra o preconceito racial, cultural e religioso, contra a intolerância, o dogmatismo, o fanatismo, o ódio e todo o sentimento negativo que a segregação e a marginalização despertam nos seres.

Somente a cegueira da vaidade, do fanatismo e do preconceito em todos os setores permitiram que não enxergassem que a Umbanda, ao adotar nomes simples (boiadeiros, Baianos, Marinheiros, pretos-velhos, Ciganos, Caboclos) como representativos de seus graus espirituais, estava lutando contra o preconceito latente e vivo em todos os meios e, sem nada dizer estava falando no seu eloquente silêncio que o espírito não possui raça, cor ou etnia, que a caridade, a humildade, a simplicidade, a tolerância, a fé, a misericórdia, a redenção e o amor não têm cor, não têm raça e nem posição social, e que todos esses sentimentos conduzem ricos, pobres, pretos, brancos, judeus, cristãos, europeus, africanos, enfim todos na presença de Olorum.

No dia 16 de novembro de 1908 às 20 horas, o Caboclo das Sete Encruzilhadas ao fundar a Umbanda disse: "Aqui inicia-se um novo culto em que os espíritos de pretos velhos africanos, que haviam sido escravos e que desencarnaram e não encontram campo de ação nos remanescentes das seitas negras, já deturpadas e dirigidas, quase que exclusivamente, para os trabalhos de feitiçaria, e os índios nativos da nossa terra poderão trabalhar em benefícios dos seus irmãos encarnados, qualquer que seja a cor, raça, credo ou posição social. A prática da caridade no sentido do amor fraterno, será a característica principal deste culto, que tem base no Evangelho de Jesus e como mestre supremo Cristo."

Assim nasceu a religião de Umbanda, revelação divina da redemocratização de Olorum ou a sua adoração indistinta, em que a base é o respeito e o amor para com as várias formas de cultuá-lo por meio de suas virtudes.

## A Renovação e a perpetuação das religiões

Os Orixás são Divindades de Olorum, e ao falarmos de Divindades de Olorum, falamos de renovação da fé no Criador por meio do tempo e das religiões.

Aprendemos que Olorum gera tudo a partir do seu íntimo. E, uma divindade ao ser gerada, é exteriorizada como manifestação individualizada de Olorum; é onisciente, onipotente, onipresente e possui todas as qualidades do Divino Criador naquele campo específico.

A função das divindades é dar amparo e sustentação a toda criação de Olorum, e Ele não gera nova divindade a cada religião nascente. São geradas uma única vez e renovando-se de acordo com a evolução e cultura dos povos para bem mais auxiliar nosso crescimento e despertar da consciência.

Por exemplo, a divindade Afrodite, que era simbolizada na religião grega pelo amor, pela beleza, pela procriação, ou seja, a personificação de Olorum individualizada na qualidade do amor, que hoje já renovada, cultuamos na Umbanda como a divindade Orixá Mãe Oxum, a mãe do amor, da concepção e da beleza, a qual reverenciamos como a individualização de Olorum em sua qualidade do Amor Divino.

Há um ditado que diz que nossos antepassados fomos nós em outras encarnações, então, seguindo essa linha de raciocínio, dizemos que os antigos sacerdotes gregos, africanos e caldeus, somos nós hoje, médiuns e sacerdotes, renovados no culto à natureza através da religião de Umbanda.

Toda religião precisa ser renovada em culto e em conceitos, senão cai no ostracismo, ou não é verdade que de uma vertente católica Renovação Carismática Católica (RCC), surgida em meados de 1960, foram reforçadas a fé e a alegria do culto ao nosso Mestre Jesus Cristo?

Então, dissemos que em religião, a renovação se faz necessária. E divindade e religião são sinônimos de renovação na busca ao Criador.

O Cristianismo é fundamentado no ternário sagrado, ou seja, três poderes da criação classificados como o Pai, o Filho e o Espírito Santo. A Umbanda é uma religião regida pelo setenário sagrado, é fundamentada nas sete linhas, que são sete poderes ou sete irradiações divinas. E fundamenta-se nesses sete poderes ou irradiações divinas que são as Sete Linhas de Umbanda e que não são sete Orixás, mas sete poderes ou mentais divinos que regem toda a criação.

As divindades infinitas em si irradiam-se a partir das sete linhas. E, assim como não existe um Espírito Santo, uma energia espiritual que envolve e imanta todos os espíritos que se santificaram e despertaram suas consciências superiores, a Umbanda se fundamenta no setenário sagrado ou sete linhas de forças, e todos seus mistérios estão ligados a esses sete poderes divinos representados pelos sete sentidos, dos sete elementos, das sete cores, dos sete símbolos etc.

Assim também foram escolhidos dez mandamentos canalizados por Moisés e que deram base à religião judaica servindo de fundamento para a mesma. Embora saibamos que os mandamentos e as leis de Olorum são infinitos, os dez mandamentos renovam-se em dois mandamentos citados por Jesus Cristo: 1) – Amará o senhor teu Olorum de todo o teu coração, de toda a tua alma e de todo o teu entendimento. 2) – Amará ao teu próximo como a ti mesmo.

A lei e os profetas dependem desses dois mandamentos. Aqui não vamos discutir qual foi o maior dos mandamentos, mas como cada um foi proferido e canalizado de acordo com a época, cultura e necessidade e o que cada um transmitiu de acordo com suas naturezas íntimas e seus propósitos divinos. Pois, Moisés serviu a lei e a justiça e Jesus serviu como emissário da fé e do amor. Jesus veio para salvar e libertar dos pecados, não para punir ninguém, e Moisés veio para livrar seu povo da escravidão, libertar a vítima e punir o algoz.

Novamente, Olorum renova-se por meio de seus iluminados, o Velho Testamento com Moisés e o Novo Testamento com Jesus Cristo.

Hoje, a Umbanda é descrita como a religião do culto à natureza e as sete linhas estão renovadas e reinterpretadas como linhas cristalinas, mineral, vegetal, ígnea, eólica, telúrica e aquática, representadas por elementos da natureza encontrados em nosso planeta. São linhas de forças naturais, ou seja, da natureza terrestre, e dentro desse conceito agregamos os poderes e sentidos de Olorum.

Sabemos, por exemplo, que as cores e suas tonalidades são infinitas e exuberantes e sabemos que na Umbanda, especificamente, não existem somente sete cores, mas uma gama de cores e seus matizes. Sabemos que alguns atribuem ao Orixá Ogum a cor azul-escuro, outros o vermelho e assim por diante e todos estão corretos, pois Ogum, por ser uma divindade, possui todas as cores atribuídas à lei que é seu sentido e ao ar que é seu elemento.

Sabemos que o coração é um símbolo atribuído a Oxum, pois, ela representa o amor divino e rege esse sentido, um aspecto com o qual todos nós umbandistas concordamos. Porém, a divindade Oxum não possui somente esse símbolo sagrado, mas uma infinidade de símbolos e signos sagrados ligados a ela.

Sabemos que existe uma gama de Orixás nomeados e não nomeados e somente possuímos sete forças regentes que é de onde provêm todos os Orixás.

Tudo isso para dizermos que, nós umbandistas, não podemos ser contra a renovação de nossa própria religião, uma vez que tudo vai se amoldando com os novos tempos e culturas, pois os próprios Orixás vindos dos cultos da Nigéria se renovaram na Umbanda e em solo brasileiro, passando assim a nos amparar segundo as nossas necessidades.

Não podemos matar o novo, pois, o novo é a certeza de que o velho será sempre perpetuado e renovado!

## *A parte e o todo*

É de nosso conhecimento de que tudo provém de Olorum, o Criador de tudo e de todos, e ao gerar tudo e todos Ele se individualiza em sua criação, onde nós somos parte do Todo e Ele está em nós por inteiro.

Temos certa dificuldade de compreensão, justamente por acharmos que tal individualização que se faz presente em nós, seja a visão do todo e não de uma das muitas partes de Olorum, que foram individualizadas para melhor servi-Lo.

O ser humano, por compreender e enxergar somente a parte do Todo que lhe compete e que vibra com mais intensidade em seu íntimo, acredita que sua "visão" de Olorum é a única, verdadeira e absoluta, anulando em seu meio as outras partes do Todo, e assim promove as guerras religiosas ou as guerras "santas", que são a expressão clara da intolerância e da incapacidade de enxergá-Lo em tudo e em todos.

Ora, se na Bíblia, considerado um livro sagrado maravilhoso, ao lermos o capítulo da Gênese claramente entendemos que Olorum é o verbo, e se estudarmos o simbolismo que a palavra verbo oculta, chegaremos à seguinte conclusão:

Verbo é uma palavra que determina uma ação, e não existe somente uma única palavra ou verbo, mas infinitos verbos que designam ações. Portanto, existem várias maneiras ou formas de chegarmos a Olorum, e esse chegar até Ele não é irmos para algum lugar, mas trazê-Lo para próximo de nós, onde estivermos. Pois bem, podemos chegar a Olorum por muitos meios: por meio do verbo amar que designa a função de sentir amor por, ter afeição a, querer bem etc. Somos unânimes em dizer que o Divino Criador manifesta-se pelo amor, e quando amamos nosso semelhante, O manifestamos em nosso íntimo, e quem receber esse amor estará "vendo" Olorum por meio dos nossos atos, pois, no íntimo da pessoa, está codificado e "gravado" que Olorum é amor e ama suas criaturas e sua criação. E ao considerarmos que fomos gerados à Sua imagem e semelhança, somos a extensão do Seu amor para com tudo e todos.

Olorum ama indistintamente, e podemos manifestá-Lo também por meio de todos os outros sentidos virtuosos – fé, conhecimento, justiça, lei, evolução e vida.

Com amor, pois só amando meu semelhante e a criação, estarei manifestando Olorum em meu íntimo.

Com fé, pois só acreditando e confiando no meu semelhante, estarei manifestando O Pai no meu íntimo.

Com conhecimento, pois só conhecendo o íntimo do meu semelhante, compreenderei a sua natureza íntima e sua forma de expressar Olorum com sua crença.

Com justiça, pois somente usando a razão, compreenderei o que leva meu semelhante a agir em certos momentos como se não fosse meu irmão. E, usar a luz da razão para lhe retirar a venda que o impede de me enxergar como semelhante.

Com lei, pois somente vivenciando as virtudes de Olorum de forma ordenada, estabelecerei limites nas minhas ações e agirei com prudência na convivência harmoniosa com meus semelhantes.

Com evolução, pois somente evoluindo de forma sábia estarei trilhando o caminho de retorno a Olorum que é evolução, e, o ato de estarmos encarnados e em constante evolução reflete a necessidade de despertarmos cada vez mais para a tomada de consciência, visando futuramente nos tornar "faróis" luminosos no caminho evolucionista do nosso semelhante.

Com vida, pois somente vivenciando a nossa vida e as intempéries de nossos caminhos é que desenvolveremos a têmpera necessária que nos fornecerá a medida exata de amar sem sufocar, de conhecer sem julgar, de ser justo sem ser cruel, de exercer a lei sem ser tirano, de ter fé na vida e acreditar que todos somos parte de um imenso cardume, no qual nos perdemos, e que somente nos congregando e nos ajudando mutuamente, iremos reencontrar esse "cardume" luminoso que é Olorum e sua corte de seres divinos, transmutando nossos sentimentos para assim evoluir de forma harmoniosa em um meio com tanta adversidade. Porém, trata-se de uma escola ímpar de Olorum, que nos ensina a respeitar e a conviver com as diferenças, pois se somos diferentes na aparência, somos iguais na origem, uma vez que todos temos a nossa origem em Olorum.

E somente vivendo todos esses sentimentos, respeitando toda essa diversidade de pensamentos, culturas, ideologias, religiões é que nos tornaremos capazes de acolher e ajudar a todos, sem distinção, de modo similar ao que faz a ama de leite ao ceder seu seio, que é a fonte de vida, para anular algo negativo que é a fome, e suprir o recém-nascido de alimento, amparando sua vida, independentemente se é ou não seu filho biológico. A verdadeira mãe assume essa condição e passa a vibrar no íntimo o amor incondicional e materno de Olorum, que é pai e mãe de todos os seus filhos, sem distinção de cor, credo ou raça.

Sendo assim, é nosso dever não aceitar que em pleno século XXI haja qualquer tipo de preconceito, é nosso dever lutar pela extinção da intolerância religiosa, pois é por meio dessa mesma intolerância que muitos são privados de vivenciar Olorum da melhor forma que lhes aprouver.

Ao dizer que minha verdade religiosa é absoluta, eu nego a verdade de outra religião, e como temos visto, infelizmente, isso acontecer! Pois, fazem de Olorum um comércio religioso lucrativo, numa disputa desleal pelo poder de conquista mental das pessoas.

Olorum não deve ser disputado, mas multiplicado, pois quanto mais O doamos por meio das nossas ações virtuosas, mais Ele se multiplica em nosso meio.

Toda religião é boa e caminha para Olorum. A verdade é que não existe briga entre religião, mas entre sacerdotes, que querem impor suas verdades relativas e seus desejos pessoais, como verdade absoluta.

As religiões são abstratas, somente se concretizam e assumem a forma que o sacerdote e seu fiel doam a ela. Nesse aspecto, podemos dizer com orgulho que a Umbanda é a religião mais tolerante e respeitadora dos direitos e formas religiosas de culto à Olorum, pois vê em todas as demais religiões não uma inimiga que irá lhe tomar fiéis, mas caminhos diferentes que levam a um mesmo propósito, embora, infelizmente, a religião de Umbanda ainda sofra preconceito de suas irmãs religiões. Paciência!

E, paciência é o que não nos falta. Digo com muito orgulho, que se na Umbanda está banido todo e qualquer tipo de preconceito é porque nós umbandistas, embora, soframos preconceitos, não o temos para com nada ou ninguém.

Em nosso íntimo já está fundamentado e assentado que somos partes do todo que é Olorum e que se somos parte de Olorum, todas as religiões são meios de enxergar e vivenciar Olorum.

Ele sim é a Visão e a Vivência Divina de todas elas.

## *O mecanismo e a beleza do ritual de Umbanda*

Imaginem um universo onde todos fossem iguais, se respeitassem e se tratassem de maneira cordial e igualitária, sempre. Imaginem a harmonia, a fraternidade e o equilíbrio constantes na relação entre seres iguais perante Deus. Já imaginaram?

Então, sejam bem-vindos! Pois, este é o universo da Umbanda!

Ao dissertar sobre este assunto, faço referência acerca do que acontece no espaço religioso no exato momento em que os guias de lei da Umbanda estão incorporados em seus médiuns e realizando um trabalho de atendimento em prol dos assistidos que os procuram na busca de um lenitivo para suas dores e aflições e que veem neles uma oportunidade de despertar de consciência a fim de se tornarem seres humanos melhores, porque enfim, é disso que se trata a vida!

É importante refletir no que está por trás de um trabalho espiritual, passe ou consulta ministrados pelos guias espirituais de Umbanda àqueles que são direcionados pela Providência Divina em busca de uma palavra de fé, carinho e esclarecimento.

Saibam que por meio daquele espírito a serviço do Criador está o Divino Pai a dizer: "Filho meu, o mundo é perfeito e nele nada muda. O que muda é o olhar que você imprime, a partir de como o que está fora de você, o afeta!" Basta ver a nossa vida que segue sempre o mesmo ritmo, acordar, levantar e trabalhar, para depois voltar, se alimentar e dormir... Então, o que muda realmente? O que muda são os afetos e a reação com o meio e com as pessoas que interage, como reage e o que pensa enquanto se encaminha para o seu trabalho, como lida a com suas angústias e aflições, situações pertinentes a todos que estão trilhando a senda evolutiva neste abençoado planeta.

Os guias espirituais de forma velada nos dizem isso: – Filho, o mundo à sua volta não muda, pois ao mundo não falta nada, o mundo é soberano e não podemos mudar os fatos que nele sucedem, como um acidente, uma doença, uma perda familiar, uma predisposição ao vício. Não temos o controle sobre as intempéries!

Agora, como podemos reagir a tudo isso?

Ahhhh, isso depende de nós, é a parte do destino que controlamos, é o tal do livre-arbítrio que nos incita, em cada milésimo de segundo, a tomar uma decisão em nossa vida; o ato de escolher é a maneira mais virtuosa de reagir a tudo isso, é o que nos distingue como animais racionais.

Ao ver do alto a dinâmica do trabalho de um terreiro, enxergamos espíritos comprometidos com Deus a nos esclarecer para a verdade que acabamos de constatar, para que não venhamos a esmorecer diante da vida, pois, embora, dura, posto que não depende de nós os acontecimentos externos que nos afetam, é nosso dever e nosso destino decidir como reagir a eles.

Os guias espirituais nos elucidam qual é a melhor forma de reagir, nos estimulam a evocar as virtudes presentes em Deus que são: fraternidade, paciência, perseverança, otimismo, fé, entre outras infinitas virtudes, infinitas porque Deus é todas elas a se manifestar em nós.

Lembremos: Deus só gera em si e de si o que é virtuoso, por isso gera uma das suas infinitas virtudes que é o sentimento de amor, e amor significa presença em Deus.

E o ódio? Bem, o ódio é um sentimento que geramos quando estamos ausentes em Deus, pois o ódio não foi gerado por Ele, é um vício momentâneo criado ao reagirmos negativamente a algo, não por nossa vontade, mas por uma consequência do mundo e destino, os quais não mudam. O que podemos mudar é a maneira de reagir, de forma virtuosa, que é por onde a imanência Divina se revela em nós.

"Amamos mais e por muito mais tempo do que odiamos algo ou alguém". Nesta frase está implícito que o amor é um estado permanente e por isso é presença Divina. O ódio, ao contrário, é uma ausência momentânea, posto que não existe por si só, não é gerado em ou por Deus, mas tão somente por sua ausência.

Escrevo este texto no momento em que observo a realização dos trabalhos de atendimento espiritual e vejo como o mecanismo de Umbanda é Divino. Vejo o grau sacerdotal, que é o mais alto dentro de uma religião, sendo exercido na Umbanda sem distinção alguma de cor, gênero, sexual, limitação física. A Umbanda não limita o seu sacerdote no exercício pleno do sacerdócio.

Observem que depois do ponto de chamada dos guias espirituais, todos os espíritos incorporam ao mesmo tempo e no mesmo espaço sagrado, todos são chamados de pai e mãe e cada grau a serviço de Deus reflete o todo, pois onde estiver um pai ou uma mãe espiritual estará Deus a se manifestar por meio das virtudes, nivelando tudo e todos aos mesmos graus.

Reflitam e vejam meus irmãos! Incorporados e trabalhando no mesmo local são todos pais e mães, e entre eles não há distinção. Isso é mágico e encantador, ali cada um representa o pai de todos os pais e a mãe de todas as mães. É Deus que nos iguala como filhos unigênitos de um mesmo ventre Divino.

Observem como sua religião é encantadora, pois o altar de um templo é o símbolo maior e mais significativo do poder de uma instituição religiosa. E o altar da Umbanda é, em sua maioria, constituído por imagens de santos católicos, já repararam nisso? E sabem por que os guias e os orixás que são os verdadeiros pais da Umbanda não se incomodam com isso? Porque eles, arautos da luz do saber, sabem que por trás de cada imagem de santo católico não está a submissão da Umbanda ao Catolicismo e não enxergam como fraqueza ter em seu altar imagens de outras divindades, mas sim, veem o ecumenismo e a fraternidade que aquele altar sempre refletirá, motivo maior pelo qual estão ali.

Caso o Papa venha visitar um terreiro de Umbanda e ali encontrar no ápice do altar a imagem de Jesus, irá pensar: – "Que religião sublime é essa que embora tenha suas divindades de culto fundamentadas, conserva no mais alto do seu altar a imagem do símbolo maior da religião cristã que é o próprio Cristo Jesus"! E ainda dirá: – "Na religião de Umbanda o ecumenismo e o respeito pelo Sagrado beira as celestes moradas divinas".

Notem o que representa a imagem do santo católico no altar umbandista! Já atentaram para essa realidade?

É isso meu irmão, no seu altar umbandista cheio de santos católicos está a fraternidade, o ecumenismo e o respeito que toda religião deve ser detentora, por isso, símbolos de outras religiões no altar somente na Umbanda você encontrará, porque ela é ecumênica e fraterna, pois hoje somos livres para ter as imagens dos orixás africanos em nosso altar sem sermos açoitados pelo "sinhô" até a morte. Porém, se os guias espirituais que são os verdadeiros pais de Umbanda não se incomodam com as imagens católicas e até as consagram para que sejam entronadas, é porque eles sabem que elas ali assentadas em nosso altar umbandista estarão sempre a nos dizer: "Umbanda é religião que desconstrói paradigmas em nome do amor e constrói no seu altar uma identidade representativa da fraternidade e do ecumenismo. Esse é o maior e mais significativo símbolo da Umbanda."

Não negamos os nossos orixás, antes harmonizamos e colocamos Iemanjá lado a lado com Nossa Senhora da Conceição, não porque somos católicos, mas porque amamos e vemos em todas as religiões um meio legítimo para o despertar do humanismo e de um estado de consciência mais elevado.

Isso é a nossa amada Umbanda, que em minha opinião não é esotérica, nem cristã, nem africana, mas sim o esforço dos verdadeiros pais (os guias espirituais), que as denominaram assim com o intuito de reforçar o ecumenismo, mas não para se diferenciarem da única e amada Umbanda que de tão generosa gera dentro do seu ventre religioso tantas outras UMBANDAS que servem ao todo regente, que outro não é senão Deus.

Devemos saber e ter bem fundamentado que o Sagrado permeia todas as religiões e que ter em seu altar símbolos de todas essas culturas é simplesmente dizer: Umbanda é fraternidade, e a imagem de outra divindade em nosso altar simboliza a paz entre os homens de bem!

A Umbanda realmente é a religião que fala aos humildes. Implícito na singela e iluminada manifestação espiritual de um Preto-Velho (a) está o arquétipo poderoso a anular todo e qualquer preconceito de raça e cor. O mais alto grau de luz na hierarquia espiritual de Umbanda é o de Preto-Velho (a), e sabem por quê? Porque a Umbanda só falará ao coração dos humildes. Porque a Umbanda liberta!!!

Pegue o colar ou o fio de contas de seu orixá e veja que todas as pedras prescindem e estão sustentadas por um único cordão de nylon, assim também é Deus, um cordão Divino que sustenta e perpassa indistintamente no íntimo de todos nós, pedras brutas que lapidadas se transformam no mais lindo colar, por onde Deus manifestará nas suas sete cores, nas suas sete virtudes e nas suas sete lindas linhas de Umbanda.

## Um Século de Umbanda

A Umbanda, em seu centenário de concretização no plano material como religião, adentrou o século XXI destacando a abertura de novos conhecimentos que tendem a enriquecê-la e a renová-la cada vez mais enquanto religião fundamentada. A difusão de pessoas ligadas ao culto, como sacerdotes e médiuns que estão cada vez mais interessados pelo estudo teórico da religião, marca-a nesse centenário, com o início didático da religião. Muitos são os canais e linhas de mentores, que ora inspiram algo ao seu médium, desde uma simples mensagem até obras magníficas em relação ao estudo da Umbanda como um todo.

Um fato que marca profundamente a Umbanda e, de forma positiva, é a tolerância em relação a preconceitos enraizados na seara religiosa. Nela, não há qualquer tipo de preconceito à homosexualidade, às pessoas que professam outra religião e não se vê, nem por parte do corpo mediúnico ou por parte dos guias espirituais, o proselitismo ou a conversão por meio da força, pelo contrário, na Umbanda semeia-se que a casa de Olorum tem muitas moradas e que todas são ótimas condutoras e reformadoras do nosso íntimo, e ainda que, cada ser humano deve se tornar adepto da qual bem mais lhe aprouver ou estiver em acordo com sua natureza íntima.

A Umbanda converte seus fiéis pelas palavras de fé, amor e caridade, vendo todos como grande elo de uma mesma corrente evolucionista, aberta a todos que estejam dispostos a ajudar seu próximo com o melhor que tem em si.

Hoje, muitos já falam de Umbanda, e daqui a mil anos continuarão a falar, pois sua fonte é inesgotável e há espaço no culto a todos que queiram representá-la, por meio da escrita, com o que ela tem de melhor. Muitos chegarão próximo de parte do conhecimento do "UM", outros passarão longe do verdadeiro propósito do "UM", mas, inegavelmente todos se esforçarão para dar sua contribuição. Por isso, a Umbanda se firma como uma religião carismática, tolerante, amorosa e como uma mãe divina, sempre disposta a nos acolher, pois, as divindades de Olorum, os Sagrados Orixás, sabem que somos centelhas divinas e, como um cardume que se perdeu do seu grupo, estamos querendo retornar ao nosso Genitor Divino, despertos em consciência para sermos uma parte da exteriorização Dele e representá-Lo com fé, amor e vida.

Vítima de tantos preconceitos de suas irmãs, as religiões cristãs e vertentes dela, seguem um mandamento maior do Cristo Jesus que é "Amai-vos uns aos outros como eu vos amei", crescendo e se multiplicando, caminhando a passos lentos, porém, firmes como de um Preto-Velho, que mesmo sofrendo o cativeiro e o preconceito, seguia adiante, perdoando e perseverando com sua imensa tolerância, sabedoria, fé, amor e resignação.

A Umbanda é muito mais do que eu possa sintetizar em um papel, é muito mais que todo o preconceito que ela sofre, e como religião tem o fundamental que é o respeito por todas as formas de culto a Olorum. Que venham todos, pois a religião de Umbanda está aberta a todos que queiram encontrar de forma natural o elo de sua corrente perdida.

## *Umbanda que Pari Umbandas*

Sabemos que as religiões vão se adaptando e moldando ao seu tempo e em acordo com a necessidade e cultura dos seus fiéis. Esse processo de renovação é contínuo, caso contrário, cairia no ostracismo, pois não atenderia a uma grande gama de seus fiéis e suas necessidades íntimas outrora sanadas pela sua religião, deixando de estimulá-los a se voltar a Olorum.

Após um século persistimos na vã tentativa de estabelecer um padrão ou uma liturgia para a religião de Umbanda, que se destaca como uma religião ímpar, justamente por agregar em torno de si diversas formas de culto, não se apegando a uma liturgia ou dogma que possa restringir o seu crescimento.

Hoje, muito se fala e muito se falará daqui a um milênio, sobre a existência da Umbanda, e, naturalmente ela se renova em cada templo vivo de Olorum, que são os médiuns, pelos quais os oráculos e as vontades dos Orixás manifestam-se. Eis o mistério pelo qual a Umbanda não possui uma liturgia estável ou um dogma fixo.

A religião de Umbanda pariu várias umbandas, todas filhas sagradas diletas do "UM". Temos Umbanda Branca, Pura, Traçada, Cruzada, Divina, Esotérica, Iniciática, Evangelizada, Omolocô, Umbanda Branca de Demanda, Umbanda Cristã, Umbanda de Caboclo, Umbanda de Mesa, Umbanda Mista, etc. A lista é grande e muito se cogitou, muito se falou, muito se digladiou por uma denominação ou modelo que mais falasse ao coração, à percepção ou ao bom-senso dos umbandistas. Pois bem, nada conseguimos nesse aspecto, e é justamente a diversidade que torna a religião mais rica. E o que é a Umbanda?

A Umbanda é paz e amor. É um mundo cheio de luz. É a força que nos dá vida e a grandeza nos conduz. Está explícito no maravilhoso Hino da Umbanda o que ela é em si mesma. É a manifestação do espírito para prática da caridade pura, gratuita e sem que haja o proselitismo. É culto aos Orixás por meio da natureza.

Porém, não há uma liturgia pré-definida na Umbanda, pois cada médium é um templo em si e desperta de forma individual as forças sagradas que traz em seu íntimo, onde imprime a sua própria dinâmica, segundo as divindades orixás que o regem, e, assim que assume uma liderança natural de sacerdote e passa a desenvolver seus filhos em seu templo, toda a dinâmica e doutrina serão de acordo com as forças espirituais que se manifestam através do dirigente do templo.

Então, se temos um sacerdote cujas forças são regidas por Oxalá e Iemanjá, esse templo assim também sua dinâmica e doutrina, serão totalmente passivos, onde os trabalhos ocorrerão em tranquilidade e paz. Porém, se o sacerdote for regido por Ogum e Iansã, esse templo, do mesmo modo que sua dinâmica e doutrina, serão totalmente ativos, ou seja, os trabalhos ficarão por conta da agilidade, movimentação e rigidez, provenientes de tais orixás.

No primeiro exemplo em que o sacerdote é regido por Oxalá e Iemanjá, o trabalho realizado pode se denominar, desde que assim seja determinado pelo guia chefe do terreiro, com um novo qualificativo ou sobrenome, como por exemplo: Umbanda Cristã devido à passividade reinante nos trabalhos.

Já no segundo exemplo, em que o sacerdote é regido por Ogum e Iansã, o trabalho realizado ali pode se denominar, desde que assim seja determinado pelo guia chefe do terreiro, por exemplo, como Umbanda de Lei e Demanda devido à atividade e à regência direta dos Orixás reinantes nos trabalhos. Seria muita pretensão acharmos que esses sobrenomes ou qualidades agregadas foram criados aleatoriamente e não tenham passado pelo crivo da razão ou pela ciência de um guia chefe de Umbanda, pois todos são detentores de graus de luz e aptos a darem um sobrenome ou uma qualidade à liturgia ali desenvolvida pelos guias chefes de terreiros.

De qualquer modo, independentemente do perfil dos orixás e seu campo de ação, é dogma fundamental e inalterável que Umbanda é a manifestação do espírito para a prática da caridade pura, gratuita e sem o recurso do proselitismo.

É dogma fundamental e inalterável que Umbanda é o culto a Olorum, por meio dos Orixás que são manifestadores de Suas Qualidades Divinas.

Acrescentamos que na Umbanda não há um dogma ou uma liturgia que define uma regra estabelecida a ser praticada. Pois, cada médium manifesta uma natureza íntima e individual, a qual herdou de Olorum. Por isso, a existência de várias umbandas, todas sagradas e detentoras de direitos divinos de manifestação, pois são manifestação de Olorum, a partir do individual existente no Todo.

Minha reverência a todas as umbandas que considero sagradas, pois são a manifestação da vontade das forças espirituais, naturais, divinas, da vontade dos guias e protetores daqueles sacerdotes que assim as denominaram e expandiram seus cultos movidos por uma vontade maior.

Saravá, a Umbanda, essa parteira divina! Que ao gerar suas filhas também denominadas Umbanda e batizadas pelos guias chefes com um sobrenome identificador de seu campo de ação, também exercem de forma digna a prática da caridade pura e gratuita.

Minha reverência também aos sacerdotes baluartes que dedicam suas vidas à expansão do culto, cujo íntimo com toda a certeza foi movido pelo amor em tornar a Umbanda uma grande via evolucionista e a todos aqueles que na particularidade dos seus lares, num dia específico da semana, arrastam sofás e transformam a cômoda em congá, incorporando seus Guias para exercitar a caridade, ajudando a engrandecer a Umbanda e a expandi-la como religião de massa.

Saravá, a Umbanda, Saravá, as Umbandas!

## *Graus da Umbanda*

Dissertaremos sobre os graus (graduação) da Umbanda trazidos à luz da razão e veremos que, em religião, assim como em tudo o que Olorum gerou, não existe o acaso.

Começaremos por classificá-los: temos o grau de lei chamado Caboclo (a), o grau de Preto-Velho (a), os graus de lei nas trevas chamados de Exu e Pomba-Gira, os graus de Boiadeiro, Baiano, Marinheiro etc.

Particularmente, nos chama atenção e a dos espíritas em geral a curiosidade dos nomes que formam os graus de Umbanda. Pois bem, lembramos que na codificação astral, pensada por espíritos excelsos, o grau Caboclo (a), por exemplo, foi uma homenagem aos índios que dedicaram suas vidas ao culto à natureza. Foi escolhido para um determinado grau de Luz de Lei e da Vida, acomodaria todas as hierarquias de espíritos que viessem a trabalhar regidos por esse grau na nascente religião de Umbanda, que no início do século estava sendo gerada à Luz da Vida.

Diferentemente de outras religiões espiritualistas, que prezavam na manifestação dos espíritos a identificação de seus nomes carnais e sua importância ou determinadas funções exercidas quando encarnados, na Umbanda batizava-se com um de seus muitos graus de luz, com o nome Caboclo (a) em homenagem justa aos espíritos que dedicaram grande parte de suas vidas ao culto aos ancestrais da natureza.

Sabemos que o grau Caboclo causou e causa certo desconforto em determinadas religiões espíritas, por associarem-no a espíritos sem cultura e desprovidos de inteligência. Mas, é grau e patente de Luz, e não é fácil conquistá-lo, pois todos que nele estão já dissolveram suas encarnações, suas vidas anteriores, não importando se foram grandes filósofos, médicos, doutores ou sacerdotes.

Os nossos irmãos espíritas não entenderam e não entendem que Caboclo é um grau ou uma patente religiosa, por onde se manifesta milhares de espíritos de diversas raças, culturas, religiões e povos, e que, dentro dessa patente ou grau, todos os espíritos são reintegrados e apresentados às suas forças naturais e consagram-se à Olorum (Deus) como seus instrumentos, onde a partir daí a vontade do Pai passa a se expor em seu íntimo como um desejo de servi-Lo, servindo a seus semelhantes.

Não, isso não importa, pois tudo isso se dissolve quando se é chamado ao grau de Caboclo, pois assim que se assume essa identidade sagrada já não importa sua identidade anterior, pois nesse grau reveste-se de uma identidade coletiva que significa grau de Lei, abrindo mão de seus desejos pessoais para realizar no coletivo somente a vontade de Olorum e dos seus Divinos tronos (orixás).

A sapiência divina mostra-se clara e límpida dentro da Umbanda, senão, vejamos: no grau Caboclo Pena Branca são agregados milhares de espíritos que já se elevaram o suficiente para ver que Olorum manifesta-se em tudo e em todos o tempo todo, espíritos que são isentos de dogmas ou preconceitos e que, independentemente de cor, raça ou credo, consagram-se a Olorum para servi-Lo e ainda se voltam em nosso auxílio, seus pares encarnados, que ainda trilhamos caminhos, por vezes tortuosos, que turvam nossos sentidos.

O que realmente importa na Umbanda não é o que você foi em outra encarnação, seja rei ou um simples carpinteiro, pois na linha de Caboclo você é somente mais um dos nobres espíritos que se consagrou por inteiro a Olorum para servir e guiar seus semelhantes.

Sabemos que existe na linha de Caboclos Pena Branca muitos espíritos que em suas encarnações prestaram grande serviço à humanidade na função de filósofos, sacerdotes, cientistas, físicos, pensadores, títulos que foram diluídos, pois o que importa não é a imortalidade desses nomes na História da humanidade, mas a verdadeira missão que a todo Caboclo é destinada.

Caros irmãos, isso é sabedoria pura, pois ao ordenar um culto e criar uma linha de Caboclos, todos os espíritos se manifestariam sob a égide desse grau e não chamariam atenção pelo que foram, mas pelo que fariam em benefício do seu próximo. E esta verdade está bem relatada quando da primeira manifestação do Caboclo das Sete Encruzilhadas em um centro de mesa branca onde ao ser inquirido da seguinte forma: "Porque o irmão fala nestes termos, pretendendo que a direção aceite a manifestação de espíritos que, pelo grau de cultura que tiveram quando encarnados, são claramente atrasados? Por que fala deste modo, se estou vendo que me dirijo neste momento a um jesuíta e a sua veste branca reflete uma aura de luz? E qual o seu nome, meu irmão?", o Caboclo respondeu: "Se julgam atrasados os espíritos de pretos e índios, devo dizer que amanhã estarei na casa deste aparelho, para dar início a um culto em que estes pretos e índios poderão dar sua mensagem e, assim, cumprir a missão que o plano espiritual lhes confiou. Será uma religião que falará aos humildes, simbolizando a igualdade que deve existir entre todos os irmãos, encarnados e desencarnados. E se querem saber meu nome que seja este: Caboclo das Sete Encruzilhadas, porque não haverá caminhos fechados para mim, pois estou realizando uma vontade do Pai." E assim nasceu a Umbanda!

É isso, irmãos, a Umbanda é constituída por graus. A Umbanda é formada por graus e degraus, cujas hierarquias perfeitas e bem organizadas portam espíritos que abandonaram sua identidade pessoal para se integrar e consagrar Olorum.

Precisamos atinar com os fundamentos ocultos por traz da liturgia umbandista, pois os espíritos-guias de Umbanda mostram-se a partir dos sentidos e virtudes Divinas. Quando vemos a manifestação de um Caboclo de Oxalá, vemos um espírito envolto pela fé, não a de um padre ou jesuíta de relevância no cenário terreno.

Quando vemos a manifestação de um Caboclo de Ogum, vemos um espírito envolto pela Lei Maior e com grande magnetismo ordenador, não a de um general ou comandante de destaque e posição de influência quando encarnado.

Quando vemos a manifestação de uma Preta-Velha de Oxum, vemos um espírito envolto pelo amor incondicional e com grande sentimento de misericórdia, não a notoriedade de uma madre que encarnada tenha realizado muitos feitos em prol da humanidade.

E assim é com todos os graus-patentes da Umbanda Sagrada desde sua origem.

Caboclo é grau, Preto-Velho é grau, Exu é grau, Pomba-Gira é grau, Baiano é grau, Boiadeiro é grau, Marinheiro é grau, ou seja, todas as linhas de trabalho da Umbanda são graus por onde Olorum e os orixás revelam seus mistérios divinos e linhas de trabalhos espirituais, cuja vertente é encimada por um orixá, que é o manifestador natural de uma das infinitas qualidades de Olorum.

Ou não é verdade que quando recebemos uma Cabocla Sete Conchas, ali está se manifestando um espírito cujo grau de luz é Cabocla, que foi iniciada perante sete mistérios da criação e atua por meio dos sete sentidos que são fé, amor, conhecimento, lei, razão, evolução e vida, e que atua no campo da geração dando amparo e estimulando tudo que é gerado positivamente, desde um pensamento, vibrações, energias, que visam a propagar e a expandir a vida em todos os sentidos, ou seja, Cabocla (significa grau ou patente divina), Sete (significa: sete irradiações ou sentidos divinos) e Conchas (significa: mistério simbólico da geração que revela o campo de atuação dessa linha de trabalhos dentro do grau Cabocla).

E assim o é com todos os graus da Umbanda; e se fôssemos desdobrar cada linha de trabalho que se manifesta, não conseguiríamos vencer o tempo de vida na carne antes de terminarmos esse desdobramento, de tão grandes e vastas que são as linhas de trabalhos da Umbanda, pois infinitos são os mistérios do nosso Divino Pai Olorum.

Caboclo é isso e muito mais e deve ser respeitado e reverenciado como um dos mais altos graus da espiritualidade que, junto ao grau de Preto-Velho e aos demais graus, ajuda a propagar a tolerância, o respeito e o amor incondicional, os quais foram privados, logo no início do Espiritismo no Brasil, mas, graças a Olorum foram acolhidos pela divina e sagrada Umbanda que permitiu a eles e a todos os espíritos a prática do exercício da caridade.

## Ciganos e Malandros e as linhas auxiliares e transitórias na Umbanda

Ao dissertarmos e debruçarmos sobre linhas auxiliares na Umbanda, temos nosso raciocínio, reflexão e inspiração voltados para as encantadoras e alegres linhas de Ciganos e Malandros dentro do ritual de Umbanda, a nossa amada Religião que abre suas portas através do amor a todo espírito benfazejo e de boa vontade que queira servir Deus servindo seus semelhantes por meio das virtudes que nos distinguem e nos qualificam como seres humanos e humanizadores.

Tanto as linhas dos Ciganos quanto a linha dos Malandros são egrégoras de espíritos que estão voltadas ao auxílio da humanidade com seus conhecimentos particulares e milenares nos campos da magia e do conhecimento profundo da natureza humana.

O que são linhas auxiliares?

Explicaremos!

Sabemos que toda manifestação em nível espiritual dentro da Umbanda é realizada por espíritos humanos que se consagraram como manifestadores humanos e espirituais dos sagrados orixás, seus regentes nas suas linhas de trabalhos.

Na Umbanda, os graus simbólicos Preto-Velho, Caboclo, Boiadeiro, Baiano, Marinheiro, Exu e Pomba-Gira representam uma patente espiritual, tal qual uma patente militar (soldado, cabo, sargento, comandante etc.), e dentro desses graus-patentes temos suas especificações: boina verde, boina preta etc.; temos também o campo de atuação: marinha – atua e exerce sua função no mar, aeronáutica – atua e exerce sua função no ar e outro na terra e assim sucessivamente, ou seja, todos eles vinculados a uma instituição em que representam legitimamente e falam em nome dela, pois, são seus manifestantes.

Com a Umbanda não é diferente, pois um espírito, ao se vincular e assumir um grau dentro da instituição religiosa de Umbanda, ali se torna um manifestador natural desse grau e da divindade regente desse grau, exemplo: espírito agregado à instituição religiosa de Umbanda sobre o grau Caboclo, vinculado ao mistério Beira-Mar que se torna um manifestador natural das qualidades, atributos e atribuição desse mistério, pois se torna o manifestador humano e espiritual do grau excelso Beira-mar que em nível Orixá intermediário está ligado ao sagrado Pai Ogum Beira-Mar, o comandante dessa linha e intermediário dos mistérios maior do regente supremo Ogum, para os campos da mãe Orixá Iemanjá e o Pai Orixá

Obaluaiê. Assim também são as linhas de Ciganos e Malandros que, igualamente, são espíritos luminosos, benfazejos e de boa vontade, tanto quanto os guias espirituais de Umbanda.

Então, entendemos que linhas auxiliares são feito agentes comunitários de uma sociedade ou bairro, que não são policiais e não estão vinculados aos dogmas e leis internas a que um soldado da polícia está sujeito, porém auxiliam ligando no 190 para comunicar possíveis crimes e delitos, denunciando tráfico de droga e tudo que atenta contra a sociedade e sua comunidade em específico. Percebam que um agente não é um policial, porém auxilia com sua boa vontade no trabalho de um policial que está vinculado a uma instituição militar.

Entendam o arquétipo libertador no qual está implícita a liberdade de ação e movimentação, tanto na linha dos Ciganos que têm na sua filosofia de vida o ditado que diz: "A Terra é meu lar, o céu é meu teto e a liberdade é minha religião", bem como na linha dos Malandros que simbolicamente traz o arquétipo daquele que tem "jogo de cintura" para passar pelas dificuldades da vida, que vive e trabalha tendo o seu sustento vindo do biscate, e biscate aqui significa emprego esporádico sem registro, um "bico" aqui outro ali, um "rolinho" aqui e outro ali e assim vai se tocando a vida, um dia comendo ovo e outro dia filé mignon, um dia tomando uísque e outro dia pinga.

Entendam que por trás desse arquétipo simbólico eles estão dizendo: somos agentes comunitários da espiritualidade, por isso não somos regidos por liturgia, regras ou dogmas dos graus que se manifestam na Umbanda, temos a nossa própria sociedade e egrégora em que auxiliamos como linhas auxiliares ou como no exemplo aqui descrito por nós como agente comunitário que ajuda a polícia sem ser polícia, que auxilia a polícia sem os deveres e obrigações de um policial, por isso o arquétipo libertador, pois onde fomos, seja qual Religião ou faixa vibratória espiritual em que venhamos a atuar, lá somos somente agentes da espiritualidade auxiliando os graus fixos que nelas trabalham. Por isso, temos o nosso modo próprio de nos vestir e falar; e os sábios guias de lei de Umbanda nos entendem e até abrem um dia no ano ou de mês em mês para que venhamos trabalhar em suas casas espirituais ou terreiros sem exigir que alteremos nossa natureza e vestimenta ou forma de trabalhar, justamente porque não somos espíritos agregados ao grau de Umbanda, mas sim egrégoras auxiliares ou como bem exemplificados, agentes comunitários.

Sendo assim que sejam sempre bem-vindos esses amados espíritos agentes comunitários da espiritualidade e egrégoras espirituais auxiliares das linhas de

Umbanda, que não são vinculados a uma religião (a) ou (b) mas servem Deus como um Todo, e onde a bondade divina se manifestar lá estará a auxiliar

A vantagem de ser um agente comunitário é que não só auxiliamos a sociedade ou a comunidade avisando a polícia, mas também levando alimentos aos menos favorecidos, nos organizando para ajudar no nascimento de uma criança quando os pais não têm condições de arcar com os valores hospitalares. Do mesmo modo, auxiliamos quando alguém morre e a família não tem condições de enterrá-la e aí nos reunimos e enterramos com dignidade aquele irmão que viveu junto de nós, trazendo tranquilidade à família em ver um seu ente querido sendo entregue a Deus com a mesma dignidade com que veio ao mundo, ou seja, temos liberdade de ação... Esse é o arquétipo do Cigano, pois só o agente ou auxiliar tem a liberdade de ajudar aonde for chamado, por não estar vinculado a uma única instituição, exercendo a bondade onde é convidado e se faz necessário.

Sendo assim, entenda que todos nós temos uma ligação com um espírito protetor e auxiliar da linha dos Ciganos e um da linha dos Malandros, que representam e agregam todos os espíritos que servem a Deus sem uma cátedra religiosa a se vincular, por isso se autodenominam espíritos livres, pois um agente é isso: um servidor de Deus que O serve onde for solicitado ou no caminho daquele que necessita da ajuda do Pai Maior.

Desse modo, muitos desses espíritos são passivos em nossa incorporação, porém muito ativos em nosso dia a dia. A título de exemplo: ao necessitar de um médico ou policial temos de ligar ou correr para o hospital e quase sempre não somos atendidos prontamente devido à grande quantidade de pessoas que um policial ou um médico atende, porém um agente por estar mais próximo de nós, e com determinados procedimentos auxiliares pode salvar nossa vida até que os especialistas médico ou policial cheguem e assuma sua prática. Por isso, um agente é vital, pois sempre está mais próximo de nós, uma vez que um "agente do bem" todos podemos ser, já um médico nem todos podem ser – lembrando que um médico antes de ser médico é um agente do bem.

Os agentes de Deus são a bondade infinita do Pai que se manifestam sem rótulos ou títulos e muitas vezes são marginalizados pela sociedade material e até a espiritual, por isso que só a Umbanda, enquanto Religião espiritualista com prática de incorporação, é umas das poucas senão a única que lhes facultam oportunidade de trabalho. Portanto, é por isso que Sêo Zé ou outro espírito que se manifesta sobre o arquétipo e a personalidade do Malandro não é Exu e nem

Baiano, mas um agente auxiliar disposto a ajudar onde lhe for aberta uma oportunidade espiritual, por isso o amado Pai e Mestre Zé Pelintra não é Exu e nem Baiano, porém se manifesta nas duas linhas sem deixar de ser o que é e sempre será: "um agente de Deus e um auxiliar da espiritualidade, servindo Deus através do auxílio do seu semelhante."

E por isso mesmo que o doutor José Pelintra é doutor sem ser médico, pois ele não está vinculado a uma cátedra universitária, contudo tem a liberdade como todo agente tem, então, o seu Zé é doutor quando cura um mal do corpo, é doutor quando cura um mal da alma e quando cura uma dor de amor. Seu Zé é o Zé dos pobres quando ajuda a alimentar aquele que tem fome, é Zé da morte quando ajuda enterrar com dignidade aquele quase indigente encarnado, é o Zé da vida quando ajuda a levantar fundos para custear o nascimento de uma criança ou seu direito à vida, é Zé do lar quando auxilia e mobiliza toda uma sociedade a ajudar a custear o direito à moradia daquele que não tem condições, etc... É por essa razão que ao se "cantar" para seu Zé na igreja ele vem para fazer o bem, na encruzilhada ele vem, na mesa kardecista ele vem, ele vem onde lhe chamar para fazer o bem. No cabaré ou na igreja ele vem nos ajudar.

Lembre-se que foi preciso fundar uma Religião chamada Umbanda, para que índios com suas egrégoras de espíritos pudessem dar uma palavra de fé, carinho e esclarecimento. Lembrem-se que pelos mesmos motivos os negros escravos e africanos também foram banidos das escolas e "casas espíritas de caridade", e lembrem-se que, no fundo, tanto um policial quanto um agente comunitário são antes de tudo seres humanos dispostos a fazer o bem.

Encerramos essa reflexão com um lema de nossos amados agentes do amor: "O céu é meu teto; a terra é minha pátria e a liberdade é minha religião", pois onde lhe permitem eles se manifestam e auxiliam a aumentar mais esse sentimento ímpar que é o ouro que tanto simboliza a riqueza, mas não a riqueza que torna o ser materialista e egoísta, mas a riqueza chamada amor que, quanto mais compartilhada mais enriquece o doador e enobrece o recebedor, o tesouro que une todas as nações e nos distinguem como irmãos sagrados e filhos do mesmo Pai de todos os Pais.

Um agente comunitário espiritual ou um Cigano é isso: um espírito excelso que traz em seu íntimo um arquétipo daquele que se permite acreditar e servir a Deus através do amor alcançando tanto a religião e aqueles que se conduzem regidos por Ela, quanto aquele que crê em Deus, porém não se conduz pela religião ou manifesta sua fé por meio de uma égide religiosa. "Malandro é como Deus, está em todo lugar, ama, canta a vida e ensina sem julgar", pois, quem julga se torna juiz de um rei que só é amor e por isso só sabe amar, e que rei é esse? É nosso pai Oxalá e que também pode ser Jesus, ou pode ser o nome naquele que sua fé encontrar.

Axé meus irmãos...

Optcha, arriba Ciganos!

Salve a malandragem!

## *Salve a abertura dos trabalhos de Umbanda!*

Ao ouvirmos esta frase: "Salve a abertura dos trabalhados de Umbanda!" nosso coração acelera, o peito se enche de alegria e voltamos a atenção para o Congá. As imagens assentadas no altar transformam-se em verdadeiros portais, por onde nos chegam milhares de ondas vibratórias benéficas, harmonizadoras e equilibradoras do nosso espírito. Um verdadeiro oceano energético toma conta do terreiro, cantos são entoados (vou abrir minha jurema, vou abrir meu juremá...), as vibrações sonoras dos atabaques misturam-se às vibrações mentais emitidas pelo corpo mediúnico, ativando o mental superior de cada um em particular, graduando as vibrações íntimas e alinhando-as com os ciclos e ritmos da criação de Olorum.

O canto simboliza a união de vozes com um único objetivo, que é o de louvar Olorum, nosso Divino Criador, por meio de suas potências divinas, os sagrados Orixás, manifestadores de Suas qualidades.

Em seguida, vem a defumação que se transforma em névoa multicolorida a invadir nosso espírito, purificando-nos de todas as cargas negativas presas ao corpo material e espiritual, preparando a nossa veste divina para que espíritos luzeiros e guardiões da Lei possam manifestar-se em nosso corpo, servir a Olorum e a cada espírito que a eles forem direcionados pela Providência Divina. Todos são incensados deixando transparecer no íntimo a verdadeira origem do espírito, que é pura luz e luz pura.

Salve Oxalá! Oxalá é nosso pai! Após a defumação, saudamos o amado Pai Oxalá e entoamos o seu divino canto (vou caminhando nas estradas desta vida...). Somos tomados por sua presença divina, que se revela no íntimo de cada um, e nesse momento a plenitude preenche todo nosso vazio e nos sentimos plenos como éramos quando vivíamos no interior de nosso Divino Pai Olorum, uma vibração indescritível de paz, harmonia e plenitude. Passamos, naquele momento, a pedir perdão pelas nossas ofensas e a perdoarmos a quem nos tenha ofendido.

Após nosso espírito e nosso íntimo estarem plenos de sentimentos virtuosos, saudamos a pemba e a toalha. Ajoelhados, estendemos a toalha branca no solo e a tocamos com a testa nos conectando mentalmente com Olorum e com todos os tronos, forças e poderes assentados na criação, à esquerda e à direita, no alto e no embaixo, na frente e atrás, e em todas as realidades da criação.

Depois, Salve a prece! Todos em uma só energia entoam a Prece de Cáritas, o Pai-Nosso e a Ave-Maria. Somos tocados por aquelas verdades absolutas, ditas em forma de preces, encorajando-nos a seguir adiante, resignados e perseverantes no caminho da luz, da lei e da vida.

Após entoarmos essas preces divinas, saudamos os guardiões da casa, os divinos Orixás Exu, Pomba-Gira, e Exu Mirim e pedimos a esses abnegados e leais espíritos que protejam a nossa casa de toda e qualquer perturbação de ordem material e espiritual que possa intervir na realização dos trabalhos.

E como num passe de mágica, vemos seres majestosos envoltos por suas capas pretas e vermelhas, dispostos a defender a casa e o trabalho caritativo que ali é realizado. Verdadeiros guerreiros de luz que servem à Lei Divina nos campos escuros da criação, onde são retidos espíritos trevosos a fim de que possam esgotar seu negativismo.

E após saudarmos esses guardiões ímpares, nos posicionamos em frente ao Congá e saudamos as sete linhas de Umbanda, que agora, desvelado o véu dos mistérios, sabemos que não são sete Orixás, mas sim sete irradiações divinas por onde manifesta-se uma infinidade de Orixás, todos regidos por uma dessas sete irradiações. E, ao entoar o canto (Rei da demanda é Ogum-Megê, quem rola as pedras é Xangô Kaô...), sentimos as sete vibrações divinas ligarem-se ao nosso mental, fortalecendo os sete sentidos divinos que são a fé, o amor, o conhecimento, a razão, a lei, a evolução e a geração.

Saudamos o patrono da nossa casa, o divino Pai Ogum, ajoelhamos e sentimos passar por nós os olhos vigilantes da lei, o punho forte do pai amoroso, a retidão de caráter e o reequilíbrio de nossos sentidos. E quando o Pai Ogum se apresenta para abertura da gira, percebemos sua imponência e força e nos sentimos seguros de nossas ações, confiantes e felizes por estar sob o seu amparo.

Entoamos o ponto de saudação (Se a sua espada brilha no raiar do dia, Ogum Beira-Mar é filho da Virgem Maria...).

E o amado Pai Ogum risca seu ponto de firmeza na frente do Congá e, automaticamente, ligam-se ondas vibratórias provenientes diretamente do altar, confirmando que aquele ponto riscado é um portal de forças, responsável pelo trabalho ali realizado.

Em seguida, nosso amado Pai Ogum direciona-se até a porteira e risca o ponto de defesa, bem no limiar entre a assistência (lado profano) e o corpo mediúnico (lado sagrado), delimitando assim a entrada de forças.

E após a partida de Pai Ogum, cantamos para a matrona de nossa casa, a sagrada e divina Mãe Iemanjá, e todos a incorporamos para que sob a irradiação dela sejamos amparados pela Vida, e, na condição de guardiões da vida, sejamos instrumentos de Olorum, doando nosso corpo e nossa energia para que a falange de espíritos luzeiros possam se conectar a nós e, juntos, como os três estados da criação conectados entre si (lado divino Orixás) (lado espiritual guias protetores) e (lado material, nós espíritos encarnados), auxiliemos nosso semelhante, na condição de instrumentos de Olorum.

Após a partida das nossas amadas mães naturais Iemanjás, cantamos para a manifestação da linha de trabalhos espirituais, que será responsável pelo atendimento naquele dia específico e, então, espíritos abnegados e voltados totalmente para a caridade pura apresentam-se, sem o desejo de converter ninguém a nada, sendo simplesmente um lenitivo na vida das pessoas que até eles são levadas. E com uma palavra de fé, carinho e esclarecimento Eles norteiam as pessoas quanto à renovação da fé em Olorum, à força íntima e orientam a acreditarem que são templos vivos de Olorum, são sacerdotes de si mesmas e, portanto, devem se manter virtuosas, para que a divindade do pai possa se revelar por meio delas e dos seus atos perante seus semelhantes.

Os espíritos abnegados, igualmente, inspiram nas pessoas que os procuram a vontade de crescer e evoluir espiritualmente, para que um dia também possam se tornar caminhos luminosos onde muitos passarão a trilhar.

Os guias espirituais de Umbanda fazem isso e muito mais, uma vez que se consagram a Olorum tais quais seus instrumentos vivos a resgatarem todos os filhos Dele, para que em um ato de fé sejam ofertados como oferendas vivas a servirem o nosso Divino Criador através de suas qualidades Divinas, os sagrados Orixás.

Ao finalizar o atendimento da assistência, os guias protetores presentes recolhem-se ao plano espiritual, despedindo-se de todos e agradecendo por mais um dia de trabalho, e nós, seus filhos espirituais, de joelhos e de olhos fechados, agradecemos a sua presença luminosa em nossas vidas e a todos que foram ajudados por eles, segundo o merecimento e a necessidade de cada um. Entoamos canto de despedida e subida das linhas de trabalhos, e em nosso íntimo fica a doce energia benéfica de saudade.

Depois vem a linha dos nossos guardiões Exus, para finalizar o trabalho e descarregar o terreiro, recolhendo quaisquer resquícios de energias ou vibrações negativas que por ventura tenham ficado em nossos campos mediúnicos, corpos espirituais e materiais. Pedem um "dedinho de pinga" para tomar, não porque são viciados, mas, sim porque o álcool ministrado em pouca quantidade é um verdadeiro higienizador espiritual. Baforam seus charutos e se utilizam dos elementos vegetais para fazerem uma limpeza no corpo físico do seu médium e nos campos à volta de suas forças. E, após a partida desses guardiões da Lei nas trevas, saudamos o fechamento dos trabalhos e agradecemos a Olorum, aos Orixás e guias protetores por mais um dia de trabalho e entoamos o canto (Me dê a sua mão, me dê o seu amor, eu quero te dar um aperto de mão...).

E vamos para casa com sentimento maravilhoso de irmandade, agradecendo a Olorum por sua generosidade para conosco em podermos servi-Lo, através da Umbanda, e fazer parte daquela família espiritual que nos acolheu. Ao chegar em casa e encostarmos a cabeça no travesseiro, pedimos que a semana transcorra mais rápida a fim de vivenciarmos novamente toda aquela explosão de energias positivas e virtuosas em nossas vidas.

É isso, meus irmãos! Assim é a nossa religião, assim é o trabalho de Umbanda, uma explosão de energias Vivas e Divinas, que direciona e ampara todos ao despertar consciente de suas faculdades e dons mediúnicos (que todo ser é portador), pois, amor, fé, conhecimento, sabedoria, razão, criatividade, alegria são dons divinos, inerentes a todos e devem ser empregados positivamente a serviço do seu semelhante.

## Umbanda, a Reconstrução de uma Religião em Construção

O título do texto nos incita de forma especulativa pelo seu caráter ambíguo no que se refere a algo que está em construção e sendo, ao mesmo tempo, reconstruído. Sabemos que se está sendo construído é porque se trata de algo novo, logo não poderíamos reconstruir algo que ainda não foi construído.

Esse título tem o intuito de nos fazer refletir acerca do caminho percorrido desde o nascimento da Umbanda, aqui no plano material até o ponto em que se encontra. Sabemos que surgiu do anseio de espíritos encarnados e desencarnados que traziam certos dons mediúnicos e que ao retornarem para a pátria espiritual sentiram a necessidade de dar continuidade ao trabalho que realizavam em vida, levando o conforto, o amparo e a orientação aos seus pares encarnados, irmãos na senda evolutiva encarnatória.

Porém, não encontravam uma via religiosa onde pudessem com seus dons mediúnicos vivenciar sua senda evolutiva ao divino Criador.

Isso porque as duas vertentes religiosas espíritas (espíritas porque a base de seus cultos está na crença de espíritos e na manifestação destes como seres e irmãos mais evoluídos e capazes de nos amparar em nossa evolução no corpo físico), não permitiam a manifestação tais espíritos, nem a permanência dos seus pares encarnados (médiuns) em suas instituições religiosas, pois segundo suas doutrinas violavam seus dogmas.

Numa delas, o Candomblé, religião de matriz africana, não era permitida a incorporação de espíritos humanos, uma vez que eram tidos como eguns, não aptos a acrescentar nada à sua doutrina, tendo em vista que por serem espíritos humanos desencarnados estavam no mesmo nível de evolução que nós encarnados, e somente o Orixá é quem tinha vibrações superiores e estava apto a nos conduzir.

Na outra vertente espírita, a kardecista, devido a certo elitismo e preconceito arraigado em nossa cultura, não concedia abertura para os espíritos, tais quais seus pares encarnados, para desenvolver ali um trabalho edificante, pois eram considerados espíritos atrasados e necessitados, a julgar pelo seu linguajar e forma de se manifestar.

Pois bem, foi a partir dessa recusa incansável, que a espiritualidade superior viu a necessidade de nova via religiosa, em que pudesse amparar todos os espíritos encarnados e desencarnados em suas sendas e jornadas espirituais e evolucionistas.

Se fomos gerados por Olorum como centelhas divinas inconscientes, em nossa jornada evolutiva e espiritual devemos retornar ao Pai como centelhas Divinas hiperconscientes, desenvolvendo toda nossa capacidade mental voltada à evolução e à vida, feito uma muda que cumpre seu destino até se tornar uma árvore frondosa, capaz de gerar frutos para muitos saciarem a fome e promover abrigo. Percebam que o nosso destino é um dia, na condição de caminhantes que somos, possibilitar melhores caminhos ou sendas, onde muitos possam evoluir, do mesmo modo que Mestre Jesus, Buda e tantos outros, que até hoje vibram no consciente das pessoas que os adotaram como vias evolutivas através dos seus ensinamentos.

Mas, retomando o assunto, foi da rejeição que nasceu a Umbanda, tendo por mandamentos irrevogáveis: "Umbanda é a manifestação do espírito para prática da caridade pura e gratuita, onde nada deverá ser cobrado além do respeito e amor para com o próximo" e "Com os espíritos mais evoluídos aprenderemos, aos menos evoluídos ensinaremos e a nenhum, seja encarnado ou desencarnado, renegaremos" tudo isso dito pelo Caboclo das Sete Encruzilhadas.

Pois bem, a Umbanda expandiu-se de forma rápida como uma encantadora religião e grande via evolucionista. Porém, como toda semeadura religiosa, árdua foi sua fixação em solo brasileiro.

Se ela cresceu de forma horizontal, ficaram lacunas em suas raízes que a fundamentariam e dariam amparo às suas práticas religiosas. A Umbanda cresceu de tal modo que se tornou um grande pronto-socorro espiritual, onde os guias realizavam verdadeiro milagres com suas magias elementares, usando de recursos naturais como banhos, ervas, pedras, oferendas, que eles, os espíritos tinham se iniciado e detinham vasto conhecimento desses recursos guardados a sete chaves, aguardando a manifestação divina e a hora certa para que tudo isso fosse fundamentado.

Como seus pares encarnados (médiuns) começaram a se regozijar dos júbilos realizados pelos guias espirituais; a espiritualidade encontrava cada vez mais dificuldades na abertura e explanação de determinados mistérios, forças espirituais e formas de trabalhos, que, se a princípio pareciam estranhas, tinham seus fundamentos à espera de serem abertos e humanizados.

Esse período de aberturas de mistérios como: Exu, Pomba-Gira, Exu Mirim e Zé Pilintra, linhas de trabalhos como Baianos, Boiadeiros e Marinheiros trouxeram grandes discussões e mazelas ao meio umbandista. Os mistérios e as linhas de trabalhos se impunham de forma natural. Porém, não sabiam explicá-los, e na falta de explicação marginalizaram-nas, tornando-as verdadeiros "calcanhares de Aquiles", em que religiões contrárias à expansão umbandista encontrariam fortes pretextos para acanharem esse crescimento, usando da ignorância e do preconceito dos próprios umbandistas para cercear e segregar o nascimento de uma religião.

Neste período, aconteceu um êxodo dos umbandistas para outras religiões, na expectativa de ser bem mais aceitos pela sociedade. E, assim foram criadas várias umbandas dentro da Umbanda, cada sacerdote adotou uma verdade pessoal e relativa, em detrimento de uma verdade absoluta e universal, que organizaria o culto e lhe daria força.

Por sua vez, a Umbanda dividiu-se em mantenedores da doutrina mais antiga e original que não permitiam alteração mais acentuada em seu dogma, não acompanhando o pluralismo e a manifestação de novas linhas e forças espirituais que viriam se agregar, outra que aceitava essas novas forças abertas no culto, porém sem explicá-las à luz da razão.

E uma terceira vertente que negava as anteriores e ainda criticava, de forma pejorativa, a manifestação de linhas de trabalhos até então desconhecidas, e procurava se apartar de todas as outras, lançando fundamentos que não complementavam os antigos, mas os anulavam. Esta vertente passou a disseminar que Exu fazia o mal e também fazia o bem, a dizer que Pomba-Gira era espírito feminino viciado e degenerado e que Zé Pilintra era espírito trevoso. Ela serviu de "cama" para que outras religiões mercantilistas e anuladoras da fé alheia pudessem "deitar sobre a virgem e nova Umbanda e realizar um estupro de ordem moral e ética."

Esse foi o grande desserviço da terceira linha umbandista, causando um êxodo de fieis umbandistas que, confusos e incrédulos, buscavam amparo em outras religiões que os recebiam, condenando suas práticas anteriores de baixo espiritismo e de ações demoníacas.

Com isso, a Umbanda sofreu denso retrocesso. No entanto, a luz da estrela-guia ainda brilhava no seio da Umbanda, e os poucos que mesmo com essa confusão mantiveram-se fiéis aos ensinamentos orais de seus guias espirituais, não se importando com o que falavam de suas práticas, perseveraram. E, no tempo certo, como uma dádiva de Olorum aos seus esforços em se manterem fiéis e confiantes nos ensinamentos puros de seus guias, puderam descortinar o véu dos mistérios e desvendar fundamentos de suas práticas religiosas e das práticas de seus guias espirituais; compreender a Lei de Pemba e a magia dos pontos riscados; aprender os fundamentos por trás das oferendas e despachos realizados pelos seus guias; compreender o fundamento por trás do charuto do Caboclo, do cachimbo do Preto-Velho; o fundamento dos banhos de ervas e sua conexão com os chacras e os sete corpos, e tudo, aos poucos, foi sendo esclarecido.

As sete linhas de Umbanda já explicavam que tudo se originava em sete Sentidos Divinos e não em sete Orixás, e tanto os Orixás e as forças de trabalhos espirituais provinham desse Sete Sentidos Divinos que estão presentes em tudo que por Ele foi gerado.

Essa é a quarta vertente de Umbanda que brota em novo milênio, que vem não para anular preceitos e conhecimentos antigos e originais, mas para complementá-los e renová-los, não anulando nem se impondo aos saberes antigos, porém, renovando-os nos jovens corações umbandistas, sedentos de conhecimentos em detrimento da calúnia, injúria e difamação que a Umbanda sofreu por sacerdotes despreparados, que não compreendendo a manifestação de novas linhas de trabalhos, preferiram vilipendiá-las, relegando-as a graus de espíritos trevosos. Tais sacerdotes, ingênuos, mas sedentos de poder, quiseram impor seus postulados na tentativa de anular manifestações de linhas de espíritos que hoje comprovaram sua grande necessidade, fundamento, função e força.

Mas, como ninguém consegue fechar algo pensado numa esfera superior e divina, hoje mostram-se livremente nossos aguerridos guardiões Exus, "a polícia da Umbanda", nossas alegres Pomba-Giras, as "psicólogas da Umbanda" e nosso amado pai Zé Pilintra, um grande resgatador de almas encarnadas e desencarnadas, trazendo de volta em seus íntimos a energia para recomeçar e a alegria de viver. Tudo isso fundamentado em obras literárias que trazem luz à ignorância.

A quarta vertente poderia ser denominada "Umbanda da reconstrução", representada por pessoas, médiuns ou não, comprometidos e bem-intencionados, que visam expandir o conhecimento da religião de forma racional, sedimentada em mistérios divinos, apagando a nódoa do passado que sujou a bandeira branca de Oxalá (fé).

Esse milênio da Umbanda reconstrói o arquétipo de Exu, colocando-o no devido e divino lugar, explicando que, uma vez amparador da vida, apenas faz o bem e não se sujeita às nossas imperfeições e vícios, pois, enquanto divindade, conhece sua origem, meio e fim. E, se existe alguém neutro nessa história, somos nós humanos, que não sabemos do nosso fim e usamos de meios, ora positivos, ora negativos, para conquistarmos o nosso objetivo, invertendo valores imutáveis na criação. E se há um ser que ainda não descobriu a sua divindade, somos nós, neutros por excelência, oscilando em nossas ações, ora boas e amparadoras da vida e ora ruins e anuladoras da vida, em todos seus aspectos.

Em relação à Pomba-Gira, entendemos o arquétipo da Pomba-Gira tal qual uma verdadeira psicóloga da Umbanda, feminista por excelência, que surgiu já no início do século 20 como linha de trabalho, na forma de suporte para todas as mulheres subjugadas, violentadas física e moralmente pelo machismo patriarcal que imperava naquele período.

Pomba-Gira era tudo o que essas mulheres queriam ser. Todavia, interiorizavam seus desejos de libertação do julgo opressor e humilhações recebidas de seus maridos. Eram vistas sempre em segundo plano, tendo de suportar caladas as traições e violências físicas, entendidas como ocorrências naturais pela sociedade machista de então. Por isso, considerada psicóloga, por exteriorizar sentimentos oprimidos e recalcados no íntimo das mulheres que as procuravam nos centros de Umbanda, estimulando-as e encorajando-as a ser independentes, sustentar seus filhos e buscar sua felicidade. Desta forma, quando surgiram foram mal vistas, porque seu arquétipo desafiava a hipocrisia da sociedade patriarcal revestida de puritanismo hipócrita e sem sentido, denunciando a violência contra a mulher.

E Olorum, em sua infinita sabedoria, abriu uma via religiosa, onde esse grau da espiritualidade pudesse servi-Lo, servindo os seres de modo geral, mas particularmente as mulheres com esse mistério estimulador e arquétipo libertador, sem colocá-la em segundo plano ou raça inferior, nem aceitar a mitologia de que foi gerada da costela de um homem, reafirmando sua subserviência aos homens, mas sim confirmar que perante Olorum somos todos filhos e filhas igualmente gerados, amados e amparados por Ele. E à mulher, especificamente, devolvendo a ela o lugar que sempre foi seu, não à frente e nem atrás, mas ao lado do homem.

Umbanda para novo milênio, para nova consciência religiosa, reconstruindo algo que no ápice de sua construção teve sua bandeira branca da fé manchada pela ignorância, soberba e despreparo de alguns sacerdotes que não vislumbraram a luz que existia no período escuro de suas práticas sacerdotais. E quando tudo parecia perdido, o Arco-íris Divino voltou a brilhar e a luz do saber das coisas divinas se assentou em definitivo na Umbanda Sagrada, fundamentada pelos seus mestres, retirando da gaveta a joia rara e cristalina do conhecimento, para que fosse banhada pela luz do sol, irradiando suas sete cores, expandindo-se pelo mundo e firmando-se definitivamente em tudo e em todos que se colocassem sob sua irradiação luminosa e amparadora.

Viva a Umbanda! Pois, o seu Arco-íris não morreu, ele continua mais vivo do que nunca em nosso íntimo, e ao se dividir em muitos, alicercou-se de forma definitiva na mente e no coração de seus filhos e filhas.

## *Sou umbandista e isso basta!*

Certa vez, me perguntaram:
– Qual é a sua religião?
Eu respondi:

– Sou umbandista.

– De qual vertente?

Sem entender, respondi:

– Ora, eu sou umbandista da Umbanda fundada por pai Zélio Fernandinho de Moraes e Caboclo das Sete Encruzilhadas.

Me afirmaram:

– A incorporação de Caboclos e Pretos-Velhos já existia antes do Zélio fundar a Umbanda.

– É verdade, a incorporação de índio e de antigos sacerdotes africanos existia, bem como a de outros espíritos que tinham no seu par encarnado o dom mediúnico de incorporação.

Sabemos que esse dom não é exclusivo de uma denominação religiosa e já existe desde há muito. Porém, Caboclo e Preto-Velho são graus religiosos e patentes espirituais, ou seja, linhas de trabalhos, vinculadas a uma via evolucionista denominada religião de Umbanda. A manifestação livre de espíritos seja qual for sua etnia, sempre existiu, porém, uma via religiosa que agregasse espíritos sob seu manto protetor só veio com o advento da Umbanda.

Sendo assim, o Criador de tudo e de todos (sempre que há uma necessidade de alterar um estado de consciência), inspira espíritos elevados para que abram uma via evolucionista (religião) para suprir as necessidades de espíritos encarnados e desencarnados, possibilitando que vivam sua espiritualidade e religiosidade de forma luminosa, sendo novo caminho de retorno ao Pai.

A Umbanda é uma religião pluralista e não há uma melhor que a outra. O que há é uma forma peculiar de culto, inspirada pelo mentor espiritual de um templo com conhecimentos antigos que sedimentaram sua evolução e os aplica dentro do seu templo. É só isso! No meu entendimento, ver de uma outra forma seria o mesmo que criar uma religião dentro de outra religião.

Cada templo traz sua dinâmica e forma de trabalho, de acordo com a ascendência do mentor de frente ao sacerdote e a regência do seu Orixá de cabeça. É visível a diferença na condução de um trabalho espiritual regido por um filho ou filha de Iansã e a condução por um filho ou filha de Iemanjá.

Cada divindade traz sua natureza individual manifestadora das qualidades de Olorum, e assim o último elo dessa corrente espiritual que somos nós também trazemos uma natureza pessoal em acordo e afim com a natureza da divindade na qual fomos imantados. Ainda trazemos as influências dos nossos guias espirituais, que apresentam conhecimento espiritual peculiar das religiões já vivenciadas por eles e que muito contribuem com os atendimentos mediúnicos e magísticos. Porém, confundir isso com novas "vertentes" de Umbanda, é, no mínimo, dividir ou segregar o corpo religioso instituído como religião de Umbanda.

Se o seu guia ou mentor em outra encarnação vivenciou sua religiosidade com intensidade num culto tradicional de nação africana, é normal que ele abra determinados conhecimentos de que seja detentor, o que é muito válido na ajuda ao próximo, porém, fundar uma denominação umbandista dentro da Umbanda, só porque você traz em si essa origem espiritual, é dividir o que deveria ser uno. Se o seu mentor traz sua última vivência religiosa oriunda do Hinduísmo e que manifesta em seu trabalho magístico-espiritual um conhecimento amparador das pessoas, ótimo, isso é válido, mas, daí abrir nova vertente dentro da Umbanda é torná-la frágil enquanto religião.

O pluralismo e a liberdade de culto dentro é legítimo e visto com bons olhos, agora, "vertentes" ou "denominações" individualizam o que é e deve ser coletivo.

Não queremos ver nossa religião tão nova e em franco crescimento e fundamentação, como as denominadas neopetencostais, que se digladiam dizendo: aqui está a mão de Olorum, outra: é só aqui que é possível a realização de verdadeiros milagres etc.

A religião que começa a se dividir também começa a enfraquecer. Se um guia Preto-Velho e mentor de um templo, que em sua última religião vivenciou o culto puro de nação, recomenda que os trabalhos devam ser realizados com o chão coberto de folhas e que toda iniciação deverá ser feita com o recolhimento do filho de santo que vai ser iniciado, isso não quer dizer que seja um terreiro de "umbandomblé", mas que é um terreiro de Umbanda que toca seu trabalho de forma mais tradicional devido à influência e formação religiosa do seu mentor espiritual. Entendendo isso, o terreiro continua sendo de Umbanda e ponto final. Neste momento, relembrar uma conversa com o mestre Rubens Saraceni é de grande valia:

> *Pablo, quando eu nasci já existia a Umbanda, e eu como você, aprendi essa mesma Umbanda fundada pelo pai Zélio, eu não fundei uma Umbanda sagrada, pois a Umbanda como qualquer outra religião é sagrada e sempre que nós voltamos a Olorum (Deus), nós voltamos ao lado sagrado da criação e toda religião reflete o lado sagrado de Olorum*

*(Deus), porém devido aos livros de estudo de Umbanda, psicografados por mim, apresentarem o título Umbanda Sagrada, os 'rotulistas de plantão', criaram e me rotularam como o criador de uma vertente nova 'Umbanda Sagrada', e como fama é algo que pega e não adianta esforços para negar essa fama, e de tanto cansar de explicar, deixei as coisas tomarem as proporções por si sós, tal como foi com o livro Código de Umbanda, que embasado no título já me rotularam como codificador da Umbanda e outras coisas mais. O que fiz foi dar vazão a todo um fluxo de conhecimentos novos dentro da Umbanda, através dos mestres que junto de mim traziam essa missão, e só isso. Uma nova vertente, isso não foi criado por mim e sim pelas mentes 'férteis' e 'rotuladoras'.*

Nossa religião se destaca de forma ímpar por ser exatamente como ela é, plural. Porém, na minha opinião, menos umbandas dentro da Umbanda, pois a Umbanda é: tradicional, renovada, sagrada, branca, de pé no chão, de mesa, pura, mesclada, cruzada, de demanda, de nação, cristã, natural. É tudo isso em si e nós somos isso no particular. O problema está em fundamentar o relativo (particular) como absoluto (coletivo). Sendo assim ainda continuo com minha resposta: Sou Umbandista e só isso já basta! E você?

## *Estrutura familiar umbandista*

A meu ver, quando ouço falar assim: *Foi aí que a Umbanda perdeu sua raiz, agora tudo é curso e tecnologia, eu tenho saudade do terreiro de chão batido, onde todos ficavam sentados ouvindo o preto-velho falar, pitar e tomar seu cafezinho,* e se o saudosismo remete a um passado que nos alegra, é porque o presente está sendo infeliz.

Veja bem, eu posso pensar na minha vó materna a dizer: "Que saudade daquele tempo em que eu ficava com minha vozinha, e ela fazia aquele café gostoso no fogão à lenha coado no coador de pano e ficávamos conversando naquela sua casinha de sapê".

O que não percebemos é que o que nos faz falta não é o cenário ou a busca por uma Umbanda tradicional, não é a casa de sapê ou o cafezinho no fogão à lenha. O que nos faz falta é o acolhimento, o aconchego, o tempo que não conta quando conversamos, o zelo e o respeito no trato, olhar no olho, o orgulho do filho, do neto e do Pai. Não é forrando o chão do nosso terreiro com terra batida e tirando os microfones dos templos que vamos melhorar a religião, mas mudando o comportamento, restabelecendo a noção de família tão bem empregada e revelada nas próprias linhas de trabalhos na Umbanda. É restabelecendo o êxtase de quando saudarmos um guia espiritual, ali nos ajoelhar, cruzar o solo, bater a cabeça, beijarmos a mão do guia e dizer: "a vossa benção, vozinho (a) paizinho ou mãezinha, a vossa benção, o vosso amparo e a vossa guia". E quando ainda de joelhos esse Preto-Velho afagar sua cabeça com carinho, ali você derramar uma lágrima discreta de gratidão e sentir o amor verdadeiro de um espírito ancião que é distinguido pelo grau divino de avô, justamente por ter esse espírito já formado centenas de pais, que já lhe deram milhares de netos e bisnetos, e você é só mais um na imensidão de netos que Olorum o confiou.

Isso sim é voltar à raiz verdadeira de Umbanda, não querer retirar toda a tecnologia à disposição da religião dizendo que essa postura anula a tradição ou revive um cenário vazio.

Para mim, um trabalho de Umbanda só se justifica quando eu cumpro esse ritual que me emociona, e ajoelhando diante de uma entidade cruzando o solo, colocando as mãos em seus pés, aguardando que ele autorize para que eu me levante, beijar a mão desse pai, pedir a sua bênção, proteção, amparo e sua guia e ser abraçado por esse guia num ato de amor que me preenche no fundo da alma. Isso é voltar à raiz da verdadeira Umbanda! É o respeito e a admiração do filho para com o pai, e desse para com seu filho, orgulhando-se dos passos de seus filhos e futuros netos de santo. É o reconhecimento da deferência que esse grau Sagrado (Pai no Santo) representa e o reconhecimento da dádiva divina e satisfação que o grau Filho do Pai no Santo representa. Devemos nos ater a essa realidade, pois somente assim não iremos procurar afeto no passado tornando nosso amor saudosista.

Quer resgatar a estrutura familiar Umbandista? Resgate os valores que são imprescindíveis a uma estrutura familiar, e aí não importará se seu terreiro mudou, está maior, está com cursos. Pois os valores, o respeito, a reverência e o amor estarão sendo exercidos em sua plenitude. É dentro do seio da família que se forma um bom filho de Umbanda e somente o amor a tudo nivela. Ame, reverencie, honre e respeite seu pai que será respeitado pelos seus filhos, ame seus filhos que será amado pelos seus netos.

Quer resgatar a estrutura familiar na religião, resgate seus valores, pois o cheiro do café quente da querida vovó nada mais é que o perfume do amor que com zelo lhe serve delicadamente uma xícara de café; a criança correndo, brincando e sorrindo no terreiro nada mais é que o movimento do amor girando à sua volta; os passos vagarosos do Preto-Velho nada mais são que a calma e a serenidade que tão somente o amor proporciona.

Lembre-se, a religião é rica em sentimentos, e as pessoas buscam primeiramente os sentimentos que preenchem os sentidos de sua vida e depois fundamentos que as amparam, sem o qual acabam o sentimento e o real sentido da religião.

Família e religião são sinônimos e essa realidade nos traz à tona um assunto adormecido em nossa memória religiosa. Assunto que faz parte da genealogia da Umbanda ou a origem e a finalidade da estrutura da religião de Umbanda, por trás de uma distinção divina que começa no Orum com os Orixás e chega até nós no Aye. Distinção do grau divino chamado de pai e mãe, que começa nos orixás no plano divino e sublime da criação e acaba em nós com o grau sacerdotal pai ou mãe no santo plano mais denso da criação.

Uma estrutura religiosa que é composta em sua liturgia com graus de distinção que começa com vovô pretos e vovós Pretas-Velhas, tio e tia... Saudoso tio Antônio e tia Maria, com os paizinhos e mãezinha, compadres e comadres Exus, com os Erês, que nos chamam de tios ou irmãos de seus pais. E o que está por trás dessa estrutura? A resposta é Família Sagrada ou Sagrada Família!

Família é um grupo de pessoas com ancestralidade comum, ancestralidade que começa em Olorum, a árvore genealógica e raiz sustentadora de todos os frutos que sua diversidade, pluralidade e magnitude são capazes de gerar. Um assunto propício e chegado em boa hora para relembrarmos que sem família não há ancestralidade. Só é pai quem foi formado por um pai, só é avô aquele que formou um filho, e que esse filho se tornou pai e esse pai formou filhos que são netos, cujo avô se renova no fruto bendito da sua descendência.

Creio que uma pessoa busca na religião o acolhimento, o amparo, o carinho, a confiança, o amor, o aconchego, a força para seguir adiante, e assim tudo que uma família bem estruturada oferece. Umbanda é isso, todos sentados em volta do Preto-Velho, ouvindo suas histórias e conselhos e se emocionando com eles.

Umbanda é o abraço do Preto-Velho, é o agarrar firme na mão do Caboclo, é se deixar alegrar com os Baianos, se contagiar com a simplicidade do Marinheiro, permitir gargalhar junto com Exu diante de um problema que à primeira vista parece insolúvel.

Umbanda é família, porque todos a procuram para preencher um vazio familiar ou um vazio de Olorum. Deveríamos estimular mais essa estrutura e modelo familiar que começa em Olorum e sua família divina e depois se expande nos guias protetores e na sua família espiritual.

Os próprios pontos cantados enaltecem a família espiritual de Aruanda. Há um ponto do Caboclo Folha Verde que toda vez que canto me emociono: "Seu Folha Verde se perdeu nas matas, e a Jurema achou e acabou de criar, hoje ele é um grande guerreiro, é filho da Jurema e neto do seu Cobra Coral". Nesse ponto está implícita a história de uma criança perdida que foi acolhida e adotada num berço familiar, foi alimentada de fé, carinho e esclarecimento, tornou-se um grande guerreiro e um homem de bem, neto do Cobra-Coral (neto da justiça, da lei, do equilíbrio). Um ponto muito lindo que relata a história de muitos que adentram a Umbanda sem esperança e são acolhidos feito filhos amados, alimentados de fé, e tornam-se homens de bem. A Umbanda é transformadora justamente por possuir em sua estrutura um modelo familiar que começa lá nos Orixás e deságua em nós.

No livro *Cavaleiro do Arco-Íris*, essa estrutura está bem descrita. Devemos erguer e reavivar essa bandeira na Umbanda. Axé e Saravá à família Umbandista!

## O sincretismo na Umbanda e na história das religiões

Sincretismo religioso significa absorver as influências de um sistema de crença por outro, com qualidades, atributos e atribuições de uma antiga divindade para nova divindade estabelecida em novo ou renovado culto.

No decorrer dos milênios, as religiões foram surgindo e no seu princípio o fenômeno do sincretismo sempre se fez presente, em que nova deidade assumia alguns aspectos já renovados de antigos panteões divinos, e, cultos e religiões antigas eram substituídas por novas religiões que atendiam a uma demanda maior das necessidades pretendidas por novos e antigos fiéis, renovando conceitos arcaicos que já não acompanhavam a evolução social e cívica de determinada tribo ou sociedade e não falavam mais no íntimo de seus fiéis, tornando-se infrutíferas como sendas religadoras a Olorum.

Em tais situações, o Divino Criador permite que surjam novas religiões e cultos calcados na fé, mais elaborados, com preceitos, filosofias e dogmas que atendam às necessidades de crenças dos novos adeptos e que conduzam os seres em suas evoluções. E ao serem instituídas, as novas religiões agregam alguns aspectos, qualidades, atributos e atribuições de outras já adormecidas, passando a conduzir e a estimular os aspectos virtuosos nos seres.

Vemos o sincretismo como um aspecto religioso universal, presente em várias religiões, como a romana, cujo panteão divino foi herdado da religião grega, e essa da fenícia, e essa da caldeia, e assim sucessivamente. O que muda é somente a questão fonética ou o nome da deidade, permanecendo sua essência, campo de atuação, qualidade, atributo e atribuição, pois se trata de princípios divinos e inalteráveis. São passíveis de mudança os nomes e alguns mistérios ou campos de atuação, os quais não eram revelados e na nova religião o foram pelos seus fundadores.

Assim, Olorum é denominado também de Zeus, Júpiter, Olorum, Brahma, Javé. Porém, sua função de Criador de tudo e de todos, em que tudo emana e para onde tudo dimana, permanece inalterável, bem como suas qualidades, atributos e atribuições geradoras-criadoras.

As divindades representadas pela fé ou divindades da fé: Oxalá, Buda, Apolo, Marduque, Jesus. As representadas pelo amor ou divindades do amor: Oxum, Atena, Isis, Vênus, Hera, Afrodite, Astarte, Nossa Senhora. As representadas pelo conhecimento ou divindades do conhecimento: Oxóssi, Minerva, Diana, Gaia, São Sebastião. Divindades representadas pela justiça divina ou divindades da justiça: Xangô, Vulcano, Hefesto, Thor, Kali, São João Batista. Divindades representadas pela lei maior ou divindades da lei: Ogum, Marte, Hermes, Ares, São Jorge. Representadas pela sabedoria ou divindades da sabedoria: Obaluaê, Hades, Mnemósine, São Lázaro. Divindades representadas pela geração ou divindades da geração: Iemanjá, Maia, Poseidon, Netuno, Oceano.

Para exemplificar e por uma questão de conhecimento prático e litúrgico, vamos dar o sincretismo das imagens católicas com os orixás cultuados na Umbanda. Oxalá não é Jesus e nem Jesus é Oxalá, ambos são divindades propagadoras do princípio da fé, porém, com natureza e campos específicos de atuação. (Oxalá = Jesus), (Logunan = Santa Clara), (Oxum = Nossa Senhora da Conceição), (Oxumarê = São Bartolomeu), (Oxóssi = São Sebastião), (Obá = Santa Catarina), (Xangô = São João Batista), (Egunitá = Santa Sara), (Ogum = São Jorge), (Iansã = Santa Bárbara), (Obaluaê = São Lázaro), (Nanã = Santa Ana), (Iemanjá = Nossa Senhora dos Navegantes), (Omolu = São Roque).

No caso da religião de matriz africana, o sincretismo religioso com o catolicismo se deu devido ao fato de os negros sacerdotes africanos, trazidos para o Brasil, não poderem reverenciar seus orixás, pois era entendido pelos jesuítas catequizadores como culto religioso pagão, o que os obrigou a renunciar o "Olorum (Deus) pagão" e a aceitar Jesus e o Olorum de Abraão como o único salvador. Então, os negros sacerdotes escravos realizavam seu culto na sua forma litúrgica usual, agregando conceitos de suas divindades aos santos católicos, para adorar, de forma velada, seus orixás, apresentado a eles numa conversão religiosa violenta.

A Umbanda também se utilizou desse modelo, pois cultuava seus orixás por meio das imagens católicas, não mais porque eram obrigados como os nossos pais ancestrais, mas sim por uma formação de base cristã e espírita, pela qual éramos influenciados. Ainda hoje, em muitos centros temos uma mescla de imagens dos orixás africanos e de santos católicos como simbolizadores da força e do culto aos orixás sincretizados nas imagens católicas. Basta visitarmos os terreiros de Umbanda por aí afora para vermos a imagem de Jesus no ápice do altar e nela identificarmos a imagem de nosso Pai Oxalá, regente da fé.

Nós Umbandistas, não apregoamos um "nacionalismo" religioso no que se refere à imagem, pois de uma forma bem elevada temos cristalizados em nosso íntimo que as imagens de Olorum e suas divindades são apenas recursos humanos para concretizarmos poderes divinos e darmos feições a princípios que não possuem uma forma, pois vibram em nós como um estado virtuoso. Quando atribuimo a essas divindades alguma forma e imagem humana é somente para tentar explicar e dar forma ao inexplicável e ao inimaginável, uma vez que nossa mente é muito limitada para entendermos processos e forças que fogem à nossa compreensão absoluta.

## *Umbanda e os guias protetores*

Como vimos, Caboclo é um grau espiritual que simboliza, juntamente com o grau de Preto-Velho, um dos maiores graus da Umbanda. Quando um espírito é integrado em uma dessas duas linhas é porque já deu provas de seu despertar consciencial e de seu comprometimento com a Lei Maior e com a Justiça Divina, tornando-se instrumento de Olorum e uma extensão da Sua misericórdia divina.

A Umbanda batizou um de seus graus da lei na luz com o nome de Caboclo, porque vira nos donos desta terra chamada Brasil a pureza, a paz e o respeito pelas divindades da natureza, a qual cultuavam com amor e devoção. E, mesmo tendo suas terras invadidas, seus filhos e filhas mortos pela ganância do branco europeu, nunca viraram as costas para Tupã (Olorum), nem deixaram vergar sua fé nas divindades naturais, compadecendo-se daqueles que, inebriados pela ilusão do poder e da riqueza que a terra oferecia de graça, mataram o bem maior que era a vida daqueles guardiões da natureza (os índios donos da terra, antes dos europeus tomá-las e contaminá-las com seus vícios antinaturais que manchavam e causavam horror nas mentes e sentimentos naturais daqueles povos).

Para ser Caboclo é necessário que sua alma seja pura, a ponto de invadirem suas terras (sentimentos), matarem seus sonhos (ideais) e ainda assim não anularem o amor que tem em Olorum e na sua criação.

Para ser Caboclo tem de estar sempre apto a perdoar, saber que todo e qualquer sentimento contrário a Olorum é somente a ausência do Pai, tal qual o ódio é a ausência do amor, e assim, agir como um pai amoroso e sábio que pega em nossa mão e preenche o vazio com amor, anulando o ódio e nos recolocando de frente para o nosso Divino Criador que é amor puro.

Para ser Caboclo é necessário aniquilar o ego, transformar o desejo em vontade maior do Criador. Para ser Caboclo é preciso amar sem condição e sem contrato, ou seja, amor pelo amor. Para ser Caboclo é preciso integrar-se a Olorum e como uma extensão de seu mistério da vida amparar aqueles que até eles chegam com fé, amor, conhecimento, razão, ordem, evolução e geração, sendo para todos o bálsamo e o lenitivo para as dores da alma e do corpo.

Enfim, ser Caboclo é ser humano no mais alto conceito que essa palavra pode ter. Saravá os sagrados Caboclos, espíritos humanos excelsos que humanizaram Olorum e divinizaram o humano tornando o ser humano no que ele realmente é: centelha viva de luz, por onde Olorum se manifesta por meio do verdadeiro ato humano, que diviniza o ser e desperta as virtudes que brotam do íntimo como um arco-íris divino, a iluminar os caminhos todos que se perderam na escuridão de seus atos desumanizadores.

A Umbanda foi pensada e criada por mentais divinos, responsáveis pela evolução dos seres, e esses nomes que simbolizam graus evolutivos de luz, lei e vida são homenagens da espiritualidade superior. E como é uma religião genuinamente brasileira, batizou a cada um de seus graus simbólicos, por onde se manifestam milhões de espíritos, nomeando-os com raças, povos, comunidades e culturas de Estados brasileiros que enalteceram e, de alguma forma, contribuíram positivamente para o inconsciente coletivo. Povos que traziam em seu íntimo a força, a resignação, a moral e a honestidade do sertanejo, tal qual o grau Boiadeiro. Povos que traziam em seu íntimo a alegria e a devoção aos seus santos e orixás, que mesmo perseguidos por sua cor, sua cultura e sua religião não se deixaram fraquejar diante dos obstáculos e permaneceram fiéis aos seus sagrados orixás. A esses povos e cultura, a Umbanda homenageou com os alegres, verdadeiros e sinceros graus Baianos (as). Povos que traziam em seu íntimo a calma, a alegria, a paciência, a simplicidade e o desprendimento material, a esses a Umbanda homenageou com o grau Marinheiro, os antigos pescadores de peixe e agora pescadores de almas, ensinando-nos a jogar fora o que pesa em nosso barco e ficar somente com o essencial, ou seja, as virtudes divinas que não pesam em nossa alma.

Povos que traziam em seu íntimo a pureza e a generosidade pela sua mãe terra, que os povos indígenas herdaram, e como nosso mestre Jesus disse: "Só os puros de coração herdarão o reino do céu", assim os indígenas mesmo estando encarnados já eram donos do céu, pois sua pureza e amor pela criação os graduaram como legítimos senhores da luz.

Povos que traziam em seu íntimo a bondade e misericórdia e que mesmo no cativo, sofrendo a violência daqueles devotos de Jesus com os olhos tão azuis, não se vergaram e nem enfraqueceram sua fé em Olorum, e em Yoruba pronunciavam a mesma frase que no calvário o mestre Jesus pronunciou: "Pai, perdoai-vos, porque eles não sabem o que fazem"; e o negro velho com o seu olhar distante, mas cristalino dizia: "Olorum (Deus) dári ti won ko ba ko mo OHUN se" e tal como Jesus no calvário, eles também foram se sentar à direita de Olorum, porém, em bancos simples feitos de madeira com todo carinho e zelo por um humilde carpinteiro chamado Jesus, e eles ao verem aquele senhor de barbas longas e olhos azuis disseram:

– Meu sinhozinho, como posso servi vassuncê?

E Cristo derramando lágrimas de seus olhos tão azuis, disse:

– Sentem-se neste banco que eu mesmo fiz para vocês. E o Preto-Velho respondeu:

– Não sinhô, preto veio num pode sentá em banco de sinhô.

– Meu irmão, aqui não sou senhor e o único senhor a quem nós servimos e a tudo criou é generoso com aqueles que o serviram com tanto amor a ponto de amar sua criação e todas as suas criaturas. Meus amados pais velhos, o tempo do cativeiro acabou.

E o negro velho chorou de alegria e dançou a dança sagrada do Divino Orixá Oxalá, que é a dança da paz e da plenitude. E Jesus se alegrou e dançou a dança da criação, da plenitude e da paz e após dançá-la e se alegrar, disse:

– Vamos, amados irmãos anciões! E o Preto-Velho perguntou:

– Para onde?

– Para a morada do Pai que fica no alto do altíssimo e de lá iluminar os passos dos nossos irmãos, para que num dia radiante todos venham a derramar lágrimas de felicidades e a dançar a dança sagrada do Divino Pai Oxalá, que traz em si a paz e a plenitude eterna, libertando-se de seus calvários e cativeiros transitórios para alçarem voo para luz. E eles se foram...

## *Na Umbanda não há lugar para vaidade*

A Umbanda deverá se expandir horizontalmente e para que isso aconteça o umbandista deverá ver seu templo refletido em cada terreiro que ele visitar. E como a Umbanda é amor, assim deverá se sentir em cada casa de santo que estiver presente, pois o orixá não está no terreiro ou na religião, ele está no coração do umbandista que se reúne com amor para louvar a Olorum por meio da força da natureza que são os orixás. "Mi casa, su casa". Assim, definimos o rumo da Umbanda enquanto religião de massa, que não deverá crescer verticalmente, erigindo púlpitos que, ao invés de unir, igualar e agregar, separam, segregam e afastam uns dos outros, enfraquecendo o elo da corrente que se inicia em Olorum e se estende até nós, com o propósito de semear o amor divino e fraternalmente darmos a mão e caminharmos numa única direção, sem ninguém a frente ou atrás, mas todos um ao lado do outro.

Umbandistas, vejam seu irmão como a extensão de seu amor, vejam cada terreiro como uma extensão da sua fé, sua religião e cada terreiro que a compõe como uma extensão de sua família, onde em seu seio nos sentimos amparados e confiantes.

Para que a Umbanda cresça, devemos anular os nossos desejos relativos e pessoais (ego) em detrimento de uma vontade absoluta, de um coletivo que se une em nome do amor, da fé e da caridade, e onde estiver o sucesso de um estará a satisfação e a alegria de todos, e onde estiver o reconhecimento e uma homenagem pública de um terreiro lá estará o orgulho e o reconhecimento de todos, porque por trás do UM está a BANDA e por trás de Olorum estão todos os Orixás e por de trás de um Orixá estão os guias protetores. E detrás de um guia protetor há um médium umbandista, que embora se mostre sozinho, está acompanhado de Olorum e de todos os Orixás, guias protetores e forças da natureza. E, tendo Olorum no coração, o Um vira Banda e todos fortalecem a Umbanda.

Que Olorum e os Orixás nos abençoem e despertem em cada umbandista um estado de consciência elevado para que juntos e, em nome do coletivo, venhamos a fortalecer nossa querida Umbanda e definitivamente formarmos uma corrente de amor erigindo em nosso íntimo um altar de paz e fraternidade. Um grande mestre um dia falou: "Em religião não deve haver lugar para vaidade". Que façamos desta frase a nossa bandeira.

Saravá, Umbanda!

## A Umbanda é maniqueísta?

Maniqueísmo: qualquer visão do mundo que o divida em poderes opostos e incompatíveis.

Ao me perguntarem se a Umbanda é maniqueísta, minha resposta é não!

A Umbanda não divide a criação em bem e mal, pois acredita que Deus que gerou tudo e todos os fez dotados de todas as virtudes, ou seja, Deus somente cria e gera sentidos Virtuosos que amparam a criação.

Exemplo: a Umbanda crê que Deus é o gerador do Amor, pois amor é um sentido virtuoso que sustenta a criação. Porém, quem gera o ódio? Cremos que o ódio é a simples ausência do Amor certo? Certo! E se Deus somente gera sentidos e sentimentos virtuosos que é por onde flui Sua divindade, e se Deus que a tudo criou e gerou e nada existe onde Deus não esteja presente, então, o ódio não existe em Deus, e se não existe em Deus, o ódio está ausente de Deus, e se Deus somente está presente nas virtudes, pois é todas as virtudes em si, concluímos que o ódio é a ausência de Deus em nós quando nos desequilibramos e nos desvirtuamos, saindo assim da presença de Deus que é a virtude em si mesma.

O ódio não se justifica, pois não existe e nem foi gerado por Deus. O amor é absoluto e eterno, pois tudo que é virtuoso representa a presença Divina. E o ódio é relativo e temporário, cujo sentimento é gerado somente por nós, seres humanos, quando devido a um desequilíbrio interno (sentimento) causado por uma ação externa (afeto) nos distanciamos da presença Divina ou virtuosa de Deus. O ódio, então, não existe por si só, pois representa a ausência divina. Por exemplo: doença e saúde, a doença (ausência divina) é relativa e momentânea, tão logo somos medicados voltamos à presença da saúde. A saúde (presença divina) é absoluta e perene, pois somos saudáveis (Virtuosos). Contudo, no decorrer da nossa evolução ficamos momentaneamente doentes (sentimentos viciados).

Presença e ausência, eis os dois lados da criação. Tudo que Deus criou e gerou está a serviço do todo e da criação, sendo assim todas as divindades regentes da criação (Orixás, Gênios, Anjos, Arcanjos, Tronos, Devas, Querubins, Santos) são qualidades divinas mantenedoras e amparadoras da vida, dos meios da vida fluir e dos seres e criaturas que nelas evoluem. Porém, o que entendemos é que Deus possui qualidades passivas e ativas e possui divindades e mistérios ou funções que amparam e fortalecem as virtudes e atuam a partir do nosso íntimo, ou seja, de dentro para fora, e também possui qualidades divinas ou funções que atuam de fora para dentro, esgotando e esvaziando os nossos vícios. Tanto uma quanto outra servem a Deus, pois são Suas individualizações ou mistérios individualizados que estão a serviço do equilíbrio do todo. Exemplos: as divindades Orixás à direita lidam com as virtudes nos fortalecendo a partir dos nossos íntimos estimulando em nós as virtudes. As divindades Orixás à esquerda atuam de fora para dentro lidando com nossas ausências em Deus. Elas atuam esgotando nossos sentimentos negativos e esvaziando nossos íntimos de sentimentos que não foram gerados por Deus, tais quais: o ódio, a guerra, a violência, a ilusão, a vaidade, ou seja, tudo que representa um vício.

As divindades à esquerda nos atrai para seu campo divino assim que passamos a vibrar ausências no Pai, ela nos atrai para que sejamos esgotados de nossas (doenças) para que assim que anulados esses sentimentos negativos que se petrificaram em nosso íntimo, elas nos devolvem à presença do Pai, pois fora dela o nada existe e tudo se ausenta. Ou seja: as divindades à esquerda ou do embaixo lidam com nossas ausências, porém Elas não são ausentes de Deus. As divindades à esquerda ou do embaixo lidam com nossos vícios, porém não são viciadas. As divindades à esquerda ou do embaixo lidam com nossas ilusões, porém não estão iludidas. As divindades à esquerda ou do embaixo nos atraem quando estamos odiosos, não para nos estimularem a odiar, mas para esgotar esse ódio em nosso íntimo. E tão logo somos esgotados de nossas ausências (ódio) em Deus, somos devolvidos à sua presença Divina e voltamos a evoluir rumo ao nosso fim que é viver em Deus.

As divindades à esquerda ou do embaixo, usadas como exemplo, são como as polícias que amparam a sociedade servindo e protegendo-a, porém quando um cidadão comete um crime (ausência divina) ou atenta contra sociedade, eles "policiais" são chamados (ativados) e recolhem o ser que está desequilibrado e atentando contra aquele meio, retira-o e o encaminha à prisão (faixas vibratórias negativas à esquerda ou embaixo) e lá eles ficam até que sejam esgotados de seus negativismos e voltem em equilíbrio (presença Divina) à sociedade e continuem sua evolução como parte integrante do todo. Não há bem e mal numa ação dessas, mas o amparo da lei na vida ou o amparo da vida nas leis da sociedade.

As faixas vibratórias negativas ou inferno são faixas transitórias por onde passam os espíritos que se ausentaram de Deus, e na sua ausência vivenciaram sentimentos que atentam contra à vida, e logo que conscientes de suas (ausências divinas) falhas e pecados e arrependidos e com seu íntimo esvaziados de sentimentos negativos e preenchidos de uma vontade divina de reparar seus erros, tal qual um exímio marceneiro que de tanto errar suas peças acaba se tornando bom naquilo que faz.

Esses irmãos ausentes do Pai voltam outra vez a vibrar Deus em seu íntimo, pois o arrependimento de suas ações contra a vida e a vontade de reparar seus erros, servindo Deus, auxiliando seus semelhantes, são provas de que novamente já estão na presença do Pai que em verdade nunca se afasta de nós, pois nós que deixamos de senti-Lo quando nos desvirtuamos, que mesmo inundados por amor, optamos pela dor e pelo rancor. Coisas de seres humanos em evolução!

Portanto, não acreditamos num ser bestial chamado demônio, oposto de Deus, e que possui um exército pronto para acabar com a humanidade pervertendo e estimulando a queda em tudo e em todos. Não!

Acreditamos em seres humanos negativos, ou seja, ausentes do Pai; acreditamos em humanos encarnados e desencarnados que querem prejudicar seu semelhante por estar ausentes de Deus, e longe do Pai passam a inverter o estado das situações contrariando os valores da virtude, tornando o amor em fonte de ódio, ciúme, lascívia, violência e vaidade, chegando ao ponto de dizer assim: Te amo tanto que sou capaz de matar por você! ou Se você não é minha, não será de mais ninguém!

Essa inversão de valores não é obra das divindades à esquerda ou do embaixo, mas sim de nós que somos ambíguos, maniqueístas e interesseiros. Na Umbanda não existe bem e mal, mas amor, compreensão, fraternidade, perdão, auxílio, fé em Deus e no ser humano, sabedoria, conhecimento, lei, justiça, vida, e todas as virtudes que estão acima do bem e do mal.

As divindades e os graus divinos estão a serviço do todo, estejam onde estiverem, no alto ou no embaixo, na direita ou na esquerda, na luz ou nas trevas, Trata-se de divindades de Deus que atuam a partir da luz fortalecendo as nossas virtudes, ou a partir das trevas esgotando nossos vícios, porém ambos amparando a criação, a lei e a vida, não permitindo que o justo pague pelo culpado, não permitindo que quem vibra (ausências) ódio esteja na Luz, e não aprisionando nas trevas aquele que passa a vibrar o amor e a vontade de servir a Deus, servindo seu semelhante.

Exu faz o bem e faz o mal?

Não! Exu só faz o bem, pois a Religião só faz o bem, e Exu, enquanto mistério e grau espiritual, é um agente religioso que nos vitaliza e nos ampara enquanto estamos Virtuosos ou na presença de Deus, e nos esgota quando estamos ausentes de Deus ou das virtudes que é por onde Deus se manifesta.

Se você oferendar Exu e pedir algo para prejudicar seu semelhante, Ele faz? Não!!! Respondemos nós.

Em toda a criação de Deus, os únicos seres que fazem mal a si e ao seu semelhante somos nós quando ausentes de Deus, seja em espírito ou encarnados, pois nós sim somos neutros e ora estamos Virtuosos, ora estamos ausentes do Pai.

Tanto as divindades Orixás, quanto os graus divinos trabalham para Deus em benefício do todo; eles não se voltam para nós com interesse particular em querer evoluir mais, ter boa morada ou "mansão no céu". Eles não se envaidecem pelo seu grau, eles não querem se tornar chefes, porque o que os move não são seus desejos pessoais, uma vez que as veleidades de espírito encarnado já não os pertencem. Eles são tão somente instrumentos de Deus e querem, na condição de servo do senhor, servir a Deus auxiliando seus semelhantes encarnados para que estejam cada vez mais presentes em Deus, ou seja, vibrando no íntimo as virtudes do Pai.

Nós, espíritos ainda em evolução, é que confundimos tudo e nessa confusão segregamos, marginalizamos, rotulamos e criamos regras para ascender ao paraíso. Nós e somente nós imaginamos a loucura de matar em nome de Deus. Apenas nós inventamos um céu que seja repleto de anjos brancos de olhos azuis. Apenas nós criamos regras ou leis trabalhistas ou condominiais para entrar no céu. Somente nós dividimos raças, amaldiçoamos. Contudo, a maldição não encontra eco em Deus, pois Deus somente gera bênçãos, e maldições significam ausência absoluta do Pai em nós.

Sendo assim, cientificamente e matematicamente, podemos dizer: se Virtuosos estamos, na presença de Deus, realizamos uma vontade do Pai e se virtuosos nos mantemos, somos fortalecidos pelas divindades do alto e da direita, e protegidos e amparados pelas divindades da esquerda e do embaixo.

Se viciados nos encontramos, estamos na ausência do Pai e realizando sozinhos, pois ausentes do Pai ficamos desprotegidos e desamparados da proteção das divindades da esquerda e do embaixo, logo, estamos à deriva e à espera da sanha sedenta dos nossos irmãos também ausentes que se valem dos instintos de sobrevivência e da realização dos interesses e desejos próprios. Os temidos kiumbas que nada mais são que espíritos humanos ausentes do Pai, e que na sua ilusão vivem de se alimentar de seus interesses próprios, não tendo limites e nem escrúpulos para atingir seus objetivos ou fins, esses sim fazem o bem e o mal, é só oferendá-los, e sabe quem são esses kiumbas? Somos nós mesmos, quando o nosso interesse pessoal é maior que nossa vontade de amparar nosso semelhante. Todavia, as divindades e seus graus e agentes divinos jamais deixam de acreditar em nós, na nossa capacidade de suplantar a sombra existente em nós. Portanto, trabalhemos para iluminá-la e deixemos de culpar Exu ou rebaixá-lo ao nosso nível de kiumbas em evolução.

Uma semente de cacto só se realiza e se torna cacto quando semeada em solo apropriado à sua germinação, dando assim vazão ao seu destino e mistério do universo dos cactos.

Um animal, por exemplo, um passarinho, vive bem quando voa, pois exerce sua função na criação e seu dom que foi ungido por Deus.

Cada ser nasce com uma função específica que suporta a sua evolução. No animal, o instinto é soberano, uma vez que ele não precisa de mais nada para vivenciar sua vida animalesca. E nós seres humanos, dotados de razão, raciocinamos, contemplamos e refletimos, vivenciando nosso destino de seres pensantes.

Sendo assim, um filho de Umbanda, tal qual uma xícara de café, deve se contentar em ser somente um instrumento que recepciona o "café" para servir a visita (semelhante) sem cobrar elogios ou se envaidecer por isso. Um bom médium é como a xícara de café sempre disposta e disponível a servir aquele que irá provar do néctar (virtude divina) do café.

Agora quando uma xícara decide ser xícara de chá inglês ou uma xícara de porcelana Schmidt, ela será usada somente em ocasiões especiais, e será de pouca utilidade, podendo virar enfeite de estante por alguns instantes ou para toda eternidade, pois xícara que vira enfeite de estante perde sua função e deixa de servir o todo, fica paralisada na sua ilusão de ilustre objeto inútil.

Trabalhe para o próximo, pois a nossa existência só se justifica no outro.

Não espere nada em troca, pois aquele que faz algo sem esperar nada em troca o faz desinteressadamente (deskiumbamente) e faz por amor.

Para o verdadeiro professor a aula é soberana, e pouco importa para quem ele vai falar, ou quantos vão ouvi-lo. Ele não ensina por interesse e não espera nada em troca de ninguém, pois a aula não está fora dele, está na satisfação íntima que ele tem em repassar o conhecimento.

Contrariamente, o interesseiro é aquele que vive motivado por razões externas ou razões que não estão nele, mas sim no outro: esse não limpa, eu também não vou limpar. Ele chega atrasado, eu também vou chegar. O interesseiro ou kiumba do Amor é aquele cujo sentimento não está nele, mas no outro, então, por exemplo, ele se casa porque ela tem carro, ela tem casa com piscina, etc., ou seja, a razão de se casar é algo que está fora dele, não em seu íntimo. O casamento duradouro ou verdadeiro é aquele selado pelo amor, admiração, respeito, ou seja, por sentimentos que estão no íntimo e não fora do indivíduo.

Enfim, para erradicar o mal que existe dentro de nós basta compreendermos que nada é pessoal, tudo é, em verdade, ausência momentânea de Deus. Que a nossa Fé e crença sejam mais fortes no amor e saberemos que a ofensa ou o ódio são apenas uma ilusão, sentimentos que não foram gerados por Deus, por isso não encontram eco na criação.

Axé.

## *Religião – escola que nos aperfeiçoa*

Ao assumirmos uma religião concordamos com seus dogmas ou normas, como um todo e em um templo em particular.

Quando despertamos o interesse por uma religião, sem saber, somos orientados por Olorum e pelos guias protetores, que estimulam o melhor para nós, fazendo de tudo para que possamos evoluir continuamente, bem como despertar em todos os sentidos, os dons divinos que são virtudes que aceleram a evolução e aguça o senso humanitário em nós.

Porém, para que aconteça a união harmoniosa e equilibrada entre o dogma e a regra com o que aspiramos intimamente, devemos, inicialmente, refletir e fazer uma reforma íntima, para que gradativamente e da forma mais natural possível decantemos conceitos errôneos e transmutemos nossas ideologias, sentimentos e forma de enxergarmos a vida.

É necessário que haja uma busca por se tornar uma pessoa melhor, um ser humano melhor, com comportamentos condizentes com o que é propagado e apregoado por sua religião, para que se crie uma identidade afim com a doutrina religiosa adotada como via evolucionista.

Devemos ter a religião como uma escola, onde somos instruídos por um determinado horário e dia, cujo sacerdote ou guia espiritual é responsável pela nossa instrução para depois transferirmos essas verdades e conhecimentos para o nosso cotidiano. Ou não é essa a missão dos professores e mestres que lecionam em uma determinada instituição de ensino?

Sabemos que a prática do ensino ético e moral apreendida e aprendida por nós, que ocorre numa instituição religiosa, acontece de forma demorada e lenta. Porém, a meu ver, é a melhor forma, pois naturalmente que devemos nos depurar e nos higienizar, para lentamente abandonarmos conceitos errôneos ou práticas viciadas ligadas à nossa cultura material e ao nosso ciclo social. Tudo isso, sem infringir ou macular nossa natureza íntima e sem causar uma repulsa daqueles que nos cercam.

Esse processo de transmutação e transformação íntimo tende a acontecer de forma natural, acompanhando nosso ciclo etário e nosso padrão íntimo, pois um sentimento negativo vivenciado por um ser só deixa de vibrar em seu íntimo quando o ardor do desejo se consome.

É nato na natureza humana a vivência de certos sentimentos, e, não serão doutrinas embasadas no pecado original ou na ameaça do inferno que anularão certos desejos humanos. Só se sustenta na luz aquele que já vivenciou certos sentimentos que deixaram de vibrar no seu íntimo e na sua mente, pois, um sentimento, seja ele qual for, somente é realmente equilibrado e ordenado quando passa a ser vivenciado, uma vez que é no calor da vivência que graduamos os padrões desse sentimento, anulando o que é nocivo e estimulando o que é positivo, por exemplo: (início) uma criança com doze para treze anos de idade decide frequentar um centro de Umbanda, e no primeiro dia se encanta com tudo que ali é realizado em nome de Olorum. Assim que chega em casa, começa a devorar livros e mais livros, tanto os livros de doutrina quanto os de estudo da religião adotada por ele, o neófito. Alguns meses depois, começa a manifestar o dom da mediunidade de incorporação e com poucos dias começa a dar passes, e sempre se aprofundando e conhecendo cada vez mais a sua religião. Após um ano, o dirigente convida-o para abrir e dirigir alguns trabalhos, pois isso faz parte daquele templo, justamente para aprimorar a mediunidade dos médiuns daquela tenda. Após dirigir alguns trabalhos, todos com maestria, começa a ter a admiração de alguns e o ciúme de outros.

Em meio a isso, aprendendo a equilibrar os sentimentos, juntamente com o aflorar de sua mediunidade e trabalho, passam a cercá-lo. Como lidar com esses sentimentos que lhe chegam? O elogio aflora o ego prepotência, o despertar de olhares femininos lhe afloram o ego libido, e cada dia que passa a situação se agrava, novos sentimentos, sensações de inveja, despertar do seu negativo, sensações de ciúmes, intriga.

Esse trabalhador vivencia alguns sentimentos que elevam o seu caráter, vivencia outros que o rebaixam. No amadurecer de sua mediunidade, aprende que ninguém o proibiria de vivenciar um sentimento seu, que no caso é o religioso, pois é nato no ser humano a vivência de certos sentimentos; se não vivesse esse sentimento religioso, seria um ser vazio. Somente a vivência de um sentimento, a graduação, o equilíbrio e os limites é que vão dizer se você vai se sustentar na luz ou se vai se esgotar nas trevas, pois ninguém se mantém na luz se não vibrar sentimentos positivos e estáveis, e ninguém é retido nas trevas se já foi esgotado de todos os seus vícios, restando somente o desejo de vivenciar o arrependimento.

Por tudo isso, a religião é a escola que nos aperfeiçoa, pois é lá que aprendemos a ser tolerantes, caridosos e simples. Pois, é justamente na seara religiosa que temos por obrigação vivenciar sentimentos positivos, evitar contendas, intrigas e todos os sentimentos que destoam da verdade apregoada pela religião, pois se religião é religação com o sagrado e o sagrado é Olorum, por sua vez, os comportamentos profanos não devem nos acompanhar nem no templo religioso, nem fora dele. Se religião é via de evolução, logo todo comportamento que nos faz regredir deve ser desprezado.

## *Religiosidade – transferência do templo externo para o templo íntimo*

Pois bem, aprendamos com os guias espirituais de Umbanda, professores amorosos que nos instruem e estimulam o progresso, ensinando de forma natural como é a religião de Umbanda, falando de nossas virtudes e sentimentos positivos, transferindo nosso templo religioso externo (meio de aprendizado) para o templo íntimo (realização das virtudes), uma vez que o templo onde o Divino Criador Olorum mais aprecia estar é o nosso íntimo, irradiando-se através de um sorriso, da mão que se estende para o semelhante, dos passos de socorro aos aflitos e das palavras acolhedoras aos corações desamparados.

Ao frequentarmos uma tenda de Umbanda ou qualquer outra via religiosa, sem compreender, internalizar ou vivenciar sua doutrina de fé, amor, conhecimento, razão, ordem, evolução e geração, a nossa presença nessa religião será somente um rótulo ou um espaço vazio ocupado por um nada. É preciso conscientização dessa verdade, pois a Umbanda é o que os umbandistas são, e, de nada vale comungarmos da mesma fé, se ela estiver somente na grandiosidade do templo, sem a mesma proporção em nossos corações.

Sabemos que o conhecimento sobre as divindades, história, construção, ciência, liturgia e tudo mais que compõem uma instituição religiosa é importantíssimo. No entanto, de nada adianta ter o conhecimento, sem a sabedoria de como aplicá-lo na sustentação da vida e no amparo evolucionista do ser humano, uma vez que o mistério e o encanto não estão na leitura do livro, mas no modo de vivenciá-lo e passá-lo adiante. Sem a sabedoria que é pertinente a todo encantado, o livro torna-se tão somente um feixe de folhas sobrepostas.

Internalize a sua religião, pois quando ela fala, aconselha, doutrina, direciona, conduz e esclarece, o faz por meio da sua boca. Internalize a sua religião, pois quando ela conforta, ampara, sustenta, fortalece, acalenta, protege, aquece e levanta, o faz por meio do seu abraço. Internalize a sua religião, pois quando ela direciona, educa, o faz por meio da sua mão que eleva seu semelhante.

Internalize a sua religião, pois quando ela fizer parte de você em todos os sentidos, é porque você se tornou digno instrumento de Olorum encarnado, pronto para manifestar Suas qualidades divinas por meio do seu humanismo que escolheu servir a Olorum por meio da Lei de Umbanda.

## *Diferenças e semelhanças entre Umbanda, Candomblé e Kardecismo*

Vamos iniciar explanando sobre as semelhanças entre a Umbanda e o Candomblé. Ambas cultuam as divindades afro como orixás sagrados, e a natureza como altar sagrado e natural, como ponto de forças, por onde os sagrados orixás irradiam suas vibrações elementais, como verdadeiro vórtice de força, purificador e alimentador do nosso planeta, tanto na parte física quanto espiritual. Ambas têm na liturgia e exercem de forma magística, o ato de realizar oferendas em pontos de forças naturais (cachoeiras, mares, rios e matas). Servem-se dos elementos da natureza como condensadores de energias para utilização em suas práticas para fins energizadores e descarregadores. Utilizam-se dos mesmos instrumentos musicais (atabaques, agogôs, entre outros).

Em relação às diferenças entre a Umbanda e o Candomblé, destacamos que na Umbanda não há oferendas e sacrifícios de animais, não há utilização de roupas coloridas, não há recolhimento em locais específicos, mas um preceito simples, firmando as forças por meio de velas, banhos de ervas, folhas ou flores e da abstenção de alimentos de origem animal e de relações sexuais, pelo período de 1 a 7 dias.

A Umbanda usa o idioma português para se comunicar, e o Candomblé faz uso da língua yorubá. A Umbanda não pratica a raspagem de cabeça ou a iniciação do ori, não faz cura ou escoriação externa com lâmina, como é feito para iniciação do neófito no Candomblé. Não se joga búzios, qualquer consulta é dada pelo guia espiritual, no momento do passe energético. Não há incorporação de todos os orixás que fazem parte do panteão divino no culto da Umbanda, mas a dos guias protetores, que são espíritos que detêm certo grau de luz e outorga do astral superior permissão para trabalhar em benefício das pessoas.

No Candomblé, o médium ou rodante, incorpora somente o orixá regente de sua coroa, ori ou cabeça, mas não há incorporação de espíritos, uma vez que são entendidos como eguns ou espíritos que não trazem em si a força e o axé de um orixá.

Referente às semelhanças e diferenças entre a Umbanda e o Kardecismo, ressaltamos que ambas creem na manifestação do espírito por meio de dons mediúnicos e na reencarnação, possuem na base de seus cultos o trabalho de doutrina e estudo teológico, bem como apresentam um trabalho de resgate aos espíritos sofredores.

Por seus fundamentos magísticos, a Umbanda faz uso dos elementos naturais como vegetais (fumos, ervas, flores, folhas, raízes e sementes), pedras (quartzo, ametista, cristal, etc.), minerais (ferro, manganês, pirita, cobre, etc.), fogo (velas de diversas cores), terra (todos tipos de areia da beira da praia, do fundo do mar, da beira do rio, do fundo do rio, da beira das matas), água (mar, cachoeira, rio, ferruginosa, etc.), bebidas diversas, colares, fitas, entre outros, que se tornam elementos mágicos quando imantados, ativados e utilizados pelos guias. Diversamente, o Kardecismo não, pois não se aprofunda nesse aspecto das energias e forças espirituais, desconhece o uso e não reconhece a praticidade e ajuda energética que esses elementos fornecem.

# CAPÍTULO II

# Conceitos de Mediunidade

## *Mediunidade – início, meio e fim*

Início: a mediunidade encontra-se em nós como um dos muitos dons e faculdades espirituais em estado potencial ou adormecidos, aguardando o despertar natural que acompanham nossa evolução mental e consciencial. As chaves ativadoras dessas faculdades, que os guias espirituais e os sagrados orixás vão despertando em nós, de forma inconsciente, direcionando-nos para atividades relacionadas ao dom ou a faculdades que carregamos em nosso íntimo, como mistérios herdados de Olorum e suas divindades (hereditariedade das qualidades divinas) que trazemos como únicas e singulares herdadas no momento que fomos gerados pelo Divino Criador (gênese divina).

Meio: como médiuns em formação intelectual, mental, emocional, social e em amadurecimento para vida, vamos nos conduzindo, aprendendo a conviver com sentidos antagônicos a essa formação, e, esse antagonismo gerado pela vida que nos cerca é que nos ensina a equilibrar, pautar nossas atitudes, pensamentos e formas de agir, desenvolvendo em nós um modo particular de lidar com determinadas situações, moldando, assim, nosso caráter.

Somos influenciados por pensamentos e espíritos afins que irão direcionar o caminho, o rumo a seguir para que desenvolvamos o nosso próprio *modus operandi*, a própria forma de ser e lidar com as situações que se apresentam à nossa frente, individualizando-nos assim da miscelânea de influências que recebemos no decorrer de nossa vida, para que com a formação da personalidade possamos escrever o próprio livro da vida, escrito com energia e irradiação próprias.

Fim: é neste momento que iniciaremos o próprio livro e finalmente traçaremos o caminho e o destino, a nós reservados, pelo Divino Criador – já maduros e crescidos de forma natural, sem pular nenhuma etapa da vida, pois a Umbanda é a vivência dos sentidos e das etapas que constituem o nosso crescimento da forma mais natural possível.

Ao vivenciarmos nossos desejos e passarmos pelo crivo dos erros e dos acertos, nos refazemos, sublimamos, separamos o que é ilusão do que faz parte de nossa verdadeira essência. E, assim, nos naturalizamos, voltando a ser um espírito original, com começo, meio e fim, para retornarmos a Olorum, já despertos, feito centelhas conscientes e luminosas a guiar a humanidade como um faroleiro no mar tempestuoso, a guiar os marinheiros que se perderam nas trevas das noites de suas vidas.

## Cuidado e direcionamento ao médium iniciante

Devemos recepcionar o neófito ou o médium iniciante como mais um elo da grande corrente evolucionista rumo à luz, à lei e à vida que é o Divino Criador. Devemos dar todo o amparo, e sempre que tivermos a oportunidade ensiná-lo, orientá-lo e despertar em seu íntimo esse cuidado, irmandade e amor recíproco que todo médium mais experiente deve ser detentor.

Devemos elucidar suas dúvidas em relação à liturgia da religião, ajudá-lo a compreender sua mediunidade, tranquilizá-lo quanto aos processos de troca de energia que para ele é novo, como algo natural que todo médium iniciante passa; tranquilizá-lo quanto ao seu estado semiconsciente quando incorporado; tirá-lo e despi-lo de todos os entraves mentais que dificultam uma incorporação mais segura e doação de seu dom para as manifestações das forças da natureza que a ele estão ligadas.

Devemos, ainda, elucidar o neófito acerca da importância de se manter com pensamentos elevados e atitudes condizentes com os graus e responsabilidades que irá assumir, alimentando o bom humor e cultivando a presença de espírito para que a mediunidade seja para ele uma dádiva, não um sacrifício e uma obrigação.

Procurar integrá-lo ao corpo mediúnico, para que, aos poucos, relacione-se com todos, faça amizades e crie relações afins com sua natureza. Falar ao novo médium do amor de Olorum e dos Orixás para com todos nós, que em sua infinita bondade e misericórdia viu em nós, espíritos dignos a servir Olorum e nossos semelhantes como instrumentos Dele, trabalhando na Umbanda.

Falar, finalmente, ao novo médium, a respeito dos Caboclos e Pretos-Velhos e de todos os espíritos da Umbanda que se dignificam em se manifestar em nós, espíritos ainda em tenra evolução, apenas porque nos amam. E, por mais luz que sejam detentores, por amor se voltam para nós, para que juntos possamos galgar os degraus da luz, da lei e da vida.

O médium iniciante de hoje será o sacerdote de amanhã, e a sua ajuda o tornará um ser humano melhor ou pior, pense nisso!

## *As dificuldades da vida material e a mediunidade*

Todos nós passamos por dificuldades, o que é natural, pelo simples fato de estarmos vivos. E, é natural encontrarmos barreiras que nos chocam com o mundo. Tudo isso faz parte da nossa evolução. Para isso, vivemos neste planeta abençoado, é aqui onde tudo se mistura, ou não é verdade que convivemos com pessoas boas e ruins, honestas e corruptas, caridosas e egoístas? Tal convivência nos impulsiona para a escolha da melhor forma de viver.

É neste momento que nossa mediunidade passa a sofrer influência vibratória e a oscilar, energeticamente falando, nos ligando à faixas vibratórias mais densas e negativas. Se reagirmos a essas dificuldades materiais de forma positiva, fortaleceremos nosso elo com os espíritos e faixas vibratórias positivas, as quais estamos ligados. Porém, se reagirmos de forma negativa diante de uma dificuldade, cairemos, vibratoriamente falando, e nos ligaremos à faixas vibratórias negativas, enfraquecendo assim o elo com os espíritos protetores, passando a trocar energias com espíritos afins que vibram o mesmo sentimento.

Muitos ainda pensam que ser médium é viver no paraíso, não é não. Estamos sujeitos às mesmas intempéries e tempestades que a tudo devastam com os seus ventos. É muito importante desenvolvermos esse estado de consciência para que não venhamos, como muitos, a associar as nossas dificuldades momentâneas com a frequência e não frequência ao nosso terreiro, pois a religião de Umbanda é meio para evoluirmos, buscarmos o autoconhecimento e a sabedoria para bem mais servirmos a Olorum e aos nossos semelhantes através dos sagrados Orixás.

O autoconhecimento é viga mestra para todo médium umbandista. Nossa evolução se processa de forma natural e vamos reagindo às nossas dificuldades. Para isso, é necessário aprimorar e lapidar nosso estado de consciência para que não responsabilizemos a religião pelas nossas dificuldades materiais.

A miséria não tem nada a ver com Olorum, ela surge da má distribuição de renda, da corrupção, vícios causados por nós humanos que alteramos a nossa origem, que está em Olorum, que são as sete virtudes sagradas.

Despertemos esse estado de consciência, pois médium bom é aquele que deixa a maleta de problemas e dificuldades do lado de fora do terreiro e entra para dar continuidade à melhor parte da vida, dedicando poucas horas àquele que precisa de uma palavra de fé, carinho e esclarecimento.

## *Médium – o elo mais frágil da corrente*

Tudo o que está dividido na criação se faz presente neste abençoado planeta terra e convive em harmonia. As classes de seres divinos, naturais e espirituais são complacentes e entendem nossa fragilidade diante da complexidade que o plano evolutivo comporta. No entanto, acelera nossa evolução à medida que vivenciamos sentimentos diversos, os quais em outra realidade da criação não vivenciaríamos. É aqui que absorvemos e assimilamos uma série de sentimentos que vão despertando nosso humanismo, energia esta que só nós somos geradores e cujo magnetismo é sétuplo.

O médium é o elo material de toda corrente divina, natural e espiritual pela qual se manifesta e realiza um trabalho edificante. E quando afirmamos que é o elo mais frágil da corrente significa que é um dos extremos da "corda" onde o outro é Olorum e de lá vai se desdobrando, de plano em plano, até chegar em seu estado mais denso que é o plano da matéria onde tudo se concretiza, onde estão os espíritos encarnados que fazem parte da egrégora ou trama divina, cujo ápice ou início está Olorum e no final o médium.

Se tudo que está dividido na criação divina se mistura, na mediunidade não é diferente, e igual a uma antena parabólica, estamos conectados a todos os planos e realidades de Olorum e manifestamos através do nosso mental que é sétuplo, todas as forças que se encontram individualizadas na criação e separadas por faixas vibratórias. Por toda essa complexidade é que as divindades são pacientes e misericordiosas conosco, pois sabem de nossas dificuldades em ordenar toda gama de sentimentos e vivências, muitas vezes antagônicas com a nossa natureza, porém a complementam e servem de base para nos dar direcionamento e balizar a nossa evolução.

E por conta das dificuldades e complexidades inerentes ao plano material, desenvolvemos certa fragilidade e passamos a oscilar, ora sendo virtuosos, positivos e plenos em Olorum, ora sendo viciados, negativos e vazios da presença Divina. E para que seja sedimentado o humanismo em nós, vamos de vivência em vivência, depurando e ordenando sentimentos virtuosos, adormecendo os instintos mais primários até criarmos estabilidade magnética e passarmos a vibrar em um padrão harmônico e equilibrado, não sujeitos a oscilações, tornando-nos assim seres humanos divinizados ou seres divinos humanizados, pois uma divindade de Olorum não oscila em seu grau vibratório ou em sua escala divina. Dessa forma, os guias espirituais nos conduzem, sempre nos doutrinando, porém, sem impedir que venhamos a experimentar certos dissabores, aprendendo a lidar com eles e, desse modo, fortalecemos nosso mental com experiências que nos indicam o que é nocivo e o que é benéfico para nós.

O maior trabalho de um guia junto ao seu médium é não permitir que ele se desequilibre de tal maneira que coloque toda uma corrente e um propósito divino a perder. Por isso, os guias nos sustentam e permitem que vivenciemos nosso destino da forma mais humana possível, sem deixar que caiamos. Caso isso ocorra, a corrente nunca se fechará, pois faltará o mais frágil dos elos, e com isso toda uma egrégora de força não galgará planos superiores. Até que esse elo seja restabelecido, a corrente de forças ao qual o médium estava ligado fica paralisada, pois na onisciência divina todas as partes são importantes, uma vez que o Criador fez tudo e todos dependentes uns dos outros para que possam evoluir em uma só corrente e direção.

## *Cautela mediúnica*

A cautela mediúnica vai além dos cuidados pessoais antes dos trabalhos a serem realizados, vai além de vigiarmos nossos pensamentos e mantermos um padrão vibratório com um mínimo de equilíbrio a fim de atrairmos presenças positivas e espíritos comprometidos com a Lei Maior.

O médium de Umbanda está ligado de forma ativa a todas as faixas vibratórias e realidades e tem um campo abrangente de atuação, uma vez que religião de Umbanda se fundamenta em ativações magísticas como os pontos riscados e os elementos naturais, os quais os guias ativam e manipulam. Por esse motivo, o campo de atuação do médium torna-se infinito e ilimitado quando ativado sob o amparo da Lei Maior e da Justiça Divina.

Como nada é por acaso, centenas de pessoas procuram um centro de Umbanda com vários problemas, pois sabem que encontrarão médiuns e guias preparados para lidar com determinados tipos de forças e poderes que funcionam como uma "bomba relógio", pois, caso não haja um perito no assunto, na tentativa de ajudar essas pessoas demandadas, pode-se desencadear processos negativos elementais ativados na natureza, e que reagem no mesmo instante em que foram tocados, pois todas as magias negativas têm determinadas proteções que desencadeiam certos tipos de energias altamente nocivas que atingem diretamente a pessoa que tentou desativá-las.

O médium, às vezes, na melhor das intenções, depara-se com pessoas sob magias, sofrendo a ação de trabalhos articulados por magos das trevas, e, por descuido, inocência, despreparo ou vaidade, "passa na frente" do seu mentor e resolve, antes de uma análise profunda, em todos os sentidos, ajudar, e ao entrar em sintonia com o campo vibratório da pessoa a ser ajudada, recebe o choque energético advindo dessas magias negativas que são verdadeiros portais elementais, por onde fluem energias e mistérios altamente nocivos aos seres humanos. E caso esse processo seja desencadeado no terreiro, o mesmo também passa a sofrer esses choques energéticos, bem como toda a corrente mediúnica e espiritual.

O correto é, perante uma ação ou magia negativa dessa envergadura, que a pessoa seja orientada a fazer uma oferenda a um determinado Orixá em um campo natural (rio, cachoeira, mar, cemitério, mata), ativando certos poderes e forças recolhedoras desses campos mágicos negativos. A oferenda que será realizada visa também a abrir um portal positivo com uma força centrípeta, recolhendo para o seu interior a magia negativa, anulando as vibrações negativas, neutralizando a fonte natural irradiadora desses processos negativos, paralisando seus agentes espirituais, para que após a paralisação da sua ação sofram um esgotamento e purificação de seus negativismos e sejam positivados, conscientizados e encaminhados para seus locais de origem.

Todavia, se o médium não tem tal conhecimento e mesmo assim tenta ajudar sem antes consultar quem de direito, ou seja, seus guias, irá sofrer um choque energético negativo tão grande que poderá até perder suas forças e proteções espirituais, pois, certas ativações magísticas são o que são, e se ela foi ativada com energias, vibrações e campos cortadores cortarão tudo e todos que tocá-las. Caso sejam ativadas com energias, vibrações e campos engolidores, engolirão tudo e todos que tocá-las. Caso sejam ativadas com energias, vibrações e campos envenenadores, envenenarão tudo e todos que tocá-las. Caso sejam ativadas com energias, vibrações e campos trancadores, trancarão tudo e todos que tocá-las, e assim sucessivamente.

Cautela em se tratando de mediunidade, certo? Todo cuidado é pouco, e por mais que a nossa bondade em querer ajudar as pessoas seja a origem do nosso descuido, deve prevalecer os preceitos tais quais: antes de tomar qualquer atitude devo recorrer ao meu guia ou a alguém que tenha mais experiência do que eu em determinados assuntos. Tal postura revela não apenas o perfil de médium cauteloso, mas principalmente de médium humilde que reconhece que não basta apenas manifestar um dom para se tornar o salvador da humanidade ou um super-herói.

Humildade é qualidade primordial para ser um bom médium, ou seja, sabedoria em reconhecer seus limites, conhecimento para fundamentar suas práticas, bom-senso para não se exceder, equilíbrio para não infringir a Lei Maior, simplicidade para não deixar que a ilusória posição de médium lhe faculte a soberba e alimente o seu ego, elevando-o a um grau construído pela vaidade. Tolerância para que não aja como um tirano e dono da razão, pois aprender a escutar os outros faz surgir em nós o ato de refletir e tomar as melhores decisões. Lembre-se: Olorum e os Orixás escutam os nossos clamores, mesmo já sabendo com antecedência de nosso sofrimento e de como nos ajudar, pois ouvir é também um ato de generosidade.

Seja um médium cauteloso, mas também um médium humilde, simples, generoso, bondoso, caridoso, respeitoso e sábio, pois com certeza seus guias espirituais encontrarão em você terreno fértil onde plantarão sementes divinas que crescerão e darão bons frutos para que muitos venham a saboreá-los e nutrirem-se das virtudes da árvore frondosa que cada médium umbandista há de ser.

## *Campo mediúnico, absorção, doação e repulsão*

Todo médium possui um campo mediúnico que está relacionado à movimentação e ativação das forças, mistérios e poderes espirituais ligados a ele. Esse campo também interage com as esferas, realidades, domínios, reinos e faixas vibratórias da criação.

O campo mediúnico está para o médium de duas formas: interna e externa. O interno é individual, seu centro neutro é uma espécie de "casa" do médium onde só entram forças familiares e afins com ele e com as vibrações, energias e mistérios originais que ali se assentaram e dão sustentação desde sua geração em Olorum, e somente nossos orixás e guias de lei têm acesso, pois ao adentrarem a ele são reconhecidos pelo mistério guardião como poderes e forças espirituais auxiliares da nossa evolução e participantes com funções inerentes ao nosso caminho e destino.

Esse campo está em contato e ligado com todos os planos e faixas vibratórias da criação, desde o alto até o embaixo, desde a esquerda até a direita, desde a frente até atrás e envolta à esquerda e à direita. Está ligado também com os planos divino, natural e espiritual, bem como a todos os seres e criaturas que nele evoluem. E é por isso que vemos e ouvimos falar em mistério das serpentes sagradas (criaturas da criação), dos dragões sagrados, dos anjos sagrados (seres divinos da criação), dos reinos sagrados (planos da criação), das montanhas sagradas (domínios da criação), etc. Tem seus mecanismos naturais de defesa como se fossem "glóbulos brancos" e nada ou ninguém chega nele sem que haja outorga ou reconhecimento do mistério interno que o rege, pois caso alguém ou alguma força ultrapasse seus limites, os mecanismos naturais de defesa entram em ação e imediatamente essa força intrusa é pulverizada.

O campo mediúnico interno nos acompanha desde nossa geração em Olorum e de acordo com nossa evolução, e, quando assumimos compromissos ligados aos propósitos originais aos quais fomos ungidos por Olorum, ele se expande. Porém, somente quando despertarmos em nós o humanismo e as virtudes divinas em sua plenitude, se tornará realidade o plano espiritual somente nosso e capaz de abrigar todos os seres ali enviados por Olorum, para que sob o nosso amparo possam também evoluir e cumprir seus destinos. Mas, nessa ocasião, já estaremos em processo de divinização e angelização, que é o nosso próximo estágio, onde seremos humanos divinizados em todos os sentidos ou seres divinos que se humanizaram em todos os sentidos.

Pois bem, falamos do campo mediúnico interno, e se existe um campo mediúnico interno que é intransponível por nossas forças pessoais, também existe o campo mediúnico externo, que está para nós como o "quintal da nossa casa" onde as cargas espirituais negativas se instalam e começam a vibrar em nosso íntimo "casa" e passam a nos incomodar, e esse processo faz com que ativemos alguns recursos para anular essas vibrações.

As cargas negativas que atraímos com nossos pensamentos através de ambientes negativos, do contato com outras pessoas, instalam-se no "quintal" do campo mediúnico externo e ficam vibrando até que com a ativação de poderes que se condensam em alguns elementos, vamos limpando nossos "quintais". Porém, alguns recursos para limpeza são inúteis, porque trazem alívio temporário, mas não eliminam o problema, são mais ou menos como "odorizadores" que eliminam o mal cheiro, mas não eliminam a causa, e aí somente a "descarga do banheiro" para dar jeito. Por exemplo, nesses casos, um banho de ervas não adianta, pois somente alivia uma carga ou uma projeção energética negativa, contudo, a fonte permanece emitindo tais vibrações.

O banho de ervas e as defumações funcionam muito bem quando nosso corpo e campo negativo estão carregados, pois, campos positivos e negativos todos os seres têm. Todavia, campos mediúnicos somente quem é médium os tem ativados, pois os que não são médiuns têm esse campo, mas como uma "casa vazia", com todos os seus "móveis" (mistérios) cobertos, esperando o momento certo para que o morador passe a habitar a "casa" ou desdobrar essa faculdade mediúnica que nele está em estado latente.

Para limpeza ou anulação de determinadas forças negativas ou portais negativos que se abriram em nossos campos mediúnicos externos, os guias recomendam que façamos uma oferenda de elementos afins com a carga negativa ou com a magia negativa que foi ativada contra nós na natureza, em um campo natural (cachoeira, pedreira, caminho, mar, cemitério, no tempo) com a finalidade de descarregá-los.

Quando os nossos guias pedem que realizemos uma oferenda de fortalecimento e firmamento de força, significa que o que iremos oferecer abrirá um portal de acesso às forças e poderes espirituais, naturais e divinos e se instalará em nosso campo mediúnico interno como recurso magístico, para que quando necessário, ativemos esse portal e nos livremos das vibrações negativas. Citemos um exemplo: seu guia solicita que você vá até beira-mar e realize uma oferenda de firmamento, assentamento, fortalecimento e abertura de forças para o amado pai Ogum Beira-Mar. No momento em que for ativada no campo natural da divindade, o sagrado orixá potencializará os elementos e recolherá a oferenda que se tornou um portal ativado e aberto na força e poder do Pai Ogum Beira-Mar e a instalará no seu campo mediúnico interno. E sempre que necessário o guia recorrerá a esse mistério, ativando os poderes e as forças espirituais, naturais e divinas desse Orixá, auxiliando-o imediatamente, sem que seja necessário você estar à beira-mar, pois esse portal funciona como um vaso comunicador e um recurso atemporal, atemporal sim, pois não importa quantas encarnações você vivencie, ele estará sempre lá em estado potencial como um bem adquirido.

Essas oferendas de abertura e assentamento de forças em nosso campo são de muita utilidade, pois visa a nos dotar de recursos que ajudarão a desempenhar um trabalho mais efetivo enquanto médiuns. Caso venhamos a nos sobrecarregar no trabalho de atendimento àqueles que nos chegam em busca de auxílio, bastará o guia ativar esse "portal oferenda" para que as águas do mar venham nos limpar, sem que necessitemos nos banhar no mar; apenas com um copo de água do mar estaremos descarregados e energizados. Por isso, os médiuns umbandistas atendem a uma dezena de pessoas com as mais diversas cargas e não se sobrecarregam, pois quanto mais doam energias, mais as têm recuperadas, uma vez que a oferenda em seu campo torna-se uma fonte inesgotável de energia.

Agora, há mistérios exclusivos das divindades que não podem ser instalados em nosso campo mediúnico interno, devido à alta potência vibracional. Porém, a divindade faculta a ativação desses portais e mistérios, os quais, logo após a utilização, são recolhidos na realidade da divindade regente devido à alta frequência vibratória do mistério em questão, uma vez que somente no seu campo natural e na realidade do orixá responsável podem permanecer ativos. Se comparássemos a algo aqui na matéria, diríamos que se trata de materiais radioativos que tão logo utilizados devem ser devolvidos às usinas nucleares para sua administração. Isso é magia, isso é mistério de Umbanda.

## *Poder mental e desenvolvimento mediúnico na Umbanda*

Devemos desenvolver um poder mental, a fim de criamos um campo protetor para que vibrações negativas não adentrem a ele. Essa é uma preparação para um futuro em outro plano, onde iremos descer às faixas vibratórias negativas para elevar os nossos que ficaram no caminho de retorno ao Criador, e quando lá estivermos, os gritos de desespero, angústia, medo, maldições, blasfêmias serão tantos, que ou desenvolvemos um mental capaz de criar energia que paralise essas vibrações negativas ou elas se internalizarão em nós e, ao invés de sermos um espírito transmutador daqueles que estão nessas faixas vibratórias negativas, nos tornaremos mais um deles.

A Umbanda, desde sua estruturação no plano superior da criação, adotou um modelo em suas práticas mediúnicas de incorporação semiconsciente, em que o médium incorporante tem uma pequena consciência dentro do transe mediúnico e fica em segundo plano, onde todas as funções motoras, bem como a instrução intelectiva e moral do espírito-guia se sobrepõem às do médium que fica como um espectador que também aprende e se beneficia com as ações de seus guias, tanto as ações de cunho moral e doutrinário, quanto as magísticas, nas quais os guias protetores são iniciados e as manifestam ativando seus pontos riscados por meio de pedras, ervas, águas, etc.

Como na Lei de Olorum nada acontece por acaso e tudo obedece a uma ordem e estrutura pré-estabelecidas, na Umbanda não seria diferente, e tudo tem um fundamento.

Sabemos que em todas as religiões mediúnicas, na Umbanda em particular, noventa e cinco por cento dos médiuns são semiconscientes e cinco por cento trazem a inconsciência no dom mediúnico de incorporação. Sendo assim, este vasto número de médiuns semiconscientes atende a uma vontade suprema, que viabiliza o desenvolvimento de faculdades mediúnicas, magísticas, morais e intelectivas quase que por uma questão de osmose ou doação energética, onde o médium passa também a se aprimorar no campo moral e religioso, absorvendo conceitos que visam dar amparo e sustentação às suas práticas, conceitos virtuosos que devem ser internalizados e colocados em ação nas relações com o próximo.

Este é um dos fundamentos basilares e reveladores da semiconsciência no transe mediúnico, o de aprendermos com os espíritos mais superiores e elevados que nós e ensinarmos os irmãos ainda envoltos pelo manto roto da ignorância dos assuntos divinos. Porém, um dos motivos ocultos da forma de semiconsciência na incorporação na Umbanda ocorre para fortalecermos nossos mentais de futuras magias negativas ou futuros mergulhos nas trevas para o resgate de espíritos que lá já foram esgotados, mas também para que sejamos graduados perante a Divindade, tornando-nos uma extensão do Poder Divino no amparo daqueles que se recolheram nas trevas da ignorância. Eis o ponto central do nosso comentário que envolve semiconsciência e anulação das vibrações externas para a realização de uma Vontade Divina.

Ao iniciarmos o desenvolvimento mediúnico, logo nos primeiros transes, descobrimos que não adormecemos quando estamos incorporados, antes estamos mentalmente presentes, porém sem nenhuma iniciativa, pois toda iniciativa pertence ao espírito mentor que está incorporado. Um dos fundamentos da semiconsciência é o controle do mental que isola determinadas fontes de pensamentos para que as mesmas não interfiram no trabalho do guia. O fato de nossa mente permanecer ativa nos revela que um dos motivos, além do de aprender com o trabalho espiritual do guia, é que assumamos o controle da mente, isentando-nos do trabalho mental do guia na hora do passe, para não interferir no trabalho de consulta.

Aos poucos, com a prática ativa da mediunidade, desenvolvemos controle mental a tal ponto que nos tornamos meros espectadores, como se estivéssemos ao lado do guia, ouvindo-o e aprendendo com ele. Quando atingimos tal equilíbrio, ou seja, tornamos o nosso mental equilibrado, o guia passa a trocar conosco informações mentais e, a partir desse momento, adquirimos certos conhecimentos de cunho magístico, moral e intelectual, pois o guia reconhece a nossa faculdade mental ativa e expansiva, um aspecto que nos possibilita interação com o guia espiritual em nível mais elevado, tornando-nos uma extensão de sua ação em benefício do próximo. Assim, nos graduamos perante Olorum, fortalecemos o nosso mental e abrimos em nossa faculdade uma faixa vibratória mental específica, por onde temos condições de nos comunicar com essa força sustentadora e coordenadora das nossas práticas religiosas e magísticas.

A semiconsciência fortalece nosso mental, coibindo a influência de outros mentais viciados e trevosos, criando um bloqueio às ofensas, provocações, desavenças, desentendimentos e antagonismos do dia a dia, emitidas pelos nossos irmãos encarnados e desencarnados. Então, bloqueamos tais vibrações de modo a evitar que essas ações antagônicas se internalizem em nós e alterem nosso padrão mental e energético.

Os guias espirituais agem dessa forma e, diante de uma demanda ou de um passe em que o paciente esteja sofrendo uma magia negativa, o guia não altera o seu padrão mental, e por mais que tudo à sua volta se altere em razão das vibrações negativas ativadas por meio dessas magias, ele permanece em equilíbrio impedindo que a energia externa adentre seu íntimo e desequilibre o seu mental – sua fonte sustentadora e mantenedora, por onde as ligações com as divindades se estabelecem.

Aprendemos com os espíritos mais evoluídos que a semiconsciência mediúnica tem o seu fundamento e que é importante revigorar nosso campo mental para criar uma faixa vibratória exclusiva que permita a interação e o aprendizado de forma direta com o conhecimento divino, sustentados pela força que nos ampara com o fim de não internalizarmos e neutralizarmos ações desequilibradas, mantendo-nos mentalmente sustentados. Sem internalizá-las transmutamos a fonte (ser) irradiadora de energias negativas, alterando assim a sua ação.

O Mestre Jesus fundamentou em uma de suas parábolas que caso agridam sua face direita, dê-lhes também a sua face esquerda. Nesse ensinamento está implícito que diante de toda a violência, de todo o desequilíbrio ou de todas as ações negativas do mundo que se apresentem a você, não rebaixe o seu nível vibratório permitindo que tais energias contaminem e passem a vibrar em seu íntimo. Seja forte a ponto de bloquear o seu mental não permitindo que o que esteja no externo habite seu interior, para que não se contamine e também seja violento, e após bloquear, aja de forma neutra como se essa ação negativa não lhe incomodasse, pois ser neutro ou não reagir nos permite ativar o nosso racional e transmutar o nosso agressor.

É esse o poder mental que somente a manifestação da mediunidade de incorporação semiconsciente pode desenvolver. Por isso, a Umbanda fundamenta suas práticas nesse padrão de manifestação espiritual, para que seus médiuns desenvolvam esse poder, para que num grau superior e posterior possam atuar em uma faixa vibratória negativa extensa, resgatando milhões de espíritos com os mais variados níveis de desequilíbrio, sem que internalizem esses desequilíbrios, não deixando se envolver por ondas vibratórias de dor, sofrimento, ódio, desespero, angústia, etc., emitidas pelos espíritos que ali estão aprisionados, justamente por terem revidado às ofensas recebidas. Olorum nos quer poderosos mentalmente, pois somente aqueles cujas forças estão no mental são detentores do real e verdadeiro poder, justamente porque não necessitam agir por meio da força, uma vez que pela força dão sinal de enfraquecimento do seu poder mental. Por isso, que aquele que conquista ou subjuga utilizando a força (violência), teme diariamente ser traído pelos seus escravos conquistados, e aquele que conquista com o uso da razão e do diálogo (amor) não teme ser traído, pois não escraviza seus conquistados, mas conquista o amor e a admiração eterna deles.

Esta é a diferença do poder e da força, o poder conquista admiradores, a força, traidores.

Saravá, Umbanda!

# *O desenvolvimento e o desdobramento das faculdades mentais ou dons divinos*

O magnetismo está para nós como o campo criador dos dons e das faculdades mentais que herdamos do Divino Criador, assim como um "DNA" – somos distinguidos e individualizados com mistérios, que são Suas qualidades divinas, nos dotando de uma característica ímpar. É nesse "DNA" Divino que estão contidos nossa individualidade, características, atributos e atribuições que no tempo certo irão desabrochar, aflorar e florescer, como uma semente depositada no solo adequado que a fertilizará e dará sustentação para que cumpra o seu destino na criação.

Assim como a planta que necessita de condições específicas e favoráveis para seu desenvolvimento, nossas faculdades mentais (sementes divinas) serão desenvolvidas caso encontrem o solo afim, do contrário permanecerão adormecidas. Na religião, vemos pessoas em estado potencial de faculdades mediúnicas, que não encontraram o solo fértil e condizente com as qualidades mediúnicas manifestadas por elas, e quando entram em um terreiro tudo se desdobra e acontece de forma natural, como num passe de mágica. Quem nunca sentiu vibração alguma em outras religiões, começa a desenvolver suas faculdades mediúnicas, intelectuais e morais naturalmente, pois encontrou o solo apropriado, ou seja, o magnetismo está na base dos desdobramentos dos mistérios divinos que trazemos em nós e está na base de todos os mistérios da criação, pois é a chave ativadora do mistério, tal qual o solo e as condições climáticas que devem ser apropriados para cada espécie de semente, de outro modo não floresce. Assim sendo, se alguém traz uma faculdade mediúnica de incorporação fundamentada na manifestação litúrgica de Umbanda, o mesmo se desenvolverá na Umbanda, no solo apropriado ao seu florescimento.

Tudo nasce com um destino que somente se ativa e se desdobra caso esteja em seu campo de atuação. De modo similar, a beleza da sabedoria se adquire com a maturidade, tudo na criação tem seu ciclo, ritmo e tempo certo, condições necessárias para que comece a desabrochar e a cumprir seu destino. Sendo assim, um médium só desenvolve suas faculdades mediúnicas em uma religião mediúnica. Tal com a banana só é gerada num pé de bananeira, sendo impossível colher uma banana no pé de uma pereira. E se o nosso dom principal está atrelado à fé, todo o potencial se desenvolverá no campo religioso, onde a faculdade ou dom do conhecimento se manifestará com o ensinamento religioso, o dom de congregar e reunir pessoas cujo comando e ordens iremos delegar se manifestará no campo religioso, tornando-nos assim um sacerdote.

Por sua vez, caso nosso dom principal esteja atrelado ao conhecimento, todo o potencial se desenvolverá no campo do ensino ou na cátedra escolar, pois traremos o dom da oratória e da dissertação, tornando-nos excelentes professores no campo que mais afinidade tivermos, pois, o ensino é um ramo do conhecimento e os campos para executá-lo são muitos.

E quando desenvolvermos ao máximo essas faculdades, nas quais fomos qualificados e individualizados por Olorum, nos tornaremos manifestadores naturais desse mistério, pois o teremos desdobrado por completo em nós mesmos, tal qual nosso amado mestre Jesus desdobrou o vosso dom original da fé e do amor, pois foi em terras judaicas que encontrou o solo fértil capaz de desenvolvê-lo e fazê-lo germinar como o Filho do Pai, desdobrou as qualidades divinas e como o "Cacto Divino" foi num solo seco e árido (rigoroso) e num clima quente (intolerância) que desabrochou e floresceu e trouxe a água que saciaria a sede (intolerância) de muitos no oriente médio, "cortaram-no" para beber da sua água da vida e depois esgotá-lo no calvário, fizeram uma coroa de espinho, simbolizando o cacto, que embora fosse repleto de espinhos, era inofensivo, pois o seu destino e sua função era nascer em solo seco, porém, com uma função muito nobre que era saciar a sede daqueles que estavam vazios de Olorum.

*Ninguém se evade das consequências de seus atos, como planta alguma produz diferente fruto da sua própria estrutura fatalista.*

Salve nosso mestre Jesus, que mesmo sabendo de seu destino, nunca se vergou à sua missão, foi ungido por Olorum e cumpriu sua natureza, virtude e função de levar a água da vida àqueles que morrem no solo árido e seco da ignorância, da guerra e da intolerância religiosa.

## *Carma – ser ou não ser – eis a questão!*

Carma, uma palavra de origem hinduísta que em sânscrito significa ação. É a Lei da ação e reação, portanto, uma Lei Divina que está ligada a lei das afinidades e ambas constituem a Lei Maior e a Justiça Divina aplicadas a favor do todo, amparando e sustentando a vida em todos os seus aspectos. São multimilenares e regem a tudo e a todos, surgidas junto com o primeiro ser humano. Tal como a estrutura psíquica religiosa, que é inerente a todos os seres e desperta em nosso íntimo uma busca natural de uma resposta para nossa existência, ou seja, a busca de um princípio, que nós religiosos denominamos de Olorum, a origem, o meio e o fim de tudo e de todos, o Criador incriado, de onde tudo se originou e para onde tudo retornará.

Mesmo que a denominação carma tenha sua origem semântica no Hinduísmo e tenha sido popularizada e bem absorvida no Kardecismo e no espiritualismo em geral, sabemos que é multimilenar e devemos estabelecer um limite racional para que não venhamos a profaná-la, relegando pequenas inversões tipicamente humanas a essa lei que é imutável, perfeita e perene, ou seja, nem tudo é carma e fruto de dívidas passadas. Existe um limite que separa o real do abstrato ou ilusório naquilo que se pretende que seja entendido como carma.

Nas civilizações mais antigas, por exemplo, a hinduísta erigida por uma hierarquia de castas, entendia-se que tudo era regido pelo carma individual e coletivo e que se alguém nascesse em uma família ou casta abastada, assim era a vontade da divindade, e se alguém nascesse em uma família ou meio empobrecido ou miserável, também era a vontade da divindade suprema. Dessa forma, marginalizavam e exploravam os menos favorecidos, não permitindo que fossem ajudados e amparados de forma humana, pois, se a divindade assim o quisera, precisam ser purificados de seus débitos ou carmas e viver resignadamente o seu destino, sem reclamações.

Outras religiões, de uma forma oculta, manifestaram esse vício moral, como o Judaísmo que antes de Cristo condenava aqueles que supostamente haviam descumprido ou transgredido a lei mosaica e, por isso, eram condenados eternamente ao inferno judeu, sem a possibilidade de perdão ou retorno. Não acreditam em reencarnação ou em nova oportunidade de evolução em outro corpo e em outra vida.

Quando nosso amado Mestre Jesus abriu nova via de evolução aos espíritos errantes, dizendo: "Arrependam-se que Olorum já os concedeu perdão, levantem-se e andem homens", curou uma paralisia que começava no subconsciente daqueles já condenados que desenvolviam patologias em seus corpos, quando paravam de enxergar e de se locomover, devido ao medo e à autopunição por terem infringido leis sociais e religiosas.

Quando Jesus Cristo, o mais humano dos humanos e profundo conhecedor das nossas sombras e inclinações, em nome do Pai Maior, perdoava e dizia-se filho do Pai legitimado a perdoar e a dar um salvo conduto àqueles que não vibravam nada a mais que dor e arrependimento, abriu nova oportunidade e via evolucionista, transgredindo uma lei relativa e dogmática a uma lei universal ou lei do amor, resgatando as centelhas de Olorum que se encontravam perdidas e sozinhas, exatamente do mesmo modo que o pastor recolhe suas ovelhas perdidas e as redireciona ao caminho que leva ao Pai.

Jesus libertou, por meio da catarse, muitos do julgo hipnótico de uma lei religiosa e tirana que anulava o arrependimento e o retorno a Olorum, dividindo os seres em bons e ruins, em salvos (céu) ou perdidos (eternidade no inferno), e ensinou: "Não vim alterar os mandamentos do Sagrado Moisés" e acrescentou mais um: "amar a Olorum sobre todas as coisas e amar ao próximo como a ti mesmo", ou seja, não faça ao próximo aquilo que não gostaria que ele o fizesse.

Precisamos nos atentar para não tornar banal a lei do carma, somatizando-a a quaisquer circunstâncias e usando como justificativa para nossa paralisia diante da vida, justificando o "Não posso ajudar, pois é carma dele!", ou justificando a intolerância ou o racismo, parafraseando Adolf Hitler: "Existe uma raça pura e outra condenada por Olorum (Deus)". Ou, de acordo com o Velho Testamento, em que havia um Olorum (Deus) que salvava o seu povo, mas também condenava, excomungava e amaldiçoava os que não se deixassem subjugar pelos seus profetas.

Devemos entender que a ambiguidade é fruto e atributo que pertence a nós enquanto ausentes de Olorum, que de acordo com nossos interesses pessoais criamos rótulos e estigmatizamos o que nos convém, criando um Olorum que nos ama e um que odeia aquilo que não amamos ou não acreditamos.

Criamos rótulos sobre aquilo que nossa cultura judaico-cristã nos influencia a acreditar, imaginando uma razão ou carma para a nossa intolerância, ignorância ou falta de humanismo e respeito que nos estimula a inventar, criar uma raça superior para escravizar negros e judeus ou criar um carma do tipo: olha ele é homossexual porque em outra encarnação ele era muito machista ou agredia mulheres e reencarnou para sofrer e pagar os seus débitos de outras encarnações... Blá blá blá.

É imprescindível entender que a diferença entre um homossexual e um heterossexual é que o hétero se relaciona com pessoas de sexo diferente e o homossexual se relaciona com pessoas do mesmo sexo, e ponto final.

A premissa que rege os relacionamentos, como amor, respeito e fidelidade cabe numa relação homoafetiva ou heteroafetiva. Portanto, não devemos estigmatizar ou simplesmente justificar uma opção sexual em outras encarnações como se isso fosse uma dívida (carma) ou uma doença. A nossa incompreensão ou preconceito é capaz de criar um céu ou um inferno que só existem em nossa cabeça preconceituosa, e o que é pior, conseguimos convencer outros disso. Paciência!

Em relação ao carma propriamente dito, podemos exemplificar de que modo a lei da ação e reação funciona na vida prática. Tomemos uma terra fértil com o desejo de cultivá-la sem respeitar os períodos de descanso do solo. Certamente, ela irá se exaurir e tornar-se infértil. Ação: uso excessivo do solo. Reação: infertilidade do solo. Segue outro exemplo: meu carro foi roubado. Ação: ter propriedade. Reação: se tornar passível de roubo. Ou seja, só me roubam o carro porque vivo numa sociedade desonesta e, devido ao desvio de dinheiro público, miséria e pobreza tenho grande chance de ser furtado, não porque seja meu carma. Mais um exemplo: estou doente. Ação: estar vivo. Reação: se não me cuidar, posso morrer. Se estou doente é porque estou vivo, caso contrário não adoeceria, não me entristeceria, não me alegraria também. Se a vida é soberana, a evolução comporta afetar e ser afetado e assim evoluir.

A lei de ação e reação ou carma é imaginar que em uma encarnação anterior eu venha a almejar uma linda mulher, faço dela minha esposa justamente pela beleza que ela tem, depois expando esse meu interesse e passo a negociá-la sexualmente para que conquiste algumas vantagens perante a corte, o príncipe, o rei, e o juiz, usando-a como manobra para meu bem-estar e interesse sujo e mesquinho. Ok? Desencarno e vou para uma faixa vibratória negativa, para a qual fui direcionado pelas afinidades de sentimentos desvirtuados e ausentes de Olorum, ali sou esgotado dos meus negativismos e reencarno, e, quando isso acontece, encontro aquele mesmo espírito que me atrai e novamente me caso com ela, porém ela sente em seu íntimo uma necessidade de me humilhar e me escarnecer em público, traindo-me e por fim assassinando-me. Conhecemos isso de muitos romances espíritas, certo? Até aí nenhuma novidade!

E o que ouvimos falar é que esse sofrimento que foi causado pela esposa "assassina" foi a cobrança da lei do retorno ou do carma. Ponto final! Certo? Não! Dizemos nós! Ao cometer esse crime a esposa vingativa ou o marido vingativo, caso a história fosse ao contrário, irá para o inferno ou para faixas vibratórias afins com seus sentimentos e também serão esgotados de seus negativismos e ausências de virtudes ou Olorum.

Veja bem, a Lei Maior, a Justiça e a Providência Divina colocam tanto a vítima quanto seu algoz juntos, não para que deem vazão às suas pulsões, paixões, inclinações e instintos mais negativos, não! A Lei coloca os espíritos que se antagonizam lado a lado para que reparem e se reequilibrem perante Olorum, pois nada justifica a violência e a morte. Olorum gera somente virtudes, os vícios são criações dos seres humanos, que por vezes, ausentam-se de Olorum.

Olorum gera amor. O ódio é ausência de amor. E Olorum não gera ódio posto que ódio é ausência de Olorum, que só está vivo e presente naquilo e naqueles que são virtuosos. E se Olorum não gera ausência e a ausência ou vício não está presente em Olorum, quando geramos esses sentimentos nos ausentamos Dele e vivenciamos a morte dos sentidos, passando a viver como sombras nas trevas da escuridão que é a ausência de sua luz.

Enfim, quando a esposa da nossa história reencarna e sente inclinação ou paixão desenfreada para destratar e humilhar o esposo que em outra encarnação a havia molestado, isso se dá diante da ação que o esposo provocou em outra encarnação e essa personalidade ou memória afetiva fica viva em seu mental inferior e no seu subconsciente, e mesmo com seu mental adormecido devido à nova reencarnação, a memória acorda ou se ativa no seu mental inferior, provocando sensações e inclinações para que o ato, supostamente esquecido, seja vingado. O sentimento negativo eternizado em sua memória sentimental fica vibrando para que esse sentimento se anule, pois, o ser humano não consegue comportar em seu todo nenhum sentimento negativo por muito tempo, tendo em vista que Olorum ao nos gerar nos dotou de virtudes.

Porém, quando a Providência Divina reúne novamente esses espíritos em outra oportunidade de vida, o faz para que se reequilibrem, sem dar vazão à vingança ou instinto. Ambos devem despertar um estado mais elevado de consciência e pensar assim: não sei o porquê desse ódio desmedido, porém a violência em nada se justifica.

Falar desse sentimento é bom, e mesmo inconscientemente a vítima irá chorar sem saber o porquê, e quando o algoz se desculpar por algo que tenha feito ou desejado, naquele momento aquela memória afetiva negativa se diluirá, tornando possível uma convivência passiva e passível de uma reconciliação de algo que não se entende devido ao adormecimento da reencarnação, mas, à luz da Lei Maior se explica.

Lembre-se, um carma vibra em nosso íntimo, porém a razão deve ser sempre soberana, e as virtudes divinas como o amor, a fé, a sabedoria, o conhecimento, a moral, o equilíbrio e o amparo à vida deverão ser constantemente soberanos aos nossos instintos e inclinações. Não é fácil, eu sei, mas aceite! Ou não é a pura verdade?

Apresentamos outro exemplo: aquele que em certa encarnação tenha vivido em um país, em cuja cultura e tradição imperava como lei matrimonial a poligamia, como os sheiks, e que nessa encarnação tenha vivido em um harém com 40 esposas e amava a todas, as sustentava, tinha filhos e uma família, em que era justo e adorado por todas elas, pois cumpria seu papel de marido e amparava a todas com carinho, compreensão e amor, e todas as esposas se amparavam mutuamente e tinham respeito e amor entre si. Tudo bem até aí, pois a cultura daquele povo era assim estabelecida e todos concordavam, desde que as esposas fossem amadas e sustentadas, e o marido as provia de tudo, mas caso isso não fosse cumprido, elas eram retiradas dele.

Vamos imaginar esse veio cultural em uma cultura matrimonial monogâmica que permite o enlace somente com uma mulher, considerando a memória afetiva desse espírito que tivesse codificada a poligamia em sua vivência matrimonial. O que aconteceria a ele caso casasse com uma única mulher? Não vibraria na sua personalidade anterior e na sua memória afetiva as vivências de outra encarnação? E por esse motivo ele deveria trair, pois não conseguiria viver com uma só mulher?

Não! Novamente falamos, a razão deve ser soberana aos instintos ou ao corpo, pois se Olorum assim não o quisesse, nos teria dotado somente de instinto animal, como um gato que faz o que seu instinto comanda e ponto final. No animal, o instinto está por inteiro, entretanto, em nós não, pois somos regidos pela razão.

Então, esse espírito deve apassivar nesse sentido, compreender que o corpo pode manifestar determinadas sensações, pois não o controlamos, do mesmo modo que não controlamos as sinapses do cérebro. A mente é racional, refletiva e especulativa e o cérebro é instintivo.

Esse espírito pensará assim: nem tudo que o corpo pede eu posso dar, pois o corpo é um veículo que me serve para que meu espírito possa evoluir nas vivências emocionais e nos afetos a mim infligidos para que eu desperte um estado de consciência mais elevado. O corpo sente fome e isso é instinto, porém a forma como vou me alimentar é deliberada pela minha razão, ou seja, estou com fome! Sinal do meu corpo ao meu cérebro, não tenho dinheiro! O que faço para aplacar minha fome? Mato alguém para salvar meu corpo? Caso fosse uma onça ou um outro animal, sim eu mataria! Porém, como sou ser humano e, portanto, racional, penso em outra maneira de me alimentar, sem ter de anular a vida de um semelhante, e no caso, peço comida.

Muitos dizem que nascer pobre e miserável é carma, e eu acredito que a pobreza e a miséria são resultados da ganância humana e frutos da desigualdade social entre os seres humanos, não carmas. Isso é para justificar a não distribuição de renda igualitária, pois Olorum nos deu um mundo perfeito, próspero e repleto de riquezas, mas a ganância humana trouxe a morte e a guerra, ou seja, ação e reação, e Olorum não tem culpa e não tem nada a ver com isso.

Imagine uma aldeia constituída por 46 pessoas, uma delas é o pajé ou rei que detém conhecimentos, faz partos, cura as pessoas da tribo e outras 15 pessoas são guerreiras, todas casadas e cada uma com um filho, constituindo assim um povoado de 46 pessoas. Ao caçar, os guerreiros abatem uma presa de 30 quilos e cada um fica com dois quilos para seu sustento. No entanto, cada um deles tem de dar 1 quilo para o rei ou pajé, ficando assim, o pajé que é sozinho, não possui filhos ou esposa, com quinze quilos de carne, e os guerreiros com um quilo cada um para sustentar mulheres e filhos. Dessa forma, o pajé ou o rei acumula uma riqueza desnecessária para seu sustento e ainda quando perante a privação de algum guerreiro, esse pajé ou rei o auxilia, é visto como caridoso e bondoso, quando o correto seria ele viver apenas com o necessário e distribuir a riqueza com as famílias mais numerosas e necessitadas. E assim começa a história da ganância humana!

Carma é uma reação que vibra em nosso mental afetivo. Cor não é carma, raça não é carma, opção sexual não é carma, pobreza não é carma, mas, nossa atitude e ignorância diante disso tudo pode se tornar um carma.

Axé!

## *Conhece-te a ti mesmo*

Esta frase encerra em si uma reflexão, cujo tema central é que a partir de nós, do que trazemos em nosso íntimo, é possível conhecer Olorum e suas divindades manifestadas, a individualização Dele em uma de suas divindades mistérios.

Ao trazermos essa máxima para o campo religioso e mais precisamente para a função de médium, queremos dizer que a maior das sabedorias está em primeiro se conhecer. E se conhecer implica identificar o que nos agrada e o que não nos agrada, o que nos é nocivo ou não e, acima de tudo, identificar o que em nós médiuns está como estado vicioso ou negativo.

E, após identificar os medos, angústias e aflições, vamos nos colocando em contato com os nossos demônios interiores, que nada mais são do que nosso aspecto negativo ou nossa ausência em Olorum, que é em si todas as virtudes. E aí sim, identificando os vícios ou os aspectos negativos e instintivos, enfrentando-os, somos capazes de subjugá-los e adormecê-los. Afinal, não matamos nossos aspectos negativos ou instinto vital, mas, podemos doutriná-los e subjulgá-los, assenhorando-nos de nossa individualidade como um todo, pois o pior demônio das trevas é aquele que habita nosso íntimo (a cobiça, a inveja, a intolerância, o ódio, a vingança), sentimentos que nos afastam de Olorum. Porém, o mais benevolente anjo que habita o altíssimo também é aquele que vive e habita nosso íntimo como presença divina manifestada em nossos atos (a compaixão, a generosidade, a tolerância, o perdão, a redenção, etc.), atos esses que se revelam em dons e bens divinos que todos os seres humanos trazem como herança divina e dinamizadora de evolução.

Conhecer a si mesmo é um verdadeiro ato de reflexão, é ponderar ações e atitudes mediante experiências vividas, que a evolução, agindo no tempo e no espaço, contempla com aprendizados edificantes e sedimentadores do caráter, transmutando atos contrários à vida em atitudes amparadoras. E assim, conhecedores de si, os seres humanos, enquanto portadores de não ignorância, devem depurar e decantar a sua água, a fim de torná-la límpida e capaz de servir a vida como fonte que sacia a sede de conhecimento.

## *Polos positivo e negativo nos seres*

Os seres humanos são portadores da dualidade ou de dois polos sustentadores de vida – o polo positivo e ligado à razão e o polo negativo e ligado à emoção. Um conectado ao mental superior regente do raciocínio, que tem por atributo a reflexão sobre os valores morais atribuídos aos sentidos e sentimentos (responsável pelo discernimento acerca do que é nocivo e prejudicial ao processo de evolução) e o outro conectado ao mental inferior e regente dos instintos, que tem por chave ativadora o emocional; sempre que chegam vibrações antagônicas altera o padrão de ser e pensar.

O polo negativo está para nós como o detector de tudo que contraria nossa natureza íntima e original. Diante de uma ação ou atitude positiva ou virtuosa que visa à evolução e o bem-estar, o nosso polo negativo não se ativa, pois reconhece nesses atos ou ações sentimentos virtuosos que vão ao encontro do que possuímos em nosso mental, encontrando ressonância, uma vez que está codificado em nós desde nossa origem em Olorum como virtudes divinas.

No entanto, quando algo se apresenta antagônico ou como um sentimento desvirtuado que não encontra ressonância em nosso mental, o polo negativo é ativado, enviando ao nosso racional sinais que ativam o emocional e o instinto "alarme". Por exemplo, diante de posturas não ativas (gentileza, cordialidade, respeito) o polo negativo não é ativado, pois se trata de ações e sentimentos positivos, mantenedores da vida e de bom relacionamento. Caso contrário, quando ações de desrespeito, estupidez, brutalidade, acionam o polo negativo, automaticamente nosso emocional é ativado, nos impulsionando a agir instintivamente, combatendo tais ações que não encontram ressonância em nossa codificação mental.

Devemos agir sempre levando-se em conta o racional, o bom-senso, que nos conduz à razão e à reflexão mesmo diante das atrocidades ou de um simples mal-entendido, pois se somos dotados de raciocínio e virtudes, sentidos plenos e divinos, é por esse caminho que devemos trilhar, nas pegadas de Olorum, que nos agraciou de sabedoria para evoluirmos, cientes de que nosso instinto primitivo serviu-nos como meio de sobrevivência em outros meios evolutivos, em outras etapas de vida, mas não mais na presente existência.

A ausência da sabedoria é a ignorância, e Olorum não gera a ignorância. Quando agimos estimulados por nossos vícios ou sentimentos negativos, traçamos outros rumos, perdemos nosso senso de direção e nos distanciamos da luz. Isso significa que os positivo e negativo servem de balizadores.

Todos os pensamentos, intenções, atitudes e ações são recolhidos ou captados pela tela planetária da Lei Maior e da Justiça Divina, que tem a função de registrar tais pensamentos, e caso sejam de ordem negativa, serão devidamente anulados. Quando ouvimos aquela conversa de que tudo que fizermos será anotado no livro da lei, um de capa branca para ações positivas e um de capa preta para ações negativas, de forma velada os guias querem dizer que existe um mistério divino chamado tela planetária que capta todas as projeções mentais e registra as impressões, estimulando e ativando mistérios positivos, caso nossa ação seja virtuosa, e desestimulando e ativando mistérios negativos ou refreadores, caso nossa ação seja desvirtuada.

## *Faixas vibratórias positivas e negativas*

As faixas vibratórias negativas ou escuras existem para sustentar espíritos que deixaram brevemente de viver na plenitude do Criador, passando a vibrar negatividades, uma vez que, ausentando-se de Olorum e de sua luz, perderam-se no caminho, dando vazão aos seus instintos negativos mais primitivos, entregando-se de corpo e alma aos vícios e ausências, transgredindo conscientemente e estacionando em seu processo de de evolução.

Tais esferas negativas atraem e "prendem" os espíritos transgressores em prisões mentais e passam a esgotá-los de seus negativismos, fazendo-os se arrepender e, por meio de catarse dolorosa, buscarem, uma vez arrependidos da transgressão, novamente a presença de Olorum, retomando o processo evolutivo. A título de exemplificação: em uma celebração de fé, quando certo religioso propaga a intolerância e o fanatismo (inversão de valores), ao invés do ecumenismo e a fraternidade. Na celebração do amor, quando um casal propaga a infidelidade, a degeneração e a insaciabilidade sexual (inversão de valores), ao invés da comunhão de corpos regidos sobre a égide da fidelidade, do respeito e do sexo, como fonte de vida e satisfação. Na celebração do conhecimento, quando um professor dissemina e expande ensinamentos contraditórios com a sociedade em que está inserido e que alimenta os aspectos negativos e imorais em sua conduta social e acadêmica, formando juízes, políticos e líderes inescrupulosos e revoltados (inversão de valores). Ou melhor, valores invertidos que se cristalizaram em seu íntimo de tal forma que somente com um esgotamento por meio de um tratamento energético "doloroso" estará apto a retornar a si e buscar as ações positivas e virtuosas como procedimento único e capaz de conduzir ao segmento evolutivo.

Comparamos esse "tratamento energético doloroso" ao tratamento de um dependente químico, que abandona todos os seus recursos vitais (família, amigos, namorada, trabalho, estudo) para se entregar ao vício mental que lhe traz satisfação momentânea e o faz fugir da realidade. Ao direcionar um dependente a um tratamento intensivo ele sente falta da droga, e a abstinência causa dor psíquica que se expande por todo seu corpo e órgãos físicos, causando arritmias ou descontrole dos batimentos cardíacos, alteração na temperatura do corpo, comprometido pela sua baixa ou alta pressão arterial.

De modo similar, ocorre com um espírito que se negligenciou e por isso foi direcionado às faixas vibratórias negativas, pois ao se esgotar o seu sentimento negativo causador da transgressão, o processo evolutivo sofre estagnação.

O esgotamento desse sentimento causa-lhe dor, pois suas fontes energéticas, denominadas por nós de chacras, obstruem-se por tais sentimentos, atrofiando órgãos espirituais e todo o funcionamento do seu corpo energético. Contudo, apesar do sofrimento que esse procedimento medicamentoso causa, essa purificação espiritual traz o bem-estar e o despertar da consciência.

De acordo com a intensidade dos sentimentos, nos ligamos mentalmente às faixas vibratórias positivas e por elas somos amparados ou nos ligamos mentalmente às faixas vibratórias negativas e por elas, igualmente, somos esgotados.

Ao vibrarmos positivamente nos conectamos a realidades e domínios assentados nas faixas vibratórias positivas e passamos a "trocar" energias com esse plano positivo e com os seres que nele estagiam, e ser assistidos e influenciados por esses seres luminosos que nos usam como canais ou instrumentos encarnados para a prática do bem.

O oposto também é verdadeiro, pois ao vibrarmos negativamente, dependendo dos nossos sentimentos, estabelecemos conexão mental com as faixas vibratórias negativas e, do mesmo modo, trocamos energias com aquele meio denso, sendo influenciados pelos seres negativos que lá se encontram aprisionados e passamos, então, a servi-los como intercâmbio de energias negativas e paralisadoras da evolução. Sem sabermos, inconscientemente, somos atraídos por divindades mistério negativas, que são refreadoras de ações negativas e nocivas à vida em seu aspecto geral.

Tais divindades mistério são poderes divinos responsáveis pelo equilíbrio da criação, cuja ação visa a anular, paralisar, esgotar, petrificar, pulverizar, trancar, cortar tudo que esteja em desacordo com a Lei Divina e contra os princípios da vida. E por que denominamos de divindades mistérios negativas de Olorum? Porque suas ações são ativas, energeticamente falando, pois a forma de se realizarem causa certo "desconforto".

Em nível de conhecimento humano, assemelham-se a "tratamentos de choque" cujo objetivo é alterar o caminho ilusório e negativo, para que o espírito não caia ainda mais em uma faixa vibratória mais densa. Essas divindades negativas servem um dos aspectos da Lei Maior de Olorum, pois têm sua forma de ser e de agir; representam poderes e mistérios assentados na criação que se propõem a amparar a vida quando ela está sucumbindo ou sendo anulada na criação.

Primeiramente, os senhores regentes das esferas negativas começam a agir, quando a ação transmutadora da lei na luz deixa de acessar o mental e o íntimo do ser que está se negativando e já adotou princípios desvirtuados, cristalizados e sedimentados na sua forma de ser e de agir, e dessa forma, os princípios luminosos não conseguem acessá-lo. E não conseguindo acessá-lo, a Lei Maior ativa seus princípios negativos ou ativos, pois se na luz os princípios são passivos e transmutadores, nas trevas os princípios são ativos e transformadores. E quando a Lei Maior ativa seus princípios negativos, o ser em questão começa a sofrer uma ação no intuito de despertar de seu erro, comparada a um "tratamento de choque", uma vez que as vibrações que lhe chegam são energias que causarão desconfortos como dores de cabeça, tonturas e náuseas.

Se nessa primeira ação dos mistérios negativos, o ser em questão não recuar, passa a dar vazão a todos os seus aspectos negativos, passa a ser atraído pela divindade no intuito de esgotá-lo, e, após a sua desencarnação, descerá até a faixa vibratória negativa que alcançou quando ainda vivia na matéria e lá será esgotado por algum agente cósmico responsável por determinados sentimentos negativos, e lá permanecerá até que passe a vibrar o arrependimento puro. Saibam que o ditado: "Quem tem Olorum no coração já habita o alto do altíssimo" é verdadeiro, pois quando despertamos nossos mais nobres sentimentos, nos ligamos às verdadeiras esferas angelicais, o que significa que o que Olorum espera de nós não é que subamos até onde Ele se encontra, mas que tragamos Ele até nós, fazendo desse plano em que vivemos o céu habitado por anjos que se humanizaram ou humanos que se angelizaram.

## Universos paralelos mentais negativos e positivos

Universos mentais nada mais são do que universos paralelos existentes em nosso campo mental, que recebem todas as formas e pensamentos criados por nós em nossa percepção do mundo concreto e nosso mundo íntimo. Cada sentimento gerado em nosso íntimo assume uma forma para concebê-lo, como um recurso do nosso mental para dar sustentação a uma vibração.

Quando geramos ou vibramos sentimentos negativos de medo, aflição, revolta, eles são instalados e direcionados ao nosso universo paralelo negativo, que também é uma criação mental, única e individual, capaz de recepcionar todos os nossos sentimentos.

Se a falta ou "pecado" é cometido no campo religioso, vai gerar um sentimento negativo de culpa que se expressa de uma forma encontrada em nosso mental e a traduz e reveste como um agente punidor, como serpentes negras horripilantes, seres bestiais etc.

Esses universos paralelos negativos estão ligados ao nosso mental inferior e ao nosso inconsciente, que armazena todas as nossas divergências, problemas, brigas, insultos e dificuldades diárias.

Imaginem que em nosso ambiente de trabalho temos uma pessoa que teima em "puxar nosso tapete" de forma traiçoeira, fazendo intrigas e gerando contendas contra nós, isso ativa nosso emocional, e como um alerta ativa nosso instinto negativo e nos impulsiona a agir imediatamente e à altura do insulto. Porém, ao passarmos essa reação ao crivo do nosso racional (mental superior), refletimos e conseguimos encontrar uma forma positiva e passiva de resolver o problema sem ter de agir de forma negativa. Então, vamos até nosso gerente, contamos o ocorrido e essa pessoa é afastada. Depois desse dia de trabalho atribulado e tormentoso, retomamos a nossa vida e, após alguns meses ou anos, passamos a sonhar com serpentes ou com pessoas armadas com facas a nos perseguir.

Primeira situação: nosso inconsciente, que está ligado ao nosso mental inferior, cria universos paralelos individuais para recepcionar sensações negativas vivenciadas por nós. Por meio de sonhos ou catarses mentais descarrega essas vibrações negativas, permitindo-nos vivenciar, mesmo que em estado de sono profundo ou inconsciência, sentimentos negativos gerados e vibrados por nós. Desse modo, vamos anulando essas vibrações condensadas em nosso mental inferior e, somente pela catarse do sonho, ou melhor, do pesadelo, é que aliviamos esse campo mental negativo, dando-lhe vazão. E aí, a pessoa do exemplo acima, que gostava de "puxar nosso tapete" vai assumindo formas codificadas em nosso mental inferior, e se mostrava traiçoeira, o nosso mental revela como uma víbora cuja presa está transbordando veneno.

Segunda situação: caso essa pessoa, após anos, lembre-se de você e comece a vibrar sentimentos de ódio, essas vibrações de ódio e vingança também assumem uma forma no mental inferior dela, e o universo paralelo negativo dela passa a gerar uma imagem codificada em seu mental e a criar, por exemplo, um executor de capuz e um machado na mão que passa a lhe cobrar vingança. E aí como ela vibra esse sentimento negativo de ódio por você, pois não reconhece que agiu mal, mas sim que você foi o culpado dela ter sido desligada da empresa, passa a sentir ódio por você e esse sentimento vibra no éter, e, considerando que uma energia gerada sempre tem o seu destino, esse sentimento negativo chega até seu polo negativo que vibra no seu mental inferior e acessa seu universo paralelo negativo que recebe as vibrações de ódio que até você foram direcionadas, pois todo sentimento cria e gera um cordão energético que transporta toda essa onda de sentimento negativo que será ligada à pessoa, e ao se ligar ao seu mental negativo, (pois a energia direcionada é de origem negativa) a vibração assume a forma idealizada e codificada no mental dela que é um "executor de capuz e um machado na mão". Nesse caso, os universos paralelos negativos mentais interagiram, pois houve a troca de sentimentos negativos.

Há um mistério maior na criação que dá forma e modelo a tudo e em todos os campos da criação, tanto em seu aspecto material/físico quanto mental.

Muitos dos seres que habitam as esferas inferiores e são descritos pelos clarividentes como seres portadores de chifres, serpentes, cães infernais, etc., nada mais são do que espíritos que se desvirtuaram em determinados sentidos, que bloquearam sua razão em detrimento de seus instintos negativos, assumindo a forma codificada em seu mental inferior.

A Lei Maior, agindo por intermédio de seu mistério transformador, aprisiona os seres naquelas aparências já vivenciadas por eles em vida, e usam essa aparência como uma forma de protegê-los da vingança dos seres que eles prejudicaram e arrastaram para as trevas com suas ações negativas.

Os universos paralelos positivos agem da mesma forma, em sentido contrário, e se manifestam como sonhos assumindo formas de pessoas queridas, de grandes luminares, anjos etc.

Mas, por trás de tudo está a Lei Maior e a Justiça Divina, sempre vigilantes a semear e a executar as máximas: "A cada um segundo o seu merecimento" e "A semeadura é livre, mas a colheita é obrigatória".

## *O velho e o novo sacerdote*

Era uma vez, uma menina que nasceu sem os braços e, apesar da deficiência, sempre foi admirada por sua força de vontade e bom espírito diante das dificuldades. Ela crescia e, aos poucos, se superava, fazia simplesmente tudo que um reles mortal poderia fazer. Fez faculdade, casou-se e motivada vivia sua vida com magnitude. Certa feita, passeando próximo ao planalto central, encontrou uma lâmpada velha e imediatamente a esfregou com os pés. O gênio, ao sair da lâmpada, surpreso com a força de vontade da menina sem braços, disse:

– Você tem apenas um pedido para solicitar.

Ela, conhecedora das fábulas de Aladim, lhe perguntou:

– Não são três pedidos, gênio? No que ele, ríspido, respondeu:

– Eu sou um gênio brasileiro, portanto, costumo distribuir poucas benesses!

Ela, acostumada com uma vida desprovida e de poucas benesses, pediu-lhe:

– Gostaria de ter braços e que fossem saudáveis.

O gênio respondeu:

– Desejo atendido, mas um adendo: cuidado! Desejos satisfeitos costumam nos paralisar por inteiro. Ela atônita disse:

– Agora sou perfeita, gênio! O que me falta?

O gênio não respondeu, e, assim como chegou, partiu e levou sua lâmpada consigo. Gênio brasileiro é assim mesmo... Se é que me entende! Ela extasiada repetiu: – O que me falta? E ela mesma respondeu: – Nada!

Chegando em casa contou a novidade vista a olho nu. Passado o tempo e a euforia, como tudo que é novidade causa, de repente, num instante existencial, desses que nos coloca diante da insustentável leveza do ser, em que desejos e verdades absolutas simplesmente se diluem diante das inquebrantáveis questões existenciais, eis que a perna se revolta por não possuir mais o domínio completo dos desejos do corpo, ela que até pouco tempo era tudo para a menina, inclusive, objeto de admiração, pois na falta de um membro vital, tudo fazia. E a menina sentiu a queixa da perna que reverberava em seu íntimo, como a ausência de elogios que a "normalidade" experimenta. Ela já não era objeto de admiração, ela já não era exemplo de resignação e fé. E, neste instante único, eis que ela se lembrou das palavras do gênio:

*"Cuidado! Desejos satisfeitos costumam nos paralisar por inteiro."*

Ela descobrira que o desejo e a esperança que a motivaram em seu sonho de poder brincar no balanço, agora se antagonizavam com a fadiga e a angústia do eterno balançar ou do eterno ir e vir da vida. E ela que agora tinha todos os membros completos e perfeitos, sentia-se paralisada, uma paralisia que obstruía a alma. E com seu corpo agora perfeito, com sua estrutura corpórea em que nada faltava, cansada pela existência perfeita, sem elogios e olhares atenciosos, cometeu suicídio, não com os pés que tanto lhe ampararam em tudo, mas sim com as mãos que sempre lhe faltaram... As mãos... Oh mãos, desejo e esperança que só é sentida na falta. Mãos que na presença deixam de ser desejo e passam a ser eterna fatigante existência...

A vida não é uma busca desvairada de conquistas, mas a alegria e a satisfação da conquista que deixa de ser desejo, no exato momento em que conquistamos. E o Amor é vontade de nos alegrarmos pela vida que temos e não pela vida que desejamos. Isso é assim na vida matrimonial, na vida profissional e na vida religiosa. O motivo que conduz você até um lugar só pode ser um meio, mas nunca um fim em si mesmo, tal como o desejo é só um meio, nunca um fim, pois o fim se resume na vontade de eternizar o motivo que nos conduziu até esse fim.

Uma sabedoria contrária a tudo diz exatamente isso: "É muito fácil ter fé quando tudo vai de mal a pior, jejuns, transformações íntimas, novenas e recolhimentos, porém permanecer na fé quando tudo está perfeito e bom (no casamento, vida profissional e religiosa) Eis o desafio. Se alegrar com aquilo que já conquistou e amar o seu mundo como ele se apresenta a você".

Amor pelo amor, desinteressado amor... Amor que não tem motivo e nenhum interesse por trás, a não ser o se alegrar pelo amado na simples presença do amado.

Se alegre na presença, pois o desejo só se justifica na falta. Muitos buscam a fé na falta, porém, poucos a sustentam na presença, eis a diferença do velho e do novo sacerdote! Eis a diferença do estável e do afoito! Eis a diferença do que ama e por isso não deseja, e do que deseja e por isso não ama! Eis a diferença do neófito e do sábio.

## *A cosmogonia da máquina em relação à gênese da peça (segundo um torneiro visionário)*

Somos indissociáveis... Eu máquina e você peça.
Você prescinde de mim peça.
Eu máquina sou o motivo de sua existência.
Você no lugar errado não me serve bem.
Só desabrocha como peça quando colocada no seu lugar natural na engrenagem chamada vida.
Cada peça tem sua função e qualidade divina herdada da imanente máquina na qual fundamenta sua origem.
Peça quando fora do eixo não serve a máquina.
Peça que fora da máquina é uma rosca inútil.
Parafuso perdido, que na mão de uma criança assume identidade abstrata, ora é barco, ora é um carro, ora um soldado, ora um bandido, ora esquecido por hora...
Oh, máquina que justifica a existência de todas as peças, que me indique uma engrenagem por onde possa desabrochar meus talentos de peça e assim melhor servir a máquina servindo minhas outras partes que são peças a serviço do bem comum que a máquina justifica a existência.
Partes que se afetam, peças que se chocam dentro da caixa de ferramenta em busca do seu lugar natural na engrenagem chamada vida.
Lá na caixa é escuro e quando aberta pelo dono da caixa, sempre há a esperança de alcançar o motivo real de nossa existência de peça, que é servir o todo como uma das muitas peças que se movimentam, que se afetam, que se chocam, em busca do desabrochar da sua função na ordem cósmica do universo.
A intenção da máquina é servir o todo.
A intenção da peça é servir a máquina como parte do todo que compõe a máquina.
A máquina e a peça são indissociáveis.
A máquina justifica a existência da peça.

A peça está na máquina como parte.

E a máquina está na peça como o todo que a justifica.

Sabemos que somos peça e essa não é nossa angústia. Porém, a resposta pela busca existencial nessa caixa de ferramenta gigante e escura, e em qual máquina me encaixo?

Sei que sou uma parte importante para máquina, mas desconheço qual a engrenagem que revela minha função natural no todo da máquina que justifica minha existência de pequena grande peça. E nessa caixa escura vamos nos afetando com encontros com outras partes-peças e ora nos chocamos tão violentamente, que chegamos a esquecer que somos peças importantes da máquina.

Ora nos chocamos e nos afetamos tão deliciosamente que esquecemos da responsabilidade de peça fundamental da máquina e só queremos viver como peças descomprometidas com a máquina e sobrevivendo e justificando a nossa existência no encontro fugaz com as outras peças transitórias já ausentes da máquina.

Passamos a nós tornar singulares e genuínas peças apartadas do Todo-Máquina.

De tanto tempo distante da máquina esquecemos que somos peças e assumimos identidade que nos distancia de nossa função de peça e imaginamos ser outra coisa, a individualidade nos ilude até o cúmulo de achar que somos máquinas ou peças mais elevadas e importantes que as outras... Triste ilusão de peça distante de sua máquina.

E neste momento afastado do todo que é a máquina, vamos nos encontrando com peças afins... Roscas, parafusos, arruelas, arrebites etc. E vamos criando sindicatos, convenções, agrupamentos, e nos distinguido como irmãs-peças à procura da máquina ideal que justifique nossa função e nossa existência no todo. E nessa busca do ideal e em detrimento do ideal vamos nos antagonizando com o real que como nós é feita de aço e inox.

Vamos cada vez mais nos afastando da máquina, a individualidade nos afasta de tal forma da máquina que nos elegemos porta-vozes do retorno da máquina e nos preparamos, cada qual de uma forma que a cada agremiação pareça a correta, as porcas se separam dos parafusos e cada qual com sua teoria de retorno à máquina sem nunca ter estado realmente nela, fomenta ou estimula a melhor forma de se apresentar à máquina quando chegar o momento crucial da abertura da caixa de ferramenta, onde a luz iluminará a peça escolhida e essa subirá no alto do altíssimo da caixa e finalmente atingirá seu ímpeto – o de sair da caixa para viver em algum lugar e servir não sei a quem, vangloriando-se de peça divinamente escolhida.

Triste fim de peça que não compreendeu que se é peça é porque é parte. E assim é a história do parafuso que se elevou sem a companhia da rosca e da arruela que era fundamental para que se encaixasse na engrenagem que movimenta a máquina da vida.

Peça que se individualiza, é peça vaidosa que acha que não prescinde da máquina.

Peça que se individualiza é parafuso sem rosca, é peça frouxa que não serve à máquina.

A existência da peça se justifica em outras peças que a complementa e assim serve de forma completa o todo.

A máquina é na verdade uma família de peças que se une para que a engrenagem da vida não pereça. Seja peça, mas peça consciente da sua pequenez e inutilidade enquanto individualizada.

Seja peça, mas peça conscientizada de sua grandeza e honrosa função enquanto a serviço de todas as peças que junto com você compõem o Todo-Máquina.

## *A paciência é uma prece muda*

A paciência é em si uma prece muda que cala a pulsão dos nossos instintos em detrimento da compreensão de que todo erro pressupõe ausência de sabedoria. Haja visto, a ignorância não ser um estado permanente e imanente no ser humano, apenas uma ausência temporária, do mesmo modo que o ódio, que não existe por si só, mas se revela somente pela ausência temporária do imanente amor.

A paciência nos permite uma segunda opinião, menos turva e menos embriagada no imediatismo da resposta ríspida. É a paciência que nos permite um instante de vida na pele do outro, para que assim o julguemos de forma mais branda, talvez por experienciar um instante de causa e efeito em si mesmo.

A paciência talvez seja a prece mais eloquente que reverbera no âmago de Olorum, e que permite no silêncio um instante de sabedoria Divina. Antes de tudo, é preciso silenciar, pois o silêncio é uma prece. A paciência é o silêncio que antecede a prece na sua verborrágica. A paciência é o silêncio que torna a reflexão causa da oratória, antes pensada para depois ser verbalizada.

A paciência nos incita a pensar antes de falar, e toda a prece antes de ser verbalizada é sentida, pois a prece é a transcrição íntima do que de mais sublime e elevado possuímos em nosso sentimento. E, para declarar uma prece, ela tem de fazer sentido em nosso íntimo e para que ela faça sentido é preciso experienciar um instante de silêncio que somente a paciência e a reflexão permitem.

A paciência é a razão subjugando a emoção que teima em reagir ao menor instinto de sobrevivência do ego que nos individualiza e nos aparta do todo refletido na fraternidade e igualdade perante a Olorum e aos homens.

A paciência é Olorum em nós gozando férias, estado este que nos permite estar de bem com a vida e com os outros. E como os outros são parte imanente da vida, a paciência apenas se justifica diante da presença dos outros que fazem parte da nossa vida.

A paciência é a primogênita e a maior das preces, pois sem ela tudo que sai da boca revela-se como um imenso vazio.

## *Seja crença, não seja verdade*

Ah, a verdade... O que é a verdade, senão a crença no que estamos convictos? O que é o amor senão a fé no amor? O que é a justiça senão a fé na justiça? O que é a lei senão a fé na lei? O que é o conhecimento senão a fé naquele que o propaga? O que é a amizade senão a fé no amigo? O que somos senão uma crença indissolúvel, perene e eterna? Estamos fadados à crença.

Creio, logo existo! A crença não é ruim, pois ela é vida que flui e sem crença não há vida. O amigo fala – até amanhã! Crente que amanhã estará vivo para outro encontro. O ateu afirma que Olorum não existe! Não deixa de manifestar crença nesta convicção. Crer é fundamental e vitalício. O problema é a transfusão da crença individual para a verdade absoluta. Um grupo se congrega em nome de uma crença, isto chama-se afinidade, um grupo quer impor sua crença, isso chama-se barbárie e fundamentalismo. Tal como a crença que se transmuta, tal como o amor que amadurece, a verdade renova-se no tempo, pois, só o tempo é senhor absoluto da verdade.

A crença é divina porque ela é eterna. Porém, quando nós, por hábito, tornamos uma crença em verdade absoluta, tornamos algo que é eterno e divino em algo que é perecível e humano, levando a verdade para o túmulo, lugar onde morre a nossa crença, que imposta mata a crença alheia. A crença é divina, a verdade é humana. Crença sim, verdade não.

Quando creio, sou livre para crer, agora, quando a crença torna-se verdade além de mim, ela me aprisiona e não me permite pensar em nada, além daquilo que eu externei e registrei fora de mim. "A verdade absoluta se traduz em loucos conduzindo cegos". Creio naquilo que me fortalece, isso é crença, quando o que me fortalece e é bom para mim, é também bom para todos, isso é fanatismo, fundamentalismo e barbarismo.

Crença e verdade parecem iguais, mas não o são. Crença quando está dentro de mim é minha verdade. Verdade quando está fora de mim e exposta ao tempo é fundamentalismo, e tudo que está exposto ao tempo expira, envelhece. A crença no meu íntimo é eterna, crença imposta aos outros envelhece como tudo que é temporal.

A crença é como a natureza, cada um tem um olhar sobre ela e deixa se conduzir pela cor, exuberância e odor que mais lhe apraz. Agora, quando você gosta de limão e de tanto gostar de limão elege o limão o seu salvador e sai pregando: consuma limão, limão é bom, limão emagrece, limão afina o sangue, limão cura o câncer, sem limão não há vida! Pronto, você elegeu e elevou uma parte como se fosse o todo e tornou-se fanático.

A crença nunca se impõe, ela é como um texto que permite que você tire suas próprias conclusões, após a leitura. A crença é como o amor que deve surgir naturalmente e sem imposição, ao contrário da verdade que surge como aquele que diz: você deve me amar porque sou bonito, elegante, educado, tenho dinheiro e igual a mim está difícil de aparecer. Sendo assim, é melhor você garantir o seu futuro comigo, ou seja, um encontro cheio de verdades inquestionáveis que aprisionam suas escolhas deliberativas.

A crença é libertadora. A verdade é castradora. A crença é simplicidade, porque se fundamenta naquilo que lhe apetece. A verdade é vaidade, porque se fundamenta naquilo que você quer impor, tendo como retorno os aplausos daqueles que por você foram convencidos. A vaidade é o espelho que reflete a parte, o ego, a criatura, o ser humano ou o indivíduo. A simplicidade é o olhar que reflete o todo, Olorum e o coletivo. A crença de Guimarães Rosa no livro *Grande Sertão Veredas*, afirma "Pão ou pães é questão de *opiniães*". O corretor ortográfico indica como verdade, *opiniões*. A verdade apresenta:

> *Mestre, esta mulher foi apanhada no próprio ato de adultério, e na lei nos mandou Moisés está que as tais sejam apedrejadas. 'Tu, pois, que dizes?' E a crença diz: 'Aquele que de entre vós está sem pecado, seja o primeiro que atire a pedra contra ela'. Quando ouviram isso, perseguidos*

*pela consciência, saíram um a um, a começar pelos mais velhos até os mais novos.*

Crença é paz interior, verdade é violência e discussão externa. Mata-se não pela crença, mas pela verdade.

## *A simplicidade é a marca indissolúvel de Olorum*

O mundo é feito de causas e efeitos, basta aceitarmos que é condição primordial nos deixarmos afetar pelo mundo, como dizia o poeta Vinícius de Moraes: "A vida é feita de encontros, embora haja tantos desencontros..." e Sartre complementa: "O inferno são os outros". Talvez, porque se deixar afetar pelo mundo requeira paciência e sabedoria que somente as adquirimos com maturidade. E de tanto nos deixar afetar pelo mundo, reconhecemos que a condição vital e primordial da vida é o encontro que temos com ela a cada segundo e a cada pulsar dela em nosso coração.

Reconhecemos a maturidade em nós quando encaramos com naturalidade e simplicidade a condição de nos deixar afetar pelo mundo que nos transforma e imprime sua condição, do mesmo modo que o banco de areia é acometido pela onda do mar que o transforma a cada batida, abalando sua natureza, até aquele momento estática.

Nada na vida é imutável; a transformação é bem-vinda, pois essa é a sua condição natural da vida e do mundo. Cabe a nós, influenciados, encarar a diversidade que nos cerca com simplicidade, amando o mundo como ele é.

Por vezes, a resiliência esconde uma vaidade de querer se mostrar sempre forte. É na humildade que se reconhece nossos limites, e, reconhecermo-nos como frágeis nos torna leves em um mundo que exige a não tolera falhas. E, fomentando o empreendedorismo e o "Eu nasci para ser feliz, nasci para vencer, blá, blá, blá...", nascemos para viver, o que implica ganho e perda, erros e acertos. A vida é mais que uma cartilha, é o sabor dos encontros, é a escolha diante do sempre inusitado e inesperado.

A simplicidade é a marca indissolúvel de Olorum em nós. Oscar Wilde dizia: "A vida é muito importante para ser levada a sério", e dizia também: " Viver é a coisa mais rara do mundo, a maioria das pessoas apenas existem". A simplicidade é a sabedoria que reconhece que tudo vai e só o que fica é a angústia de um momento mal vivido ou a satisfação de um segundo de felicidade.

A maturidade nos ensina que se curvar, muitas vezes, não significa servidão, mas simboliza o peso que temos em nossas costas em ter de decidir a cada instante de vida, a melhor vida e o melhor mundo que nos apresenta. Sejamos simples, pois, a simplicidade não nos obriga a sermos o melhor em nada, mas nos condiciona a sermos humildes, reconhecendo nossos medos, aflições, pulsões e desejos mais infames, e, reconhecendo-os trabalha para que adormeçam.

A simplicidade reconhece que somos farinhas do mesmo saco (mundo), que se atritam e o balançar do saco, nos afeta. Sejamos leves e reconheçamos o atrito como algo natural no saco de farinha (mundo) com tantos grãos (pessoas) a conviverem num mesmo saco. Não sejamos tão rigorosos com os atritos, os recebamos com um sorriso (leveza) ou uma gargalhada (sarcasmo), entendendo que a evolução é um processo natural em que estamos inseridos.

A simplicidade se satisfaz tanto com uma pergunta idiota quanto com uma pergunta excelsa.

A simplicidade é sorrir sempre e, principalmente, dos tropeços. Quando olhamos a todos num processo único de evolução, sentimo-nos felizes em fazer parte desse imenso "saco de farinha".

A simplicidade, mais que uma virtude, é condição de vida que nos torna leves diante de um mundo competente e avesso a falhas.

A simplicidade é, enfim, o juiz que absolve o erro assim que o reconhece em si, num gesto sublime de humildade.

## *Breve ensaio sobre intolerância*

A intolerância passa a existir quando a crença e a convicção da verdade se abalam diante do questionamento que busca um momento de sabedoria. A arrogância e a cólera são frutos do medo do questionamento que revela ignorância, despindo assim, a indumentária ou vestimenta "sacra" que encobre com soberba a alma frágil, que trêmula recorre à violência, qualidade ímpar nos animais irracionais.

A intolerância advém do rei que se vê desafiado perante o questionamento do súdito, justamente por se achar superior.

O questionamento apenas é visto como desafio quando o questionado, ao ser interpelado pelo seu interlocutor, vê suas verdades diluídas diante do mundo que evolui incessantemente e, dessa forma, reage violentamente com as armas que protegem seu ego inflamado pelo suposto "desafio" e, dispara acovardado: seu negro (crítica sustentada por uma crença em uma raça superior), seu pobre (crítica sustentada por uma crença em uma classe social superior) etc.

Pronto! Eis que nasce a intolerância gerada no ventre da verdade inquestionável e absoluta, fundamentada no medo e no temor, inflamada pelo ego, travestida de humildade e ecumenismo hipócrita, que se enaltece nos holofotes direcionados ao púlpito.

A intolerância nasce do reativo, nasce daquele que pauta sua existência julgando a vida dos outros. A intolerância é fruto da ação alheia e fica à espreita de uma ação externa, pois não vive com sua energia, ela se alimenta da ação dos outros.

Em um mundo plural, haja visto a fauna, a flora e a "digital do dedão", que por ser única individualiza tudo, uma vez que não existe uma digital igual a outra. Portanto, não há um ser humano igual ao outro e se não há um ser igual ao outro. E não existe uma crença igual a outra, ou seja, é na singularidade de cada um que nasce a pluralidade. E o respeito é a regra básica e a prova de sabedoria para nos reconhecer singulares e ímpares, restando aceitar e compreender a nossa diferença diante do mundo e a diferença do mundo diante de nós. "Não somos iguais a ninguém e por isso devemos respeitar indistintamente".

A igualdade deve sempre pautar em relação ao singular. Somos iguais quando reconhecemos no outro o direito de ser quem ele é. Tal como no corpo biológico, existe o coração e o intestino, que são singulares, pois desempenham funções diferentes. Porém, se igualam na manutenção vital do corpo. Sendo assim, concluímos que a diferença é imprescindível à evolução da sociedade desde que, voltada ao bem comum, tais quais o coração e o intestino, que embora sejam órgãos distintos, trabalham conjuntamente pela manutenção da vida no corpo físico. Portanto, cada qual que exerça sua liberdade como bem entender, desde que essa mesma liberdade não venha a tolher a liberdade alheia.

## O espinho e a rosa que falam de mim

Ao sair de casa me deparo com a rosa, tão crescida que o aço dos meus olhos não reparou na sua beleza desabrochada.

Minha esposa sempre conversa com ela, a rega, dá bom dia e a elogia em público e em particular.

Vez em quando pede para não jogar a casca do ovo fora, pois a casca tem vitaminas que são verdadeiras fontes de minérios para a terra que a sustenta.

Dia desses, parei diante de sua beleza, um ramo da roseira que já estava da minha altura, 1 metro e 79 centímetros, e tinha o botão aberto em seu máximo, desvelando assim o seu encanto...

Resolvi lhe dar bom dia, desejando que ficasse com Deus e despedindo-me com um breve até logo, como fazia minha esposa.

Os dias foram passando e de repente quando chego do trabalho me vejo naquela situação desconfortável, a encontro morta e despetalada no mármore frio da lajota fúnebre.

Confesso que fiquei triste diante da rapidez com que crescera e morrera, não esperava aquilo tão já!

Quando abaixei para colher os restos mortais da outrora *colombiana red rose*, eis que ouço as gargalhadas viçosas, sanguinolentas e afiadas, do espinho que estava a se debochar de mim...

Com a voz seca me voltei a ele e disse:

– Por que gargalhas de morte tão precoce daquela divina rosa que justifica sua existência de espinho?

Ao que me respondeu de praxe:

– Não gargalho da minha irmã de sina cuja natureza e o destino se impõem de forma soberana, zombo de sua tristeza diante da morte, fato natural e inexorável diante do tempo que se faz presente na dança do universo.

Perguntei indignado: – Então porque zomba da minha tristeza e dor?

Ele esnobe com seu espinho apontando para mim disse: – Eis que toda dor e toda beleza está em você! E continuou: – Ou não é verdade, caso fosse cego não me enxergaria, caso fosse surdo não me daria ouvidos, caso o olfato lhe fosse deficiente não se inebriaria com tão perfumada rosa que seus sentidos percebem.

O encanto está em você que deposita a beleza onde seus olhos alcançam, onde sua mão toca, onde seu ouvido escuta, onde seu nariz cheira e onde sua boca degusta.

A tristeza da mesma forma também está em você que deposita sua dor onde seu olhar cobiça, onde sua mão destrói, onde seu ouvido distorce, onde seu olfato lhe excita e onde sua boca maldiz.

Percebe que o que torna algo encantador ou desprezível está em você, ou não é verdade que a maçã é uma fruta que agrada a uns que juram sentir um sabor delicioso e desagrada a outros que dizem ter um sabor ácido e azedo, porém a maçã por ela mesma continua sendo o que sempre foi, maçã... Oras bolas!

Não é verdade que o coentro é um tempero que agrada uns que juram ter um cheiro e um sabor ímpar, no qual sem ele a comida deixa de ter graça ou cor e, em contrapartida, para outras pessoas caso uma folha dele apenas caia na comida, o prato ficará indigesto, porém o coentro continua sendo o que sempre foi.

Posso dar outro exemplo, para sair da minha praia que são os vegetais, as nuvens que nada mais são do que condensações de vapores de águas que se agregam em um ponto e vocês humanos insistem em dizer que uma nuvem formou um coração, aquela outra formou um rosto de mulher, etc., transferindo sua concepção ou seu encanto para aquele agregado de águas em vapores condensados que nunca vão deixar de ser o que são apenas nuvens.

Fiquei boquiaberto com tamanha dureza e frieza com que aquele sábio e afiado espinho me feriu com suas verdades tão peculiares, então lhe disse:

– Então, por que dou ouvidos a você, se tudo está em mim – esse diálogo só em mim existe!

Ele me respondeu com a alegria daquele que consegue passar adiante seus ensinamentos: – Bravo! Muito boa dedução meu caro "pequeno príncipe" e gargalhou até não mais poder, porém quando viu minha irritação, voltou ao seu comentário: – O diálogo existe em você, porém o que está fora de você existe para que desperte os seus encantos e lhe inspire para a vida, tal como o planeta Vênus é só um planeta, porém sem a existência dele os poetas não escreveriam verdadeiras epopeias descrevendo as mais lindas histórias de amor que não está em Vênus, mas no encanto do poeta que descreve a paixão entre um homem e uma mulher. Tal como Vênus, eu também continuarei sendo o que sempre fui, somente um espinho mudo que só ganha voz no encanto de sua consciência. E a rosa continuará sendo só uma rosa que lhe inspira poesias que falam mais de você e dos sentimentos da sua raça humana do que da rosa que nunca deixará de ser rosa, rosa muda, porque as rosas não falam... E novamente gargalhou até não poder mais.

E assim é a história da rosa e do espinho que fala mais do meu sentimento de encanto (rosa) e das minhas angústias (espinhos) que não estão na rosa nem no espinho, pois eles são o que são e sendo assim, o cravo não brigou com a rosa, debaixo de uma sacada, nem o cravo saiu ferido e nem a rosa despedaçada. E também como já dizia o saudoso mestre Cartola: *Queixo-me às rosas, mas, que bobagem, pois as rosas não falam, simplesmente as rosas exalam o perfume que roubam de ti.*

E assim parto gargalhando, ora como espinho humano que sou, ora como inebriante rosa encantadora, já sabendo que a dor está no meu peito quando ausente de Deus, e o encanto está nos meu olhos quando estou diante da presença luminosa de Deus, porém fora de mim tudo só é como pode ser. Assumindo meu encanto ou minha tristeza diante da vida que nunca deixa de assumir os meus encantos quando estou alegre e minhas angústias quando estou triste. Porém, a vida nunca deixa de ser o que é, um palco onde vamos vivenciando instantes singulares e escrevendo nossos poemas vitalícios que só acontecem em nós e que são registrados somente no livro, cuja caligrafia única legitima o autor da nossa vida e que outro não é senão nós mesmos.

## Nietzsche, o advogado de Deus

Quando o filósofo Friedrich Nietzsche (1844-1900), disse "Deus está morto", não significa que era ateu, mas sim que era contra uma estrutura religiosa que aniquilava, queimava, torturava e matava em nome de Deus. E se Deus está morto, a culpa é de quem? A quem pertence a culpa ou o desejo pelos atos ilícitos diante da vida? Se Deus está morto, os inquisidores que matavam em nome da religião deveriam assumir a *mea-culpa*, assim, Deus estaria inocentado das maiores atrocidades que fizeram em Seu nome. Sem querer Nietzsche advogou em nome de Olorum e lavou o sangue que lhe imputaram em nome da covardia e da ignorância tipicamente humana.

Deus é o que é, bom em si mesmo, tal qual o amor. O ódio não é o diabo, é a nossa ausência em Olorum. E se Olorum é amor, o ódio é a ausência do amor. O ódio não foi gerado por Olorum, mas por nós enquanto ausentes em Olorum. Nietzsche poderia ter dito: O racismo está morto, a homofobia está morta, o preconceito está morto. Uma ideologia que aniquila a vida, a liberdade e o diálogo sempre deve estar morta. Existem homofóbicos, por compartilhar conceitos únicos de relacionamentos heterossexuais como verdades absolutas. Existe preconceito de cor, porque existe uma crença em uma raça superior. Existe preconceito religioso porque existe uma crença em uma religião superior que só encontra eco em uma mente estúpida, ou seja, em nome de um ideal que anula a vida. "Fazei de tal forma como se o fizesse para você mesmo."

As convicções, semelhantes às crenças, são particulares, contudo, o problema é quando em nome de uma convicção ou crença venham agrupar, incitar, anular, violentar, desrespeitar e matar. Sócrates foi condenado à morte por suas atividades, acusado de corromper a juventude com a sua filosofia e introduzir novas entidades divinas, negando os deuses da pátria. Pela crença e convicção os judeus acusaram Jesus de blasfêmia e o mataram; pela convicção e crença Hitler aniquilou os judeus. E, assim de atrocidade em atrocidade caminha a humanidade.

A crença e a convicção são suas, não as imponha a ninguém e nem anule as dos outros. Não violente de forma para não ser violentado, seja física ou moralmente.

Olorum está morto sim! Para suas atitudes desprovidas ou ausentes de paz, amor, harmonia, respeito, liberdade e fraternidade, pois Olorum só vive no que há de melhor em você.

O que desejamos é que Olorum viva sempre no seu humanismo e que adormeça sua barbárie íntima que teima em matá-lo em você.

## *Espelho d'água*

Viva virtuosamente, de maneira que cada lembrança sua na vida do outro seja refletida pelo sorriso despretensioso, que aparece sem querer. Cada boa ação de nossa parte reflete no íntimo de quem a recebe, e isso faz com que sejamos lembrados sempre de forma elevada e sublime. Esse é o retorno de uma boa ação – proteger-se no outro a ponto de se sentir parte integrante dele, para que assim sua ação seja a melhor possível em benefício da sua parte que nele vive.

Em verdade, somos vistos por nossos olhos que moram nos outros. O único órgão que não vive em nós são os nossos olhos, pois eles somente nos enxergam a partir do outro. Façamos de tal maneira que nossos olhos se orgulhem de nos ver.

Ame com tal intensidade como se o seu frágil coração batesse com marca-passo no peito do outro e você lutasse para que ele batesse da melhor forma possível. Zele pela sua imagem como se ela vestisse a alma do outro, para aquele que a contempla se encante com sua presença de espírito, luminosidade e leveza.

Tenha zelo pelo outro, pois sem ele sua vida se torna inútil. Para tudo que fazemos necessitamos do outro, desde a parteira que lhe traz à vida, o professor que leciona, o facebook que lhe permite ser curtido ou coveiro que enterra o seu corpo.

A vida só encontra razão no outro. Olorum nos fez um necessário ao outro, desde o nascimento até a morte, pois não nascemos e nem morremos sozinhos.

Faça o seu melhor para que tenha muitas curtidas no íntimo do próximo, e se esforce para que o seu livro da vida ganhe um prêmio Nobel e se eternize na prateleira da existência. O livro da sua vida é escrito por você para que os outros leiam, mas lembre-se que um livro sem leitor é como uma alma sem vida.

## Ame escutando e escute amando

O ato de escutar uma pessoa é acima de tudo um ato de amor. Não importa se grande ou pequeno o teor do problema que está angustiando o confessor, seja essa angústia uma dor de dente ou um câncer, pois, uma dor não pode ser medida, mas sentida, e só quem pode julgar a extensão de uma dor é aquele que a sente. Lembre-se sempre, que embora Olorum já saiba tudo sobre nossa vida, Ele em seu amor, respeito e compreensão nos torna dignos e nos honra ao escutar nossos lamentos sem se queixar conosco. Lembre-se, escutar dignifica, conforta e esclarece o confessor e acima de tudo é um gesto de amor ao próximo.

Aquele que escuta revela a natureza de um espírito humilde, paciente e sábio. Seja como Olorum, não julgue, apenas ouça e só se manifeste se for para elevar e nunca para rebaixar, pois, se seu interlocutor se voltou até você foi porque viu em você qualidades e atributos que o auxiliariam, o conduziriam e o redirecionariam em para nova senda e rumo para sua vida. Não se esquive das pessoas, escute-as e permita que Olorum fale por meio do seu coração.

*O Desabafo da Sombra Humana à Luz Divina – Saulo C. Salvatori*

"Ah, minha sombra, reflexo de mim, sinal de que existo, sinal que estou ladeado pela luz que ainda me ilumina! Que indica que a escuridão total não me invadiu, e no seu eloquente silêncio, revela-me que há uma misericordiosa luz a me envolver.

Ah, luz, que reflete o meu lado sombrio ainda desconhecido por mim! Luz que indica que se eu ainda tenho uma sombra, é porque a minha luz é fraca diante do meu universo escuro. Luz amena, luz pouca, que é a única fonte de vida da minha sombra que se embebeda de sua luz, sim de sua pouca luz, pois, quando você, oh luz, se fizer por inteiro no meu ambiente íntimo, a sombra deixará de existir, mas aí você tornar-se-á uma luz cruel que anulou e matou a sombra que ainda existia em mim e amena foi aniquilando minha sombra, que outrora se alimentava da minha pouca luz. Ah, por que fizeste isso luz?

Luz que se fez por inteira à custa da morte de minha sombra e sentiu-se sozinha na sua completa luminosidade, luz que ao tornar-se plena anulou sua companheira sombra, que se contentava e vivia com pouco, com o mínimo de luz que a refletia, sombra esta que em seu íntimo também não queria tornar-se treva, pois sabia que a ausência total de luz é a escuridão, onde também morreria ou agregar-se-ia a uma escuridão maior, deixando assim de existir.

Oh, luz por que não compreendeste a sua sombra querida? Por que quiseste iluminar-me por inteiro? Por que esse desejo de me fazer luz? Por que esse desejo em me tornar algo que não sou e nem quero ser? Não compreendes que a minha razão de viver e existir era sua companhia amena, suave e com pouca intensidade luminosa? Não vê que ao possuir-me por inteira, estava aniquilando-me? Não vê que ao iluminar-me por inteira, estava negando-me o direito de existir, minha amada luz da morte?

Não compreendes que a sombra humana sempre deve procurar sua luz divina? Não compreendes que ao iluminar-me divinamente, mata meu desejo humano em procurar-te? Não vê que és uma utopia para mim? Não vê que minha existência se justifica no ato de sempre procurar-te em parte e nunca por inteiro?

Talvez, sua luz divina não tenha compreendido o meu desejo humano em vivenciar-te em partes e nunca por inteiro. Aqui na luz divina, jaz uma sombra humana que morreu pela vontade e a incompreensão da luz de fazer-se por inteira em mim! Sombra que desejava somente alimentar-se dela e nunca ser ela por inteiro! Pois, assim deixaria de existir. Morri pelo desejo de ser sombra! E a luz tornou-se treva ao não compreender que, se eu fosse possuída por ambas, luz e escuridão, deixaria de existir."

Jaz aqui o relato e vida da sombra humana, que de certa forma é invejada pela luz e pelas trevas, pois, não é nem luz nem escuridão, porém, traz as duas em si mesma, qualidade ímpar na existência de uma sombra.

## *O mito e os Orixás*

A matéria-prima das lendas são vícios e virtudes.

Tendo na virtude tudo aquilo que foi gerado por Deus e tem a Vossa presença nessa ação, e vício tudo que está ausente em Deus e não encontra ressonância com os sentidos gerados por Deus. Deus só gera sentidos ou qualidades virtuosas (divindades) e os únicos capazes de gerar algum tipo de ausência divina somos nós.

A partir desse ponto de vista, conseguimos revelar e enxergar nas lendas o que está oculto ou por trás da saga de cada Orixá. Quando nos deparamos com uma lenda que relata características desvirtuadas, vícios, inclinações e impulsos negativos tipicamente geradas por nós (inveja, traição, ódio, vingança, vaidade, abandono), ela revela uma qualidade do Orixá que é a de atuar feito contenedor ou reequilibrador dos sentimentos negativos ou ausentes em Deus.

A lenda que conta, por exemplo, que Ogum tendo água para se banhar prefere banhar-se em sangue – esse arquétipo traduz em seu veio que a violência não é de Ogum, mas simboliza que Ogum age na condição de cerceador e paralisador dos violentos que de posse da paz preferem a guerra.

Ogum é o Orixá da guerra, não porque gera ou estimula a guerra ou incita a violência, não! Ogum é o Orixá da guerra porque põe fim à falta de diálogo e promove a paz, pois a guerra só acontece pela falta de diálogo que não foi gerada por Deus, pois Deus não gera ausências, intolerância e desrespeito. Todavia, nas lendas é descrito o ato de violentar como se esse fosse atributo de Ogum, quando sabemos que Deus e suas divindades não comportam vícios ou ausências

Contudo, quando encontramos essas mesmas divindades retratadas nas lendas e envolvidas com ausências divinas ou vícios, significa que por de trás daquelas alegorias estão as divindades de Deus que lidam com tais sentimentos, não para estimulá-lo em nós, mas para erradicá-los em nós, e assim restabelecer o nosso equilíbrio, de modo a nos recolocar na presença de Deus. Por isso, que o objetivo da lenda africana nagô de Ogum Mege é descrever essa qualidade de Ogum – a qualidade "Mege" descrito como terrível guerreiro que brigava sem cessar contra os reinos vizinhos. E nessas guerras, acumulavam-se espólios (conjunto de bens que são tomados ou roubados do inimigo numa guerra), e, quando não saudado e não reverenciado ou oferendado, Ogum, cuja paciência é curta, encoleriza-se cortando a cabeça de todos que não o reverenciam.

Sabemos ser impossível conceber a uma divindade de Deus que é o nosso amado pai Ogum Mege características negativas de vaidade extrema, falta de controle, violência, prepotência, roubo, etc.

Por outro lado, sabemos que nossos sábios ancestrais africanos o descreviam assim, pois essa era a forma milenar de todas as religiões propagarem o poder de uma divindade, e assim expandir seu culto religioso. Entretanto, hoje aprendemos que as lendas que descrevem algo negativo em um Orixá não indicam que a divindade gere e estimule esses sentimentos, mas que os consuma e paralise para que não atue de forma negativa contra o meio e os seres que evoluem nesse meio.

Sendo assim, como a matéria-prima de toda lenda e de toda evolução humana está assentada nos vícios e virtudes, há as lendas que tratam das ações virtuosas, tais quais: narrativas que retratam a questão da lealdade, fraternidade, coragem, companheirismo, perdão, união, amor, respeito, caridade; textos que expressam presenças ou virtudes divinas geradas por Deus e propagadas por suas divindades manifestadoras de suas qualidades divinas.

Nesse seguimento, há uma lenda de Ogum que relata a fidelidade e a proteção aos mais fracos. A narrativa descreve a qualidade ou a virtude de Deus que se manifesta por meio de Ogum e se irradia a tudo e a todos amparando a vida, conferindo relevância ao diálogo como princípio ético de convivência. E, quando assumimos essa postura nos tornamos uma extensão da bondade e da misericórdia da divindade Ogum na vida do nosso semelhante. E aí somos chamados filhos da "presença" de Ogum. No entanto, ao agirmos contrariamente à Lei e às virtudes divinas, somos classificados de filhos "ausentes" de Ogum e, dessa forma, somos vigiados, atuados e envolvidos pelas vibrações de Ogum.

Há uma lenda de Ogum e de Nanã que descreve o antagonismo entre esses dois Orixás. Nessa lenda conta-se que Ogum em uma de suas empreitadas viu-se diante de um pântano (campo e território de Nanã) e era por ali que deveria seguir seu caminho. Ogum sem titubear avançou com rapidez e agilidade características, porém no momento de atravessá-lo deparou-se com a voz firme e rouca de Nanã asseverando que para entrar em seus domínios, primeiramente deveria pedir licença. E desrespeitoso, Ogum arrematou: Ogum não pede nada, Ogum chega e toma. Ogum chega e conquista. Ogum chega e invade, e não será uma velha que irá impedir. Nanã, calmamente, endereçou-lhe uma maldição dizendo: irá se arrepender, caso dê mais um passo.

E Ogum retrucou: saia da minha frente antes que eu lhe corte a cabeça!

Em seguida, Ogum avançou pelo pântano, atirando lanças com pontas de metal contra Nanã. Ela, senhora da magia e do tempo, que corrói e tudo aniquila, inclusive o ferro de Ogum, com as mãos vazias cerrou os olhos e determinou ao pântano que tragasse o imprudente e impetuoso guerreiro. E, aos poucos, Ogum foi sendo tragado pela lama do pântano, o que o forçou a lutar bravamente para se salvar. Enquanto Ogum debatia-se, tentando subjugar a força do pântano, Nanã o observava, até que ele, livrando-se das águas pantanosas, viu-se liberto do perigo. Assustado, Ogum retornou, porém sentenciou:

– Velha feiticeira! Quase me matou! Não atravessarei suas terras, porém encherei este pântano de aço pontudo, para que corte sua carne!

Nanã, impassível e calma, voltou a observar:

– Tu és poderoso, jovem e impetuoso, mas precisa aprender a respeitar as coisas. Por minhas terras não passarás, garanto!

E Ogum teve de encontrar outro caminho, longe das terras de Nanã. E segundo a lenda, Nanã teria, após o ocorrido, abolido o uso de metais em suas terras. E, até hoje, nada pode ser feito com lâminas de metal para Nanã."

A lenda revela que a matéria-prima e o "recheio" que a compõem são os sentimentos ausentes em Deus cujas ausências são: desrespeito, falta de hierarquia, invasão de campo alheio, soberba, violência, tirania, pragas, maldições, magias negativas com os elementos, etc.

Essa alegoria remete tão somente e novamente que Ogum por ser a ordem, tanto a irradia tendo o respeito como procedimento Virtuoso e correto – o respeito à hierarquia do mais novo para o mais velho ou do respeito do neófito para com o ancião. A ordem nos procedimentos para entrar e sair do campo de um Orixá, pois todo campo natural ou espiritual tem dono e tem procedimentos verbais e de locomoção.

Sendo Ogum regente desses procedimentos que amparam a vida e a melhor forma de conviver eticamente, Ogum é isso e o contrário significa ausência de Ogum, e, toda ausência de Ogum é esgotada por uma qualidade de Ogum que atua como paralisador dessa ação.

Em relação à Nanã, a maldição é retratada como um dos campos magísticos que é esgotado e anulado pela qualidade de Nanã de lidar com pragas e maldições que nós, em desequilíbrio e ausentes de Deus, (seres ambíguos – ora Virtuosos, ora desvirtuados) desejamos aos outros.

Em relação à Nanã, ela só abençoa, não gera maldições. E quem amaldiçoa está ausente de Nanã, e, quando amaldiçoamos alguém, em verdade, estamos nos amaldiçoando e nos ausentando em Deus, o Divino Criador.

Essa lenda revela que Ogum não é violento, mas paralisa os violentos, e Nanã Buroque não amaldiçoa ninguém, mas abençoa a todos corrigindo sua audácia e desrespeito.

Por trás dessa lenda que antagoniza Nanã Buroque e Ogum, estão ocultas duas qualidades energéticas que se contrapõem, pois Nanã gera uma qualidade ligada à ancestralidade que gera um fator ou princípio divino que representa a função ou o fator cadenciador, com um começo, meio e fim. E é por isso que Ela, enquanto estado divino, representa as Eras, Ela é a senhora das Eras. E por essa razão é que Oxumarê e Omulu são seus filhos, pois, Oxumarê é a renovação e o renascimento e Omolu o fim de algo ou a finalidade de algo que quando atinge seu fim tem o seu recomeço.

Por isso, Nanã é sincretizada com a deusa grega tríplice Hécate, que é em si a filha, a mãe e a avó, ou seja, é o nascimento, o crescimento, a multiplicação, o amadurecimento, o envelhecimento e a morte. Acrescente-se que é uma era onde tudo isso acontece, e uma de suas filhas ou filho é o Tempo, pois o tempo só começa a contar quando se inicia uma Era.

Sendo assim, um dos muitos princípios e qualidades de Nanã é o princípio energético cadenciador, que se antagoniza com outro princípio energético de Ogum que é o acelerador, e onde um está o outro se anula, são opostos complementares, ou opostos que se complementam, pois ora aceleramos algo que está moroso ou quase paralisando, ora acalmamos e desaceleramos algo que está se antecipando e se excedendo de mais.

Essa é uma das peculiaridades dessa lenda da "quizila" de Nanã e Ogum.

Abordemos mais uma a lenda de Ogum e Obá que relata de forma alegórica que Obá era uma excelente lutadora e guerreira, e havia desafiado e lutado com todos os Orixás, restando apenas Ogum, que precavido consultou Orumila, o adivinho, que por meio de ifá, revelou-lhe uma oferenda com óleo de palma.

Ogum, chamando Obá para o confronto no seu campo de atuação que são os caminhos, inicia a luta, e no auge da batalha, ele, em desvantagem física, joga no chão o líquido viscoso da oferenda composta de milho, quiabo e óleo de palma, que Obá, ao pisar, escorrega, e nesse momento de fraqueza, Ogum a possui e se torna seu senhor.

Reflitamos: A sabedoria quando "escorrega" ou "titubeia" está possuída pela Lei Divina e executada, pois ao se tornar soberbo, por ser detentor de um talento e por esse conhecimento adquirido tentar tirar vantagem pessoal dos seus iguais e irmãos perante Deus, será punido pela Lei que pune possuindo, esgotando e anulando o motivo da queda.

Na narrativa, foi a vaidade por possuir um talento, no caso o talento da estratégia de luta. E quando o conhecimento tenta se impor através da violência (luta) a Lei (Ogum) a pune, leva à queda (óleo de palma) e possui o que Ela (Obá) havia perdido, que era sua razão e consciência de que o conhecimento nunca deve se impor violentamente (batalha), mas sabiamente como só a razão e a Sabedoria vergam e subjugam o mais tirano de todos, pois o tirano obtém o poder pela força, e a razão é forte justamente porque seu poder não advém da força.

A alegoria dessa lenda de Obá e Ogum, entre outros significados, quer dizer: O possuir aqui de uma forma mais elevada refere-se a absorver e subjugar aquele que foi dominado por princípios negativos, tais quais a soberba, a vaidade em se considerar superior, por trazer talentos e atributos que não são únicos na criação divina, já que Deus possui todas as qualidades, atributos e atribuições. E mesmo possuindo todas as qualidades em si, as dividiu em suas divindades para que em harmonia governassem todos os meios e faixas vibratórias e amparassem todos os seres em evolução que vivem e evoluem nessas faixas vibratórias, planos e realidade de Deus.

É interessante que toda lenda de Obá a relata como alguém facilmente enganada e fácil de "trapacear" desde a lenda de Oxum e Obá em que Oxum sendo uma das esposas de Xangô revela a ela que Xangô a tem como sua esposa preferida, porque no amalá ou comida de Xangô ela, Oxum, cortou sua orelha e a colocou na comida de Xangô e ele adorou. "Por esse motivo que ando com as orelhas cobertas pelo turbante que uso", disse Oxum à Obá, que prontamente cortou a orelha e ofereceu a Xangô que, subitamente, a hostilizou pela grave falha cometida.

Novamente, dizemos aqui que a lenda revela que a sagrada Mãe Orixá Obá, que é em si mesma a qualidade divina da razão e da concentração de conhecimento e Sabedoria, não é facilmente enganada e desprovida de sabedoria, conhecimento e razão, mas sim lida com os que são dispersos, sem concentração, que se iludem e se enganam facilmente, ou tentam tirar proveitos por algum atributo que possuem considerando-os melhores que os outros.

A lenda da Sagrada Mãe Obá, descrita nas alegorias africanas, apenas descrevem ausências ou vícios que Ela, a sagrada Mãe, não os possui, contudo, Ela atua por meio de uma de suas qualidades extenuadoras na condição de cerceadora e reequilibradora daqueles que fazem mau uso do conhecimento.

As lendas apresentam essa retratação – a de revelar a atuação do Orixá. Quando descritas de forma positiva, revelam o amparo de Deus através de suas qualidades virtuosas. E quando descritas de forma negativa ou viciada, revelam a ausência divina em nós que Ela, a divindade, deverá nos esgotar, nos paralisar e nos consumir energeticamente até que em equilíbrio não sejamos mais nocivos ao nosso meio.

Enfim, nós somos seres duais, pois ora estamos Virtuosos e ora estamos desvirtuados, no entanto, sempre em evolução, procurando um estado de espírito mais elevado e estável em que deixamos de ser um caminhante da luz e nos tornaremos um caminho luminoso onde muitos possam encontrar Deus.

Sabemos que se trata de uma tarefa árdua, demorada, contudo, não temos pressa, desde que saibamos que nós somos seres em evolução e nessa trajetória evolutiva, passíveis de erro e de acertos.

Saravá, todos os Orixás, as divinas qualidades de Deus que amparam e sustentam o processo de evolução dos diferentes planos e dos seres que neles habitam.

Saravá, os amados Pais e Mães, Senhores e Senhoras regentes da evolução.

Axé.

## *Mitos, crendices e preconceitos na mediunidade*

Quando decidimos fazer parte de uma religião tomamos conhecimento de seus dogmas, códigos morais, éticos, liturgia, ritual, teologia, fundamentos divinos e junto a tudo isso vamos também absorvendo determinados comportamentos, que não se justificam ou não encontram ressonância em nosso íntimo, que estão à parte e desconectados do culto religioso, o que chamamos de mitos e crendices. Vejamos:

Alguns mitos:

– *A mediunidade nos traz sofrimentos* – vemos muitos dos nossos irmãos, oriundos de religiões espiritualistas, propagarem a mediunidade como um tipo de expiação ou de subserviência aos nossos semelhantes, para pagamentos de dívidas morais, contraídas em outras encarnações, fazendo da mediunidade um carma particular (individual) ou conjunto (religião).

Ora! Devemos ter a mediunidade como uma dádiva divina e mais um recurso para semearmos a bondade, levando o conforto àqueles que necessitam de uma palavra de fé, carinho e esclarecimento. Devemos ver na mediunidade o mérito de despertar mais uma faculdade em nossa mente e que somente quando doada ou aplicada ao serviço do bem e dos seres, é que ela se fortalece em nosso íntimo, despertando novos dons adormecidos, para que já conscientizados, possamos expandir esses dons que, simplesmente, passaram a se manifestar em nós pelo grau de consciência que vamos desenvolvendo a serviço de Olorum e do próximo. Mediunidade é uma dádiva e só reconhecem isso aqueles que já se consagraram a Olorum como seus instrumentos encarnados a serviço da vida.

– *A reencarnação é para pagarmos dívidas de vidas passadas* – algumas comunidades espiritualistas propagam que a reencarnação neste plano é para a expiação dos nossos pecados ou de nossa regressão aos planos anteriores. Ora, o planeta Terra ou o nosso plano material constitui dádivas divinas para recepcionar vossas criações. É nesse abençoado planeta, onde tudo o que foi gerado desde o estado mais sublime da criação vai se fundindo, se elementarizando, se polarizando e por fim, se condensando até chegar aqui como estado de energia em repouso, ou seja, é aqui onde tudo se torna concreto, onde fortalecemos nosso corpo elemental, nosso espírito e campo mental, tornando-os absorvedores e irradiadores de energias complexas, necessárias para nosso desenvolvimento mental e espiritual.

A reencarnação é o fortalecimento desses corpos e campos, é também a forma natural para despertarmos os dons ou faculdades mentais, com os quais fomos dotados em nossa origem em Olorum. Portanto, é a forma de desenvolvermos e sublimarmos nossa consciência através dos estágios vivenciados em diversas reencarnações, ora num determinado sentido da vida, ora noutros e, aos poucos, despertando o humanismo, para que façamos o caminho de retorno ao Criador, nos depurando como uma centelha não mais adormecida, mas como uma centelha ou um mental já desperto para as vontades divinas, pois, nesse período ou estágio não vivenciamos os nossos desejos, mas a vontade divina manifestada na vida do nosso semelhante.

– *O sofrimento de hoje é o carma de ontem* – muitas correntes espiritualistas, que têm na sua base a crença na reencarnação, propagam que o sofrimento de hoje são os reflexos de ações anteriores. Concordamos, mas, embasados no bom-senso, sabemos que nem todo sofrimento é retorno da lei do carma, mas reflexo de uma sociedade corrupta e segregadora, de má distribuição de rendas e de recursos que resultam em fome, miséria, doença e morte. O sofrimento de hoje é o legado de governantes corruptos que desviam o que sustentaria a todos para uma organização regida por interesses particulares. Sendo assim, nem tudo é carma, nem tudo é dívida anterior, mas incompetência de gerirmos nossa própria sociedade.

Algumas crendices:

– *Não trabalhamos com Exu na Quaresma* – existe ainda em nosso meio umbandista uma crença em relação à Quaresma, cujo dogma é pertencente à religião cristã, que é a designação do período de 40 dias que antecedem a principal celebração do Cristianismo, a ressurreição de Jesus Cristo, comemorada no domingo de Páscoa. Segundo a nossa opinião, não encontramos fundamentos concretos e firmes no que se diz respeito a não haver nas tendas de Umbanda trabalhos espirituais totais ou parciais nesse período litúrgico cristão, porém e, é claro, respeitamos as doutrinas particulares de cada tenda dentro da liturgia de Umbanda que tenha esse tipo de preceito adotado como práticas absorvidas culturalmente da liturgia católica.

O nosso dever é respeitar todas as práticas religiosas de outras religiões e aquelas que ocorrem na tenda de cada dirigente que assim as estabelece, porém isso é um assunto que deverá ser discutido por lideranças ou no futuro o tempo irá determinar se devem prevalecer ou serão recolhidas enquanto crença absorvida. Entretanto, em nossa visão particular, a Umbanda não pode adotar conceitos que só encontram fundamentos na fé cristã, afinal cremos que somos responsáveis por aquilo que atraímos, por isso, mantemos um padrão vibratório equilibrado que nos possibilite acessar faixas vibratórias regidas por espíritos comprometidos com a Lei e a Vida.

Sendo assim, não trabalharmos com Exu na Quaresma é mito, pois é guardião da Lei nas esferas inferiores, esgotando o negativismo dos seres que ali estacionam, para que após serem depurados de seus negativismos sejam encaminhados para esferas superiores, a fim de se redimirem perante as Leis Divinas.

Alguns preconceitos:

– *O perigo de transferirmos nossos vícios usando as divindades como muletas* – filhos de Exu, filhos de Oxumaré, filhos de Pomba-Gira. Existe ainda dentro do meio religioso umbandista, tendas que são mais "tradicionalistas", cujo conhecimento das divindades foi transmitido oralmente, tendo por base as lendas dos orixás, alguns arquétipos que nada acrescentam à religião, e ainda tornam mais obscuras algumas divindades que tiveram seu culto humanizado sob novo formato e arquétipo. Por exemplo, se algum seguidor da religião apresenta comportamento que não reflete a conduta de um legítimo seguidor da Umbanda, os mais antigos dizem que é filho de Exu. Ora, não é problema em ser filho do Orixá Exu, pois o mesmo se refere a uma qualidade divina e Divindade Unigênita (única gerada por Olorum), cujo mistério maior é dar vitalidade a tudo e a todos na criação, doando a sua energia fatoral vitalizadora, desde o surgimento de um planeta ou estrela à vitalização da nossa força mediúnica, da nossa vontade de viver, nos trazendo alegria e força para que vençamos dificuldades materiais, vitalizando o nosso caráter para nos tornarmos homens de bem, vitalizando nosso conhecimento para com sabedoria expandirmos, contribuindo assim, com a vida, tornando-a mais fácil de viver. Os exemplos do quanto essa divindade é maravilhosa são muitos, porém, com nossa mania ou vício em não assumir nossos desejos e erros, repassamos aos Exus esses erros, pois, segundo uma teologia às avessas, ele é torto.

Exu é responsável pela desvitalização de quem atenta contra princípios da vida. Enquanto mistério maior de Olorum, desvitaliza os seres que atentam contra a geração da vida no seu sentido mais amplo, tornando esses seres apáticos e desmotivados. Isso sim é Exu. Não devemos deixar sob o encargo de nenhuma divindade, seja ela regente dos mistérios da luz ou das trevas, o nosso procedimento e comportamento viciado. Pois, compete somente a nós o arrependimento e a correção de certos comportamentos para naturalmente adormecer nossos instintos.

Exu é responsável por expurgar, desvitalizar e esvaziar todos aqueles que se desvirtuam de seus caminhos originais e optam pela via tortuosa. Ele não é o caminho torto, mas o orixá que desvitaliza os que lá caminham, desmotivando-os para que cansados de caminhar por labirintos sombrios, desejem retornar aos caminhos retos da lei que levam a Olorum.

O mesmo acontece com a divindade orixá Pomba-Gira, esse mistério de Olorum tão mal interpretado e tão vital e necessário para a criação e os seres que nela habitam. Para que se tenha uma ideia da importância dessa divindade, ela é responsável pela energia-fator estimuladora da criação, por nós denominada como trono dos desejos. Assim, como o orixá Exu, ela também é uma qualidade divina e divindade unigênita gerada por Olorum, cujo mistério maior é estimular a tudo e todos na criação, doando a sua energia desde a geração dos meios de vida ao estímulo do desejo por nos tornar pessoas melhores, buscar a evolução, aprender, casar, ter filhos. Pois ela, enquanto divindade maior de Olorum, é responsável por estimular nos seres (homens e mulheres) e criaturas (formas irracionais de vida), o desejo sexual para que haja a procriação e a geração de vidas. Ela é tudo isso e muito mais, só isso já justifica a sua divindade. Contudo, é com tristeza que vemos pessoas que por não compreenderem esse mistério, a atribuem o adjetivo de moça da vida ou promíscua.

Enquanto estado da criação, é o abismo que acolhe a tudo e a todos que se desvirtuaram em seus desejos escusos e suas libidos viciadas, ou seja, também é o abismo que recepciona o ser desvirtuado para que seja desestimulado e esgotado nos desejos que habitam seu mental inferior e passe a manifestar a vontade de ressuscitar dos abismos mais íntimos e retornar à vida. Ela, não como a moça pura e imaculada, mas como mulher experiente, que caiu diante dos mistérios da vida e por eles se levanta, para gerar vontades e desejos que sustentam a vida.

– *Meta-meta* – nas antigas lendas africanas alguns orixás são descritos como meta-meta, metade do ano masculino e outra metade feminino. Devemos nos atentar que isso quer dizer que alguns orixás, enquanto mistérios de Olorum, são duais, ou seja, ao se irradiar como mistérios divinos, o fazem de forma dual, irradiando suas energias-fatores. Por exemplo, o orixá Oxumaré, enquanto qualidade e mistério de Olorum, está relacionado ao amor e à concepção, e seu elemento é aquaticomineral, ou melhor, ao se manifestar gera energia renovadora e diluidora de tudo que estagnou ou petrificou na criação, anulando conceitos arcaicos apresentando novos conceitos.

Pelas vias dessa dualidade, a lenda africana antiga o descreveu como seis meses homem e seis meses mulher, o que serviu como pano de fundo para sacerdotes homossexuais utilizarem para condição pessoal. A Umbanda e o Candomblé não veem essa condição como algo imoral ou desvirtuado, mas sim como algo pessoal, que nada atrapalha a evolução espiritual. Mas, ainda ouvimos que filho de Oxumaré é homossexual ou vemos usarem o orixá como justificativa para esse comportamento. O divino pai Oxumaré e demais orixás não estão sujeitos aos nossos preconceitos e classificações. Portanto, se possuímos conceitos errôneos que fiquem aqui em nosso plano e não sejam imputados a nenhuma divindade. Chega de matar em nome de Olorum. As divindades são seres superiores e não devemos envolvê-las em nossos vícios, tornando algo sagrado em profano.

– *Animismo* – segundo a psicologia analítica de Carl Gustav Jung, trata-se da personificação de uma produção espontânea do inconsciente de um indivíduo, oposto à persona ou aspecto consciente da personalidade. Na literatura espírita, o termo animismo é usado para designar um tipo de fenômeno produzido pelo próprio espírito encarnado, sem que este seja um instrumento mediúnico da ação espiritual, mas o artífice dos fenômenos em questão. De forma mais específica, outros autores, a citar Therezinha Oliveira, costumam utilizar dessa nomeação para designar o fenômeno em que o médium revive suas próprias recordações do pretérito, expressando-as muitas vezes nas próprias reuniões mediúnicas. Por ser ele o autor das palavras ditas, este fenômeno anímico muitas vezes é mal visto devido à possibilidade de mistificação e pela ausência do espírito comunicante, não sendo, desta forma, um fenômeno mediúnico.

Do nosso ponto de vista, não encontramos fundamento nesse aspecto do estudo da psicologia readaptado e adotado pelo kardecismo. Na psicologia, tem seu fundamento e serve de base para os estudos que lhe são pertinentes. Porém, na Umbanda não adotamos ou aceitamos essa linguagem, considerando que todo médium com um dom mais ou menos acentuado é inspirado por um guia espiritual, cuja natureza moral, consciencial, corpórea é conduzida pelo espírito que lhe inspira ou incorpora. Pois bem, relegar a grandiosidade de um passe ou de conselhos sapientíssimos de um guia espiritual a algo que já existia em nossa mente em estado subconsciente não encontra fundamento na Umbanda.

Segundo a nossa forma de pensar, todo espírito encarnado ao se consagrar como instrumento de Olorum é inspirado por forças divinas manifestadas através de guias protetores e espíritos benfazejos que, por atração magnética e afinidades de caráter, ligam-se a nós e nos auxiliam no atendimento e no esclarecimento ao próximo.

De acordo com uma fonte espiritual fidedigna, esta história de animismo surgiu de um médium excepcional com dons acima da média e que queria padronizar todas as mediunidades a partir do que ele trazia desenvolvido em si. Com isso passou a rotular e a nomear, segundo seu grau de análise e suas manifestações mediúnicas, a incorporação como verdadeira ou como mistificação. Julgar manifestações mediúnicas a partir de sua experiência só encontra eco naquele que se julga superior, distanciando-se para evidenciar seu dom como único e verdadeiro.

Na Umbanda mede-se um grau de evolução e uma incorporação legítima pelas virtudes que um guia manifesta ao aconselhar e confortar o consulente que se prostra diante dele para receber uma palavra de fé, carinho e esclarecimento; a palavra edificante e a nobreza de caráter são provas fundamentais da incorporação e manifestação de um espírito benfazejo.

Já dizia o mestre Jesus: "Bem-aventurados aqueles que nunca me viram, mas creem em mim". E assim, dizem os guias de lei de Umbanda: "Benditos todos aqueles que são virtuosos, pois são templos vivos de Olorum que neles Manifesta todas as qualidades, nas mais variadas formas e atendam melhor àqueles que os cercam."

## Os nossos vícios ou excessos perante as virtudes divinas

Sabemos que as virtudes Divinas abrangem sete emanações de Olorum, e que são suas sete qualidades amparadoras de tudo e de todos. Esse Setenário Sagrado ou Coroa Divina rege tudo que foi gerado e exteriorizado por Ele, nosso Divino Criador. As sete virtudes são Fé, Amor, Conhecimento, Justiça, Lei, Evolução e Geração. São sete princípios Divinos pelos quais tudo flui e aos quais tudo participa, tanto nos seres animados quanto inanimados, tanto nos seres racionais quanto irracionais.

O título desse texto *Os nossos vícios ou excessos perante as virtudes Divinas*, por ser difícil identificá-los perante esses sete sentidos, já que a carência destes é fácil de diagnosticar e de remediar, por exemplo, a carência do conhecimento é a ignorância ou incompreensão de determinado assunto, e basta que o ser seja direcionado ao campo de conhecimento pretendido para que seja suprida. Sendo assim, a carência é de fácil diagnóstico, porém, o vício ou o excesso de uma virtude é de difícil identificação, pois, geralmente, a pessoa que está cometendo um excesso, por exemplo, no princípio da fé, quase sempre acha que está servindo a Olorum com fidelidade ímpar, mesmo que para isso deva se impor de forma violenta para que os dogmas de sua religião não sejam violados.

Analisando-se os excessos em cada princípio Divino, descrevemos alguns que se tornam imperceptíveis, conduzindo-nos ao erro e à ilusão de estarmos verdadeiramente servindo a Olorum.

O excesso ou o vício que nomeamos no princípio da fé é o fanatismo. É quando imaginamos estar servindo a Olorum e à custa de verdades mal compreendidas, violentamos física ou moralmente um semelhante, querendo empurrar goela abaixo verdades relativas, que para nós se tornaram absolutas (devido à cegueira e à ilusão que o fanatismo causa na pessoa em desequilíbrio). E o que fazem em nome dessa fé cega? Matam em nome de Olorum sem raciocinar que Ele é em si o princípio da própria vida. Tiram do próprio sustento para alimentar a ganância de líderes religiosos, que fazem de seus templos verdadeiros comércios enriquecendo ilicitamente à custa de uma fé irracional e ilusória.

E saindo do campo da religião, temos a fé como ideologia, que embora não seja religiosa, também arregimenta fiéis que são capazes de matar seus semelhantes e também de morrerem em nome dela. Identificamos fora da religião os idealistas partidários, filosóficos, étnicos, um deles foi Hitler que proclamava a crença de uma raça ariana ou pura, levando milhares de negros e judeus à morte, ideologia que era contra a miscigenação, mistura de raças. E assim, sucessivamente e historicamente, milhares de exemplos são comprováveis. A todo instante nos excedemos no campo da fé, quando não somos tolerantes com a crença de um amigo, quando não somos fraternos devido a diferenças culturais, étnicas ou raciais, ou seja, devemos a todo instante avaliar se estamos agindo corretamente diante de um princípio Divino que é sustentador da fé. E para ser umbandista e ser humano na origem etimológica dessa palavra é necessário que estejamos sempre alertas para que excessos não sejam cometidos em nome de Olorum ou de alguém (ideologia).

O excesso ou o vício que nomeamos no princípio do amor é o egoísmo. É quando imaginamos estar servindo a Olorum compreendendo somente as nossas necessidades imediatas, quando não refletimos e nem pensamos no que e em quem está à nossa volta, resumindo nossa existência a algo ou alguém que possa suprir nossas necessidades, sem interagirmos com o resto da criação Divina, pautando nossa existência somente em um aspecto da vida.

O excesso ou o vício que nomeamos no princípio do conhecimento é a teimosia ou como é mais conhecido o vulgo "cabeça dura". O excesso de conhecimento nos torna vaidosos e a vaidade não permite que sejamos questionados, taxando isso de insolência. O excesso do conhecimento também está em buscá-lo sem respeitar os limites de convivência e passamos a violentar afetos em nome de um suposto saber, colocando-o acima de uma convivência pacífica e harmônica. E assim, sucessivamente, sendo o excesso ou o vício no princípio da justiça a tirania, no campo da lei a violência, no campo da sabedoria a soberba, no campo da criatividade a devassidão, ou seja, a fome (carência) é fácil se identificar, já a obesidade (excesso) é difícil reconhecer. A todo instante estamos cometendo excessos e a única forma de corrigi-los é vigiar nosso pensamento e refletir como nossas ações afetam o mundo que está à nossa volta.

## *Tipos de mediunidade*

Incorporação é a faculdade ou o ato cuja manifestação espiritual se dá por meio do mental e posteriormente de todo o corpo físico. O guia assume o controle das faculdades cognitivas e corporais, ou seja, de toda a coordenação motora e mental do médium, que permanece semiconsciente e sem o domínio de seu corpo físico e mental, fato esse que também permite ao médium o aprendizado com seu guia numa simbiose mental. A essa faculdade chamamos de incorporação semiconsciente. Há também a incorporação inconsciente, mais rara, em que o espírito toma conta por completo do corpo receptor e, nesse ato, adormece o mental de seu médium o qual julga permanecer em estado de sono profundo.

Psicografia – é o dom mediúnico de escrever por meio da manifestação dos espíritos que possuem habilidade na arte da escrita. Pode ser realizada de duas formas, a mecânica, quando um espírito utiliza como mecanismo somente as mãos do médium, sem a necessidade do que está sendo transmitido pela escrita passe pela mente sem ter assim a menor ideia do que está sendo escrito. A outra forma é a psicografia semiconsciente, que ocorre quando o espírito domina mentalmente o médium escriba e realiza o seu intento sem que haja a inconsciência do médium psicógrafo.

Pictorigrafia – é o ato ou dom mediúnico de pintar quadros por meio da manifestação de espíritos que já foram grandes mestres da pintura, e que após a passagem do plano físico para o plano espiritual continuaram a se expressar transmitindo por meio de suas obras, sempre repletas de beleza, a vida, o amor, a luz, o bem-estar, a leveza e a harmonia.

Vidência ou clarividência – é o ato ou dom mediúnico de acessar por meio do seu chacra frontal ou terceiro olho o plano espiritual ou a frequência vibratória dos espíritos, enxergando assim realidades, planos espirituais e espíritos que ali prosseguem em suas evoluções.

Audiência ou clariaudiência – é o ato ou dom mediúnico de ouvir espíritos e com eles se comunicar por meio da frequência vibratória espiritual, que se processa pelos chacras secundários auditivos, abertos com o dom que trazemos em nosso espírito e que funcionam como vasos comunicantes.

Cura – mistérios curadores manifestados pelos chacras localizados nas mãos. Esse dom ou mistério divino realiza-se bastando a imposição inconsciente das mãos em qualquer área do corpo físico e espiritual de uma pessoa para que já comece a atuar. Médiuns que o possui devem conhecê-lo a fundo, para que no trabalho de imposição das mãos doe a energia curadora, porém, criando um bloqueio para que não absorva certas enfermidades para seu corpo físico e espiritual.

Psicometria – é o ato ou dom mediúnico de ler impressões e recordações por meio de contato com objetos comuns, pois cada objeto ou matéria, seja uma pedra, um minério ou uma árvore, tem sua memória atemporal, ativada quando pessoas detentoras desse dom as tocam e enxergam todos os fatos cronológicos acontecidos próximos ou junto àqueles objetos. O muro das lamentações e a pedra filosofal são alguns exemplos.

Intuição, inspiração e sensibilidade – são dons primários, ou seja, os primeiros a se manifestarem. Quando os desenvolvemos a fundo, passamos a canalizar de maneira ordenada mensagens de espíritos superiores, sempre visando ao bem da humanidade. Com a sensibilidade, passamos a captar energias e vibrações dos campos mentais, corporais e espirituais das pessoas e a interpretar certos problemas íntimos. E ao trazermos esses problemas à tona, de forma particular e com bom-senso, causamos espanto, pois descrevemos situações que somente são do conhecimento de íntimo.

# CAPÍTULO III

# Princípios Divinos

## *O fundamento do altar sagrado*

O congá ou altar sagrado é o ponto maior de convergência de forças e poderes das divindades de Olorum. É a partir do congá de um templo que tudo se inicia; é ali que nos posicionamos diante de Olorum, suas divindades e sagrados orixás.

É montado segundo a ordem ou inspiração superior de um guia ou mentor, responsável pela abertura e direção dos trabalhos espirituais no templo religioso. Nele são fixados e assentados objetos sacros, consagrados a Olorum e às divindades regentes do culto religioso.

Todo templo religioso tem no seu altar o ápice simbólico de sua religião, onde se encontram todas as suas representações simbólicas, enquanto culto religioso. A liturgia começa no altar sagrado onde são assentados e firmados todos os símbolos, imagens e elementos ativadores da fé, força e poder no qual a religião se alicerça e se fundamenta. É no altar sagrado que está assentado Olorum e as suas Forças manifestadas como anjos, arcanjos, devas, orixás, santos, e que estão representadas por objetos simbólicos, nos quais são condensados e energizados com suas vibrações vivas e divinas, irradiadas a todos os seus fiéis. A partir desses objetos sacros, basta se posicionar diante do altar e direcionar suas vibrações mentais com pedidos, votos, preces e orações para que recebam um fluxo energético direto das divindades que compõem o altar sagrado.

As religiões, sem exceções, possuem na sua estrutura religiosa um Criador responsável pelo mundo manifestado, onde tudo tem início Nele, pois tudo é gerado a partir Dele, o Único e Divino Criador, o qual chamamos de Olorum, Jeová, Olorum, Zeus, etc. Possuem também na estrutura religiosa a corte divina, como poderes e individualizações do Criador, que o auxiliam na manutenção e no amparo da criação (mundo manifestado) e nos seres e criaturas que nelas habitam. Por isso, no altar de um templo religioso sempre há um lugar mais alto ou de maior destaque que simboliza Olorum como poder supremo e abaixo desse lugar de destaque suas divindades, amparando toda Sua criação. Podemos, igualmente, atribuir às Suas Divindades como governadores das realidades e planos divinos e Ele sendo o poder supremo, criador e fonte onde tudo se inicia. Os altares são construídos, geralmente, com um degrau, um púlpito ou um espaço diferenciado do restante do templo, no qual direcionamos nossa atenção e fé, ou seja, uma referência que indica de onde provem a força e o poder ali assentados.

Vamos comentar a composição de um altar de Umbanda. Pois bem, há um lugar de destaque para Olorum, que para nós umbandista também está acima de tudo e de todos, pois é a partir Dele que tudo se origina. Na maioria das vezes, o congá é feito de base triangular e no vértice do triângulo está a imagem de Oxalá que simboliza o princípio divino da fé.

Como Olorum é o criador incriado, não conseguimos representá-lo por meio de uma imagem, pois como conceber ou caracterizar e dar forma a um poder que criou e gerou tudo e está em tudo como poder vivificador? Não conseguimos concebê-lo, senão em partes, pois essa é a única forma de cultuá-lo em todas as religiões, pois sabemos que Ele possui todas as formas possíveis, pois é o senhor das formas que a tudo modelou e por isso não conseguimos sintetizar o que está em tudo numa única forma ou objeto de culto. Por esse motivo, existem muitas religiões como formas de cultuar um poder já individualizado em partes.

A ninguém foi permitido compreendê-Lo de forma completa, pois esse atributo só O nosso Divino Criador é possuidor. Sendo assim, o Cristianismo O cultua por meio do Mestre Jesus do Divino Espírito Santo, como a manifestação do espírito santificado detentor do virtuosismo que é por onde Olorum se manifesta.

No Budismo cultua-se o poder Criador e a Onipotência Divina na pessoa do Buda ou do mestre Sidartha Gautama, espírito que se santificou, pois se tornou manifestador das virtudes divinas e fez dela seu caminho e sua verdade, assim como o Mestre Jesus, Sócrates, Zaratustra e tantos outros luminares e profetas que se tornaram, ainda em vida, verdadeiros espíritos santificados e manifestadores divinos das virtudes de Olorum, guiando e conduzindo milhares de pessoas, cujas religiões ou escolas por eles fundadas ou abertas, contribuíram em muito com a evolução da humanidade.

O congá ou altar sagrado é em si um portal divino onde nos colocamos de frente para Olorum e sua corte divina (os sagrados orixás) e recebemos as suas irradiações, vibrações, energias e imantações, fortalecendo o nosso espírito e despertando em nosso íntimo as virtudes divinas e, naturalmente, vamos também despertando faculdades mentais ligadas a uma das virtudes ou aspectos divinos como a fé, o amor, o conhecimento, a razão, a ordem, a evolução e a geração e, de forma ordenada, passamos a servir a Olorum por meio desses dons e assim somos preparados de forma inconsciente e depois, já despertos, assumimos os compromissos e chamamentos divinos a nós destinados e vamos nos transformando em polos receptores, onde muitos se achegarão para receber irradiações dessas faculdades que visam acelerar a evolução do meio humano.

E se trouxermos em nós a faculdade do conhecimento no campo da fé ou da religiosidade, nos tornaremos ótimos professores da religião que adotarmos e, por meio do conhecimento, sempre embasados nas virtudes e preceitos que elevam o espírito, conduziremos aqueles que queiram se instruir.

E se trouxermos em nós a faculdade da lei, no campo da fé ou da religiosidade, seremos ordenadores das manifestações religiosas, conduzindo e esclarecendo a respeito das condutas morais e éticas no campo religioso, ordenando todos os aspectos morais da religião para que no corpo religioso não se forme fiéis fanáticos, inescrupulosos, charlatões, etc.

É a partir do congá ou altar que tudo se inicia e se manifesta, pois é diante do altar que estamos de frente para Olorum e por Ele somos abençoados.

## *Imagens entronizadas*

As imagens entronadas são um grande recurso e base de um altar ou congá umbandista, pois as imagens ali assentadas despertam no íntimo dos fiéis fraternidade e elevação de espírito, uma vez que veem nessas imagens seres de alta evolução, sempre dispostos a perdoar e a conduzir, tornando a vida mais fácil, trazendo a esperança, a perseverança e a resignação para superar as dificuldades.

Chama-se entronamento de imagens o ato de fixá-las no altar, tornando-as e considerando-as como um poder divino assentado (assim como um trono), por onde as realidades divinas dos orixás passam a interagir com o meio material, para que recebamos o amparo divino às nossas práticas religiosas.

Quando consagramos uma imagem a um orixá, ele a imanta com suas vibrações divinas, dotando-a e qualificando-a como objeto de culto sacro que se torna hipersaturada de vibrações correspondentes ao seu amparo junto à humanidade. Essa mesma imagem após ser consagrada em seu local destinado a práticas ofertórias ou consagratórias é levada ao templo religioso e assentada de forma ritualística no altar, e ali permanece como um portal divino, de onde irradiam suas forças naturais e espirituais, alcançando a tudo e a todos que encontram dentro e sob o amparo desse templo religioso.

Geralmente, no congá ou altar umbandista são firmadas velas coloridas, e no início do firmamento as velas ali consagradas, dedicadas e acesas na frente da imagem, ativam e abrem esse portal onde está assentado o poder divino, e por meio das energias ígneas nos envia suas vibrações, criando ao entorno e envolta do altar um símbolo luminoso, por onde se manifesta um poder ordenado, visando ao amparo, à proteção e ao equilíbrio necessário para que tudo o que ocorrer naquele espaço religioso seja sustentado por Olorum e pelos orixás, e todos recebam em seu espírito as bênçãos necessárias para conduzir suas vidas de forma equilibrada e ordenada.

Toda religião segue uma mesma estrutura religiosa, tornando-se padrão e presente em todas elas, porém de forma oculta, a ignorância sobre essa estrutura faz surgir guerras religiosas, cuja razão maior é a imposição de verdades particulares e relativas sobre Olorum.

Por que de forma oculta? Ora, um sacerdote pertencente a uma religião de base semita (origem da cultura judaico-cristão), em cujo livro sagrado, a Bíblia, estão assentados dogmas e tabus, como a proibição de qualquer culto, idolatria/adoração a imagens. Entendemos no capítulo anterior que Olorum só é passível de culto religioso nas partes que O compõe, e, é a tentativa de apropriá-Lo por inteiro que gera a famigerada guerra religiosa, arena em que são disputadas verdades relativas como se fossem verdades absolutas. E nessa vã tentativa de conceber Olorum de uma única forma e presente em uma única religião, limitando-O a uma única via evolutiva, que a guerra religiosa tem início. Enquanto não aceitarmos que Olorum, por ser Criador de tudo e de todos e Onipresente, não pode ser individualizado como uma única via de evolução, a intolerância religiosa imperará.

Somente nas Suas partes chegaremos ao todo, e as partes do todo são religiões que O individualizam, padronizam e humanizam, segundo a cultura e a sociedade que se estabelece um culto voltado a Ele, sem fazer dessa padronização a única e correta forma de se chegar até Ele, como se fosse um objeto passível de patente, pois, nós humanos apenas patenteamos algo criado e gerado por nós, e Olorum não é criação nossa, mas o nosso Divino e Único Criador.

O Catolicismo cultua Olorum por meio de seus santos, um para cada necessidade humana, Santo Expedito é o santo das causas impossíveis, aspecto pertencente à lei, cujo atributo é vencer obstáculos; Santo Antônio é o santo casamenteiro, aspecto pertencente ao amor e à união, ou seja, temos a idolatria presente na igreja católica.

O culto neopentecostal, não cultua imagens, porém faz uso da livrolatria, pois a Bíblia é um objeto de culto e tem um lugar de destaque no púlpito. Eles também fazem uso da Iconolatria, pois fazem das imagens do pastor, bispo e apóstolo, objetos de culto, considerando-os verdadeiros superstares, milagrosos e toalhas e lenços com suas imagens ou nomes de suas instituições religiosas são vendidos a pretexto de promessas miraculosas, dependendo do valor da "doação".

Fazem, igualmente, uso da santuariolatria, pois faz de santuários naturais, como Monte das Oliveiras e o Monte Sinai, objetos de culto, pois os consideram lugares sagrados. Também fazem uso da hidrolatria que designa o culto às águas consideradas sagradas, a exemplo do Rio Jordão.

No Hinduísmo, no Xamanismo, na religião egípcia, há a animolatria ou culto aos animais considerados sagrados, ou seja, com um olhar mais elevado, vemos que a base estrutural de todas as religiões é a mesma e o que causa divergências entre elas é a nossa ignorância e apropriação de Olorum. Sendo assim, nós umbandistas não devemos nos sentir incomodados com as críticas de irmãos de outras religiões em relação à visão distorcida com nossas práticas de assentamento de imagens em nosso altar. O que precisamos é ter um conhecimento elevado para justificar as nossas práticas religiosas, e ensiná-los que a única coisa que nos separa como irmãos é a ignorância e a falta de conhecimento sobre as verdades divinas que propagam a paz, a fraternidade e o respeito, não a intolerância, egoísmo e fanatismo religioso, pois a violência não é virtude e não sendo virtude, não foi gerada por Olorum, e não sendo gerada por Olorum, não se justifica, pois fora de Olorum nem o nada existe.

## *Sistemas religiosos*

Toda religião ao ser pensada por mentais superiores tem por base sustentadora e mantenedora de suas práticas, divindades e forças divinas que amparam e sustentam todo tipo de manifestação realizada em nome dela.

Tal estrutura divina está presente em todas as religiões e cada uma tem sua força sustentadora, algumas estão amparadas e sustentadas por dois poderes, outras por três, quatro, cinco, seis, sete, etc. São princípios divinos inomináveis, e quando nomeamos algumas delas o fazemos para que bem mais se fixem e se apresentem para que possamos cultuá-las.

Veremos exemplos, cujas estruturas religiosas fundamentam os princípios divinos e salientamos que todas possuem esse modelo de estrutura, pois esse é um modelo divino e por ser divino é absoluto e presente em todas as religiões, algumas de forma mais reveladora e outras de forma mais oculta, mas em todas se faz presente.

No Cristianismo, temos o Ternário Sagrado, ou seja, três forças sustentadoras e amparadoras das suas práticas religiosas, nomeadas e humanizadas como O Pai, O Filho e O Espírito Santo, e evocadas em todo ato sacro que constitui a fé cristã.

No Hinduísmo, temos o Ternário Sagrado, ou seja, três forças sustentadoras e amparadoras das suas práticas religiosas, nomeadas e humanizadas como Brahma, Vishnu e Shiva, sendo essa trindade representada como O Criador, O Preservador e O Destruidor, respectivamente.

Outras religiões têm por símbolo maior e sustentador de sua manifestação religiosa:

– A Cruz Sagrada, simbolicamente e ocultamente está manifestado o Quaternário Sagrado, onde quatro princípios divinos formam a base sustentadora da religião, apresentada em todo ato sacro que constitui a sua fé.

– A Estrela Sagrada de cinco pontas, simbolicamente e ocultamente está manifestado o Pentenário Sagrado, onde cinco princípios divinos formam a base sustentadora da religião.

– A Estrela Sagrada de Seis Pontas ou "estrela de Davi", simbolicamente e ocultamente está manifestado o Exanário Sagrado, onde seis princípios divinos formam a base sustentadora da religião.

– Os Sete Tronos de Olorum (Deus), ou as Sete Linhas de Umbanda, ou o Menorá (candelabro de sete pontas), que fazia parte dos objetos sacros do templo de Jerusalém, em que simbolicamente e ocultamente está manifestado o Setenário Sagrado, cujos Sete princípios divinos formam a base sustentadora da religião.

Na Cabala Judaica está presente o Decenário Sagrado, sendo a árvore da vida, o símbolo maior sustentador de suas manifestações religiosas. Temos na simbólica árvore da vida as Sefirot, que são dez emanações de "Ain Soph = Olorum (Deus)", e segundo a cabala é um princípio não manifestado, ou seja, o lado interno da criação ou de Olorum que é inatingível, inconcebível e incompreensível à inteligência humana. E nesse princípio, Sefirot são emanações e individualizações que formam a árvore da vida.

Essas dez emanações são denominadas de "Kether = Coroa", "Chokmah = Sabedoria", "Binah = Entendimento", "Chesed = Misericórdia", "Geburah = Julgamento", "Tipareth = Beleza", "Netzach = Vitória", "Hod = Esplendor", "Yesod = Fundamento" e "Malkuth = Reino".

Há ainda um décimo primeiro Sefirot chamado Daath que representa o abismo e o caos, e normalmente não é representado na árvore da vida, é considerado um portal das Sefirot adversas ou contrárias, ou seja, os aspectos negativos e esgotadores das dez emanações divinas. Na árvore da vida, os Sefirot são alinhados em três pilares conectados entre si e que ao se desdobrarem geram vinte e duas ligações.

Sendo assim, justificamos nossa afirmação sobre estrutura religiosa e divina, que assim como o Divino Criador, está presente em todas as religiões, divergindo somente nos nomes dados a essas emanações ou princípios sustentadores das religiões, ou seja, a diferença e a intolerância só existem e encontram eco nas mentes desvirtuadas que ainda querem ser donos de Olorum e conhecedores únicos de suas verdades.

## Orixás – a personificação sagrada do divino criador

**Orixá Oxalá** – uma de suas funções na criação é congregar e reunir tudo e todos em torno da fé. Ele gera em si o fator modelador de tudo e de todos na criação. Está para nós como o espaço, onde tudo que foi modelado na criação se assenta, se estabelece e passa a evoluir.

**Orixá Logunan** – uma de suas funções na criação é conduzir tudo e todos que se reúnem em nome da fé. Forma par divino com Oxalá. Seu fator principal é o condutor e seu campo de atuação preferencial é o religioso. Ela é o fervor religioso que toma conta de nós, é quando nossa fé em Olorum se torna inabalável. É o tempo como estado divino da criação e está para tudo e para todos como a cadência divina que dota tudo e todos de um tempo, um ciclo, um ritmo onde tudo passa a se movimentar e evoluir, imprime um ritmo próprio a cada coisa existente na criação, tal como os planos, realidades, domínios e planetas que são lugares que abrigam os seres gerados por Olorum, amparando-os e sustentando-os em suas evoluções, doando a cada ser o necessário para que possa viver e evoluir.

Nossa divina mãe Logunan está para nós como o pulsar vibratório de cada estrela e de cada planeta, está também na cadência do ir e vir das ondas do mar; está na contração da gestante antes de dar à luz; está na cadência respiratória de cada ser e criatura, em seus atos de inspirar e respirar. Está nos batimentos cardíacos, cujas cadências aceleram ou desaceleram de acordo com a nossa atividade; ela está no ciclo menstrual, no tempo e no momento certo em que cada coisa é plantada e se torna apta a ser colhida; está como o estado temporal na criação ou nos planos e faixas vibratórias que recebem os seres para que possam evoluir. Assim como nosso planeta, que apresenta uma temporalidade e cadência para que haja noite e dia, Primavera, Verão, Outono e Inverno, ela está na hora certa de plantar, na hora certa de colher, na hora certa de fecundar. É o momento, o ciclo e a cadência exata que indica quando a mulher está fértil. A isso chamamos de ação temporal, que é o tempo em execução para que cada coisa nos planos de Olorum vivencie a sua natureza e se realize na criação.

A divina mãe Logunan atua de duas formas: no externo como a temporalidade das coisas, tal como os sete dias da semana, o intervalo de descanso do solo para que não se sature e possa receber outra leva de sementes a ser plantada, o descanso após a concepção e geração para que todo o corpo e a função biológica feminina volte ao seu lugar, no período de 360 dias, nos períodos noturnos e diurnos, isso tudo como uma estrutura planetária, pois, está tanto nos elementos quantos nos planos vibratórios que abrigam os seres. E tudo, sem exceção, possui sua cadência e ritmo necessários. É a mãe Logunan agindo em tudo e em todos pelo lado externo da criação.

Porém, ela também age do lado interno e rege o destino dos seres, desempenhando a função atemporal, ou seja, relacionada ao passado, presente e futuro, bem como à eternidade onde tudo se processa, onde cada ser possui perante a criação, a sua vivência registrada em seu mental e dividida como ciclos evolucionistas e etapas de sua existência. E só existe nos seres racionais, pois passado, presente e futuro só existem em nosso estado de consciência, capazes de registrar eventos que já vivenciamos e, a partir deles, projetar intenções que preexistem em nosso futuro. Somente os seres racionais são capazes de interagir com essa linha imaginária que pauta a vida, armazenando sensações passadas, vivenciando o presente, projetando o futuro.

Sendo assim, a atuação atemporal da sagrada mãe Logunan é voltada para o nosso lado interno/mental, constituído por sentimentos e sensações, onde cada pensamento não pode ser medido ou mensurado, e apenas os seres mentais têm e armazenam, criando um universo particular só deles. Logo, o estado temporal atua na criação como ciclos, ritmos e período das coisas externas e o estado atemporal atua nos seres a partir do plano mental.

**Orixá Oxum** – fator agregador. Uma de suas muitas funções é agregar e unir tudo e todos na criação. Em nível macrocósmico é responsável desde a união dos átomos que formam os elementos e a matéria à união que fomenta a multiplicação dos seres e das criaturas. É em si o ato concebedor, representado pela semente, que ao se fundir na terra encontra as propriedades que necessita para seu desenvolvimento. O seu campo preferencial é a união ou o matrimônio, ou seja, o que constitui a família como base sustentadora. E por trazer em si a qualidade de divindade que representa o amor, a sagrada mãe Oxum é quem nos inspira e move para que sejamos alimentados pelo amor em todos os sentidos. É ela que alimenta os nossos sentidos com o seu fator concebedor para que tenhamos uma ideia sustentadora da vida, para concebermos a cura de uma doença, a paz e uma forma positiva de combate à intolerância que inverte um bem que é a religião, convertendo-a em um espaço que ao invés de alimentar a fé a impõe calcada no medo da condenação ao inferno.

A mãe Oxum é o amor incondicional que se manifesta em toda a criação e está presente no maior dos mandamentos: "Amai a Olorum acima de todas as coisas e amai ao próximo como a ti mesmo."

Saravá, mamãe Oxum! Ayeye mamãe Oxum!

**Orixá Oxumaré** – diluidor e renovador. Com o seu princípio e fator divino dilui todos os aspectos e funções, cuja sua base foi desvirtuada ou invertida e renova-os já com nova concepção a respeito de novo rumo ou forma de evolução. Nosso pai Oxumaré está para nós como a própria renovação de conceitos que outrora guiava a humanidade e que atualmente caiu no ostracismo, no desuso ou teve sua liturgia ou conceito ultrapassado, não atendendo mais ao anseio dos praticantes de uma religião, de uma ordem militar ou de uma civilização inteira.

Como divindade cocriadora e como individualização de Olorum, nessa qualidade por ele gerada como um mistério, atua também no macro ou em nível planetário com o fator fertilizador, cuja energia e magnetismo são responsáveis por fertilizar tudo tanto em nível macrocósmico como microcósmico, ou seja, desde as fertilizações dos solos, das plantas, das flores, para que fertilizadas possam gerar frutos que gerarão sementes e frutos a criação de condições específicas para que possam ser geradas estrelas, planetas, tornando fecundo tudo e todos na criação. Para os seres e as criaturas, Oxumaré está como a fertilização e a fecundação nas relações sexuais ou acasalamentos.

Ele está na mulher como a fertilidade do óvulo e no homem como a produção do espermatozoide que irá fecundar o óvulo, ou seja, a fertilidade da fêmea e a fecundidade do macho por essa qualidade. O Candomblé descreve uma lenda em que o orixá Oxumaré é seis meses macho e seis meses fêmea. Se na lenda africana ele foi descrito dessa forma não quer dizer que seja verdade, pois as lendas visam descrever mistérios que se apresentam de forma velada. Sendo a fertilidade do solo que precisa estar fértil para ser semeado e a fecundidade da semente que irá tornar o solo fecundo. Assim, está como coparticipador do ato sexual onde se manifesta como a energia fecundadora/fertilizadora, tornando as coisas férteis para depois fecundá-las.

Quando nos dirigimos a Ele pedimos: renovação em nossa vida, diluição de conceitos negativos, fertilidade em nossas ações positivas e fecundidade em nossos atos virtuosos, amparados pela Lei Maior e pela Justiça Divina. Quando orarmos e clamarmos pelas forças de pai Oxumaré devemos fazer pedidos de renovação, fecundidade e fertilização de nossa fé, amor, conhecimento, razão, ordem, evolução e criatividade.

Saravá, o nosso divino e sagrado pai Oxumaré: Arro bo boi Oxumaré!

**Orixá Oxóssi** – expansor e direcionador. Assim como o sentido do conhecimento, ele expande os campos e faculdades mentais nos direcionando para o sentido que mais afinidade encontrar com a nossa natureza.

O sagrado pai Oxóssi é o senhor do conhecimento, é ele que provê o alimento que satisfaz a nossa alma, legítima a nossa fé e nos dá estabilidade e confiança para seguirmos nosso caminho e nossa crença. O sentido do conhecimento nos estimula o desejo de buscar melhorias, de buscar o sustento e o alimento que ampara a vida. Por isso, nas lendas africanas Oxóssi é descrito como o orixá da fartura e da prosperidade, como o caçador que busca o alimento e, caçar exige estratégia, concentração, estudo do animal a ser abatido, perspicácia, lucidez e raciocínio rápido. Por tudo isso é o provedor de sua aldeia. Enquanto mistério maior de Olorum é a própria expansão do Universo, é a energia que expande o ventre na medida exata para que o feto se acomode de forma perfeita, é o senso de direcionamento que a tudo dá uma direção e um destino a cumprir com começo, meio e fim.

Se Olorum é o senhor dos destinos que tudo cria e dota com uma destinação ou com uma função a cumprir, é Oxóssi quem direciona para a rota traçada por Olorum em seus destinos. Vejamos que até uma semente de cacto tem seu destino, pois ao ser gerada vai se desdobrando até se tornar um átomo que vai se agregando até se tornar matéria, cujo interior contém toda herança genética divina, dotada por Olorum com uma função, destino e particularidades. Deve ser semeada em solo arenoso e seco, pois está em seu DNA que seu desdobramento só poderá ser cumprido, caso haja um solo compatível com sua natureza, assim começará sua trajetória, irá se desdobrar, crescer e vivenciar sua função, cumprindo seu destino de cacto.

Pai Oxóssi é o semeador de Olorum, pois traz em si o mistério do conhecimento e sabe em qual solo cada semente divina cumprirá melhor o seu destino. Está no direcionamento dos pássaros que migram de região em determinadas estações, para que não pereçam no frio ou no calor extremos, semeando o solo com seus excrementos. Está no direcionamento das abelhas que espalham o pólen das flores para que a terra seja farta e rica em flora, ou seja, é o regente e doador do mistério direcionador e está em tudo e em todos, inclusive nas divindades orixás, geradas por Olorum, por exemplo, Oxóssi é o direcionamento da lei dentro do mistério ordenador de Ogum, se Ogum é a lei, Oxóssi é a direção que a lei assume em suas execuções para não errar o alvo.

Desta maneira, o direcionamento de Oxóssi só é possível graças ao axé ordenador de Ogum, pois sem ordem os pássaros em suas migrações se atropelariam e migrariam desordenadamente. Oxóssi é quem fornece o axé direcionador e Ogum o axé ordenador das direções e do conhecimento no mistério de Oxóssi. Outros orixás, assim também Ogum, estão no mistério direcionador regido por Oxóssi, que com sua qualidade divina ordena as direções para que elas não se choquem umas com as outras.

Saravá, nosso pai Oxóssi, senhor doador do Mistério do Senso de Direção Divina, nos guie e dê direcionamento para que trilhemos caminhos luminosos amparados pela Lei e pela Vida.

Quando clamar e orar ao pai Oxóssi, faça pedidos afins com seu mistério, como expansão do conhecimento, direcionamento do destino, expansão da fé, do amor, do conhecimento, da razão, da ordem, da evolução e da criatividade.

Saravá, o nosso pai Oxóssi: Okê Aro meu pai!

**Orixá Obá** – concentradora e racionalizadora. Assim como pai Oxóssi, mãe Obá é Orixá do conhecimento, porém tem como mistério o fator ou o princípio concentrador, concentrando tudo e todos para que não se tornem dispersos ou dispersivos. Enquanto mistério maior, ela atua no macro como concentradora das energias planetárias, tais quais os anéis de saturno que são como um amálgama energético de substâncias diversas contidas em um campo magnético, que o impede de se diluir, e ela também atua no micro e está para nossa faculdade mental como o ato de se concentrar e racionalizar, para que não nos distraiamos no assunto ou no objeto de estudo.

Enquanto mistério maior de Olorum ela é o próprio campo concentrador de nossas qualidades divinas e essenciais, de nossa natureza individual, como a energia que mantém nossas forças mediúnicas concentradas e firmadas, impedindo que se dispersarem.

É o fator concentrador que impede a dispersão, adentrando campos alheios. Ainda, enquanto mistério divino, está como o campo contenedor de cada coisa inerente a esse campo, tal como em nosso planeta tudo aqui está contido na sua força gravitacional, impedindo que sejamos tragados para o espaço e o universo infinito, e isso só é possível por influência do fator energomagnético da nossa amada mãe Obá. É ela que concentra cada coisa no seu campo para que não se misture, gerando outras coisas, descaracterizando e perdendo a sua individualidade.

Quando direcionarmos um pensamento em forma de oração ou clamor à amada mãe Obá, devemos solicitar que concentre e racionalize nossa fé, amor, conhecimento, razão, caráter, evolução e criatividade.

Saravá, nossa amada mãe Obá: Akiro Oba ye!

**Orixá Xangô** – graduador e equilibrador de tudo e de todos. Seu princípio ou fator graduador atua de forma universal e planetária para que cada coisa tenha seu grau específico, não recebendo nem mais e nem menos daquilo que possa suportar, para que possa se sustentar em equilíbrio tal qual um aluno de primário que está apto a aprender de acordo com sua idade e capacidade de raciocínio. Em contrapartida, o professor deverá desenvolver conhecimento adequado ao grau de instrução do aluno que estará sob seu amparo, graduando conhecimento para que a mente do aluno desenvolva-se de forma equilibrada.

Nosso pai Xangô é a individualização de Olorum no aspecto graduador-equilibrador, está nas temperaturas ideais em que são feitas as colheitas; está nas temperaturas individuais e nas coletivas, dando sustentação a tudo e todos e mantendo tudo em seu ponto de equilíbrio e graduação.

Esse princípio também está presente na graduação da temperatura do nosso corpo biológico, que deve se manter em 36,5 graus, sem alterar para mais e nem para menos, pois caso isso ocorra há risco de morte súbita; na graduação da temperatura do planeta e dos polos que o compõe, dando a cada espécie a temperatura ambiente necessária para sua evolução, uma vez que há formas de vida que se desenvolvem em temperaturas altíssimas, outras em temperaturas baixíssimas e outras num clima tropical, e, caso alguma dessas espécies seja retirada de seu habitat natural, sofrerá com o clima antagônico à sua natureza e fenecerá.

Ao ser graduado gera o fator equilibrador que supre a ausência e esgota os excessos, ou seja, Xangô é o equilíbrio Divino, adequando cada um ao seu campo e à sua vibração, cada um recebendo segundo seu merecimento e necessidade, recebendo cada coisa no seu grau de entendimento; é quem gradua as vibrações dos seres nas suas evoluções (é ele que gradua o mistério infante para que o mesmo se manifeste somente em seres infantis ou no início de seu desenvolvimento).

Se o divino pai Obaluayê é o mistério transmutador das coisas (inanimado) e dos seres (animado), nosso divino pai Xangô é o graduador deste estado, por exemplo, Obaluayê está na transmutação do estado líquido para o gasoso, Xangô é o calor que gradua esse estado elevando a água a um determinado grau para que ela se transmute em estado gasoso.

O divino pai Xangô é a divindade que gera nos seres a noção de valor de uma ação, classificando-a em positiva ou negativa, amparadora ou nociva. Se o nosso pai Obaluayê é a transmutação e a passagem do nosso estado íntimo inferior para um superior, o pai Xangô é o fator ou energia graduadora que dá legitimidade a quem está galgando esse grau consciencial superior, pois para que houvesse uma reforma íntima e mudança de estado das coisas, foi necessário a comparação de valores entre certo e errado, por isso Xangô é o juiz que emite sua sentença conforme o grau do crime cometido, concluindo sua pena em pequeno, médio ou grande delito, fazendo uso da razão, gradua a ação em amparadora ou nociva à vida, e, após sua sentença emitida, o pai Obaluayê abre sua passagem para cima ou para baixo para que o espírito seja enviado à faixa vibratória ou grau evolutivo que está vibrando.

O nosso divino pai Xangô é o juiz dos juízes e vai designando cada um ao seu lugar de merecimento, sua sentença é "Quem deve paga e quem merece recebe."

Quando fizermos uma oração ou um clamor ao nosso amado pai Xangô, devemos pedir que equilibre e gradue nossos sete sentidos, nossos sentimentos, nos equilibrando com tudo e todos e no graduando com todas as faixas vibratórias e os seres que nelas vivem e que mantêm ligações espirituais conosco, equilibrando nossa fé, amor, conhecimento, razão, caráter, evolução e criatividade.

Saudação: Saravá, nosso Pai Xangô: Kaô Kabecile Xangô!

**Orixá Oroiná Egunitá** – energizadora e purificadora que dota tudo e todos com as energias necessárias para a manutenção da vibração no campo evolucionista. A nossa amada mãe Egunitá está para nós como a energia vital que nos sustenta e nos mantém de pé, como o espírito vivificador e energia vital que dá sustentação enquanto seres espirituais. Ela é a própria energia sustentadora da criação de Olorum, é como a energia solar que energiza e ampara tudo que está à sua volta e consome tudo que sai do seu ponto de equilíbrio e do seu campo vibracional. Enquanto mistério maior é a senhora do fogo e é regente desse elemento, tendo como qualidade, atributo e atribuição os princípios: energizador, purificador e consumidor. Energiza e purifica com seus raios energéticos tudo que está paralisado (tal como os raios solares purificam um ambiente fechado cheio de fungos), e consome o que já se negativou e se tornou nocivo ao meio (tal como uma peste cuja transmissão se dá pelo contato com roupas, as quais devem ser queimadas para que sejam consumidos os seus agentes contaminadores), ou seja, a divina mãe Oroiná Egunitá vivifica, alimenta e sustenta tudo e todos, segundo seus padrões energéticos e sua capacidade de absorver as energias a eles destinadas. Com seu princípio purificador atua em tudo que está paralisado e putrefato, reacendendo a chama divina que estava morta no íntimo do ser e o faz reviver, amparando-o com sua chama divina, anulando os fungos ou bactérias (vícios que estavam fazendo adoecer) e assim purificado, retoma a evolução.

E caso sua chama branda purificadora não seja o bastante para acabar com vícios, aí ela ativa seu princípio consumidor que irá envolver o ser por completo, consumindo com seu fogo, de forma dolorida todos os vícios e as partes podres (sentidos negativos) que o geraram, anulando a fonte primária dos desejos negativos e viciosos, para que fique desenergizado e vazio de sentimentos, pois para que o fator consumidor dela tenha se ativado, foi porque se atentou contra sentidos sustentadores da vida, e caso continuasse vivenciando tais sentimentos, acentuaria ainda mais sua queda.

Essa é nossa amada mãe Oroiná Egunitá, senhora da justiça divina que cobra o devedor consumindo seus negativos e ampara o merecedor energizando e vivificando a chama da fé que sustenta as virtudes divinas.

Quando orarmos e clamarmos pela atuação de nossa amada mãe Oroiná Egunitá, devemos pedir para que energize a nossa fé, amor, conhecimento, razão, caráter, evolução e criatividade. Que ela nos envolva com a chama do seu amor divino, purificando nossa alma e consumindo todas as energias negativas vibradas por nós e contra nós.

Saudação: Saravá, Oroiná Egunitá! Kali ye minha Mãe!

**Orixá Ogum** – ordenador e potencializador. Ogum é a qualidade divina e individualização de Olorum no seu Princípio Ordenador. O divino pai Ogum é em si a própria Lei Maior Divina, responsável pela manutenção, amparo e ordenação dos princípios divinos aplicados nas muitas realidades da criação e dos seres que nelas evoluem.

Enquanto mistério maior de Olorum é o zelador das Leis Divinas e dos princípios virtuosos que amparam a evolução e a vida dos seres, zela pelo equilíbrio e a manutenção dos procedimentos em cada plano da criação. Ogum é a Lei Divina ativa e atuante vigiando a tudo e a todos, zelando para que os princípios evolucionistas sejam cumpridos, e cada um vivencie seu destino em paz e em equilíbrio sem que nenhuma perturbação possa interferir no curso natural da vida. Ele é a lei do carma, que no tempo certo cobra seus débitos, para que os erros cometidos deixem de vibrar contra aqueles que o cometeram (o carma é isso, a lei cobrando alguma falha moral que causou algum dano a terceiro, que ficou vibrando negativamente esse sentimento no éter até que o causador de sua ação venha absorvê-lo e anulá-lo por completo, pois aquele que é a causa da dor alheia, é responsável por recolher essa vibração do éter, só absorvendo a reação de uma ação, é que ela deixa de vibrar no éter ou na tela vibratória da Lei Maior).

Somos responsáveis por tudo o que geramos em nós ou em nosso semelhante, e esse sentimento permanece ativo à espera de sua colheita. Não é por acaso a existência dos provérbios: "Quem semeia vento colhe tempestade" e "Quem semeia brisas colhe o morno sol do amanhecer". É assim a Lei Maior, assim diz Ogum, o senhor da Lei. Ele também é regente da Lei do Retorno e tudo que vibrar na criação retornará a você pela mesma onda vibratória emissora e no mesmo grau magnético vibrado, porém o retorno vem em dobro, traz o peso da Lei Maior, que devolve uma ação negativa com juros e correções a quem lhe cabe e lhe é proveniente. Já diz o ditado: "Quem com ferro fere com ferro será ferido".

Nosso pai Ogum não permite que um espírito se sustente na luz, caso não a vibre em seu íntimo ou que se levante das trevas, caso ainda esteja sendo esgotado nelas em seu polo negativo viciado. Regula quem desce e quem sobe, quem ascende para esferas superiores e quem desce para faixas vibratórias negativas. Por isso, é o regente do Mistério Guardião, pois ele é que está assentado nas faixas vibratórias neutras, cujo limiar está entre alto embaixo, esquerda direita, céu inferno, e regula o trânsito de espíritos que devem ascender ou descer. Como regulador usa a sua potência divina, mantendo cada um em seu nível vibratório, sem permitir que um espírito que vibra negativamente ascenda à luz ou um espírito que vibra positivamente se petrifique nas trevas.

Ogum enquanto potência divina manifestada é a milícia celeste, é o fator reativo de Olorum, recolocando cada um no seu devido lugar, ativando mistérios cuja finalidade é paralisar, trancar, fechar, arrancar o que esteja atentando contra a vida.

Caso uma realidade comece a desequilibrar por ações negativas vibradas por seres que nelas vivem e que passaram a inverter os valores da vida, o mistério reativo da Lei manifesta-se por meio da sua potência divina e ativa mecanismos refreadores dessas ações, como o fator ou o princípio que visa trancar (trancador) tudo o que esteja em liberdade atentando contra a vida do seu semelhante ou contra o meio em que vive; tal como o fator ou princípio que visa arrancar (arrancador) tudo o que esteja assentado e atentando contra a vida do seu semelhante ou contra o meio em que vive; tal como o fator ou princípio que visa destruir (destruidor) tudo que foi erigido e construído e esteja atentando contra a vida do seu semelhante ou o meio onde vive.

Ogum é isso e muito mais, está em nós como o princípio moral e ético que alimenta nosso caráter e nos conduz de forma reta, não permitindo que venhamos a nos sujeitar a caminhos ou princípios tortuosos.

Quando vamos orar e clamar a atuação de nosso amado e divino pai Ogum, devemos pedir para que nos guie de forma reta, nos afastando de toda a forma de conduta ou caminhos tortuosos, que nos ampare potencializando nossas ações retas e virtuosas, fortalecendo nosso caráter e nos protegendo com sua espada da Lei amparadora da vida e da evolução, pedindo que ordene nossa fé, amor, conhecimento, razão, caráter, evolução e criatividade.

Saudação: Saravá, Ogum, Ogunhê meu pai!

**Orixá Iansã** – movimentadora e condutora. A nossa amada mãe e senhora da lei, a Sagrada Orixá Iansã é a qualidade de Olorum, cujo princípio é o movimentador; está para a criação como o próprio ato sustentador do planeta na sua movimentação contínua (rotação e translação), pois nada na criação é estático, mesmo que de forma imperceptível tudo possui mobilidade. Ela é essa individualização de Olorum, que ao se individualizar, gerou uma divindade feminina com a principal função de dinamizar tudo e todos. Por isso, está assentada no campo vibratório do pai Obaluayê como a senhora Iansã Bale ou Iansã das Almas, na linha da evolução – faz sair da inércia para buscar evolução contínua.

Esse fator faz tudo se movimentar. Uma rosa, por exemplo, ao ser semeada, cresce e se desenvolve, paulatinamente, mesmo sob a terra. Enquanto divindade de Olorum sua qualidade maior é estar em tudo e em todos, uma vez que para ser divindade tem de preencher esses requisitos, assim se faz presente no macro e no micro, tanto no movimento das constelações, estrelas e planetas, quanto no movimento do vento, dos nossos órgãos físicos que funcionam sem intervalo. Está no ato contínuo de respirar, está no ar, nos elementos que o compõe, nos átomos, nos nêutrons, nos elétrons que se movimentam ininterruptamente.

Muitos a confundem com a mãe Orixá Oro Iná Egunitá, a mãe do fogo que gera o fator energizador e está em tudo e em todos como a energia vital, e como a mãe Iansã está como o princípio motivador que a tudo faz movimentar, a energia vital, não seria vital se não tivesse o axé movimentador de Iansã, bem como o fator movimentador, não se realizaria como tal, senão fosse beneficiado pelo axé energizador da mãe Egunitá. Sendo assim, um Orixá enquanto mistério, também se realiza no campo do outro e todos se realizam em Olorum como manifestação individualizada do Todo.

Quando orarmos e clamarmos a atuação de nossa amada mãe Iansã, devemos pedir para que dinamize nossa fé, nosso amor, conhecimento, razão, caráter, evolução e criatividade. Que nos envolva em seu ritmo movimentador, abençoando com seu axé e conduzindo nossa evolução, nos dando mobilidade para vivenciarmos o nosso ciclo evolutivo de forma ininterrupta, assim como o nosso ato de respirar. Nos sustente com o vosso princípio movimentador amparando nossa vida, nos abençoando com o vosso sopro vital.

Saudação: Saravá, Iansã Eparrei minha mãe!

**Orixá Obaluayê** – evolucionista e transmutador. Nosso divino pai Obaluayê está para nós como os próprios níveis evolutivos, a senda evolutiva que vai nos transmutando e readaptando a novo meio e forma de evoluir; a faculdade de adaptação a tudo que é novo, é a sabedoria e o ato de refletir, de reconhecer o que nos cerca, analisar sobre o que está à nossa volta, fazer um reconhecimento desse meio e de como nos portar e sobreviver nele.

Enquanto mistério maior de Olorum está presente em tudo como o fator transmutador e adaptador, pois transmuta alguns conceitos que já não atendem como recursos amparadores da evolução dos seres e, após transmutar, os readapta a novas situações e caminhos que devem trilhar, mas já em outros níveis conscienciais. Por isso, ele é considerado o senhor das passagens, pois é quem legitima se algo ou alguém está apto a transpor outro degrau ou grau evolutivo, outro grau consciencial. Responsável, pela passagem de um nível para outro superior, caso o espírito tenha progredido em sua evolução, mas caso tenha se desvirtuado do caminho evolutivo, abre o nível inferior para que o espírito retorne, aprenda e solidifique os conceitos e condições necessárias que o farão ascender em sua escala evolutiva. Tal qual um professor que legitima se o aluno desenvolveu ou não uma base sólida de conhecimento que o possibilite avançar em nível superior de ensino.

O divino pai Obaluayê também é responsável pelo amparo e readaptação do espírito. Se o nível é superior, transmuta os conceitos para nova consciência evolutiva em acordo com o padrão mental desse novo estágio, adaptando o espírito para que vivencie novas experiências evolucionistas, porém se o espírito regrediu, então, o mesmo retorna pela "passagem" que estava atrás dele e regride conscienciamente, tendo que se readaptar aos padrões anteriores de sua evolução.

Desse modo, o divino Obaluayê tem como princípios divinos os fatores transmutador, adaptador, readaptador e regredidor, legitima e faculta a passagem para cima (evolução) ou para baixo (regressão). Ele está para a criação (macro) como o princípio do amálgama composto de duas substâncias que gerará uma terceira, já em outro nível.

No ocultismo é simbolizado pela alquimia ou a transmutação do ferro em ouro, na transformação nos elementos de um estado para outro como do líquido para o sólido ou do líquido para o gasoso. Está no desdobramento ou na mutação do sêmen até formar um ser humano completo e perfeito. Está na mutação de uma semente que se torna fruto, que se torna semente e que se torna árvore e que gera frutos. Ele está numa muda de pau-brasil até que ela se torne uma árvore de proporções gigantescas, uma muda que cabia na palma da nossa mão, hoje cumprindo parte de seu ciclo evolucionista, a qual não conseguimos abraçar tamanha é sua grandeza.

Ele quem rege o ciclo da vida onde nasce, cresce, amadurece, gera frutos, envelhece e morre. Percebam que para ter atributo de divindade maior de Olorum precisa estar em tudo e em todos e que seu ato se multiplique e sua estrutura esteja em todas as coisas geradas na criação Divina.

Sendo assim, a divindade Orixá Obaluayê preenche tais requisitos, está em tudo que é animado ou inanimado, desde uma semente ou muda, em nós seres humanos, nos animais, nas plantas, nos planetas, nas estrelas, enfim, em tudo na criação, ou seja, somente as divindades de Olorum possuem esses requisitos, pois são mistérios divinos em si mesmos e se realizam por si só, estando presentes em tudo que geram e realizam.

Quando orarmos e clamarmos a atuação de nosso amado e divino pai Obaluayê, devemos pedir que ampare nossa evolução nos dando discernimento e sabedoria para cumprir nossa senda evolutiva, galgar degraus e despertar em nosso íntimo as virtudes divinas que são as chaves para um grau consciencial superior que nos facultará acessarmos planos excelsos onde nos fortaleceremos na luz da sabedoria e da razão, emanada pelo Divino Criador.

Saudação: Saravá, nosso pai Obaluayê, Atoto Obaluayê!

**Orixá Nanã Buroque** – decantador e amadurecedor. A sagrada mãe Nanã Buroque está para nós como a divindade ligada ao trono da evolução junto ao pai Obaluayê. Ela representa o princípio da sabedoria que só é adquirida com maturidade e vivência na vida e no tempo. Por isso, é considerada a avó dos Orixás, pois o amadurecimento e o despertar da consciência ocorrem por meio das experiências e absorção de sentimentos, ora afins ora antagônicos, pelos quais o ser humano vai amadurecendo com o passar do tempo, pois é no tempo que se colhe todas as respostas e é no tempo que tudo evolui e se desenvolve. Por esse motivo e pela evolução estar atrelada à vivência de experiências no tempo que se permite agregar o que é afim e afastar o que é nocivo. A mãe avó do Orixás traz em si o mistério das eras e dentro desse mistério tudo está contido: o tempo, os ritmos da criação, os ciclos da vida e a evolução que acontecem em uma determinada era preestabelecida pelo Divino Criador.

Dessa maneira, o nosso pai Obaluayê e a nossa mãe Nanã são contados nas lendas africanas como orixás anciões, ou seja, orixás que estão na ancestralidade ou na gênese (início) das coisas, bem como no seu meio e fim, pois a evolução é uma linha por onde tudo se processa, o porquê de tudo ser gerado e criado por

Olorum, e as eras, o meio onde tudo se processaria, sendo a evolução o condutor e o motivo original de existir, e as eras evolutivas o meio o qual todas as criaturas animadas e inanimadas evoluem e concretizam seus destinos, desdobrando suas qualidades divinas no decorrer do tempo.

Nossa amada mãe avó Nanã detém o conhecimento de toda uma era evolucionista, e por isso rege o mistério da ancestralidade, representando a maturidade e a experiência que ampara e sustenta os nossos passos. Ela é como a vovó Preta-Velha que está sempre com um olhar singelo e um sorriso largo no rosto envelhecido no tempo pelas eras vivenciadas, sempre disposta a nos aconselhar e orientar, pois é em si o próprio meio onde a evolução se processa.

A divina mãe Nanã Buroque está como a memória divina que tudo e todos possuem, e, é na memória que fica gravado todo nosso ciclo evolutivo, tal qual um disco que registra tudo. Ela está no macro como a memória de uma estrela ou de um planeta, desde sua origem como agregador de elementos químicos presentes nas poeiras cósmicas que vão se unindo até que chega no seu ponto máximo de agregação e explode, dando origem a uma estrela ou um planeta. Está no surgimento desse planeta desde sua origem como união de átomos e elementos afins, como a memória ou o "disco" que vai registrando tudo que a acontece na sua evolução.

Nossa mãe Nanã Buroque está como a memória de tudo o que Olorum criou, tal qual a memória de uma galáxia onde todos os planetas e o sol estão contidos, e também está na memória de um órgão físico que registra sua função vital no corpo biológico do ser, como o pulmão, o rim, o coração etc. Ou não é verdade que um especialista em determinado ramo da medicina, ao realizar um exame em um desses órgãos não checa a "memória" do órgão, para posteriormente fazer o diagnóstico?

O mesmo ocorre com um exame microscópico feito em uma pedra para sabemos a idade da rocha, qual a propriedade principal que a formou e quantos elementos estão na base de sua formação.

A divina mãe Nanã é essa memória divina que registra nossas ações positivas e negativas que permitem aos senhores da Lei Maior e da Justiça Divina agirem segundo o nosso merecimento.

Os outros Orixás estão para esse mistério da memória como seus guardiões, pois as ações cármicas e dármicas segundo o seu merecimento só se realizam por meio desse mistério. Em Ogum se manifesta como a memória da lei, em Iemanjá se manifesta como a memória da vida, em Oxum na memória do amor, em Xangô na memória da justiça, em Obaluayê na memória da evolução, em Oxóssi na memória do conhecimento, e assim sucessivamente, Nanã é a doadora do axé da memória, tal qual Ogum é o doador do axé da ordem, sendo a ordenação divina no mistério da memória divina regido por Nanã, que sem o axé do seu mistério ordenador seria um caos, sem início, meio e fim. Ou seja, em se tratando de mistério ou axé divino, um Orixá rege um mistério e distribui a todos a guarda dele, pois só assim estarão presentes em todos, e o mesmo acontece com o portador original deles.

Desta forma, constatamos que só Olorum é autossuficiente, pois tudo o que Ele criou está encadeado ou interligado, em que um necessita do outro para que todos possam realizar-se em Olorum.

Essa estrutura e modelo divino de interligação estão no macro e no micro. No macro como estrutura planetária onde o sol é extremamente necessário para que outros planetas orbitem ao seu redor e recebam seus raios solares vitais para o desenvolvimento da vida em seus vários aspectos, no micro, em nós humanos, tal como os neurônios, cada um com sua função vital ao todo que é o cérebro, em que um neurônio é responsável pelos movimentos, outro é responsável pela visão, outro por classificar a visão, outro por registrar a visão, outro por armazenar a visão, outro por memorizar e assim por diante.

São cem bilhões de neurônios interligados que desempenham funções que se complementam e permitem que a vida em sua plenitude se concretize. Assim, são os Orixás, um depende do outro, tal qual um neurônio, que tem sua função principal como, por exemplo, a de dar movimentos aos membros. Porém, para que ele se realize em sua função primária, é necessário que outros neurônios auxiliem com suas funções, por exemplo, antes de movermos a mão em direção a um copo com água, foi identificado por um neurônio a falta de líquido no corpo e de, comunicação em comunicação, será ativado o neurônio que nos movimentará até a água.

Sem a presença da memória, os seres e as criaturas esqueceriam sua função e o motivo de suas existências. Os próprios axés dos orixás e seus fatores para realizar suas funções na criação necessitam da memória, caso contrário perderiam suas características e não se realizariam.

O Criador ao gerar um mistério o dota da memória onde são gravadas suas funções, qualidades, atributos e atribuições, e ao ser exteriorizado realiza sua função já codificada na memória que o mistério é em si. Essa memória nata nas coisas só é possível graças ao mistério gerado pela nossa divina Mãe Nanã Buroque e está em nosso corpo biológico regendo o cérebro, mais precisamente, o córtex central, que é responsável por memorizar as vivências por meio das imagens.

Saravá, a memória divina de Olorum que está presente e individualizada como mistério na divina mãe Nanã Buroque, que está em nós como a memória original que registra nossa evolução e retorno ao Divino Criador.

Ao orarmos e clamarmos a atuação de nossa amada mãe Nanã Buroque devemos pedir para que ampare nossa evolução, decantando do nosso íntimo todo e qualquer vício ou vibração negativa gerada por nós ou contra nós. Pedimos também que nos ampare com sua sabedoria, nos tornando espíritos maduros no tempo, até nos tornarmos aptos a orientar e conduzir nossos irmãos como o candeeiro que ilumina os caminhos escuros e a luz que dissipa a escuridão da ilusão e da ignorância.

Saudação: Saravá, nossa Mãe Nanã Buroque: Saluba Nanã!

**Orixá Iemanjá** – criadora e geradora. A divina mãe Iemanjá está para nós como a qualidade geradora de Olorum e por ser ela uma individualização Dele, o mistério da vida se repete e está em tudo e em todos, pois tudo que é animado ou inanimado tem o seu ciclo vital e é plantado ou fecundado, para gerar e se multiplicar nas suas gerações. Ela está para nós seres racionais, como a própria estrutura mental criadora, a qual nos distingue e dota com esse fator para que possamos nos desenvolver e sustentar nas intempéries da vida.

A criatividade é uma dádiva divina para que não pereçamos num meio adverso e antagônico, ou não é verdade que o ser humano cria condições de adaptação em qualquer meio que venha viver? Como nas temperaturas abaixo de zero dos polos norte e sul ou nas temperaturas elevadas dos trópicos ou pela criatividade que gera meios de se locomover fora de nossa órbita, tal qual a ida do homem à lua.

Sendo assim, a divina mãe Iemanjá está para nós como a própria individualização de Olorum no seu aspecto criador-gerador e se repete nas suas criações, permeando a tudo e a todos com o aspecto gerador, inclusive nos animais irracionais e nas criaturas inanimadas com o instinto criativo e mecânico para que não pereçam, sendo um gato amparado pelo instinto nato, como o pássaro com o instinto de voar e capaz de, mesmo em tenra idade, providenciar seu próprio alimento.

Já com o homem é diferente, pois os instintos em nós estão adormecidos pelo motivo de sermos gerados para vivenciarmos o estado racional, dotados da criatividade que transforma um meio adverso em um meio habitável.

Olorum ampara a tudo e a todos de acordo com a natureza e a espécie de cada um. A mãe Iemanjá é o próprio ato gerador pelo qual tudo se concretizou e se materializou, pois ela enquanto qualidade divina se repete em tudo como um modelo gerador, pois se Oxum é em si o próprio fator agregador e uni tudo que é afim para que possa ser gerado, a nossa mãe Iemanjá é o campo gerador ou momento materno onde tudo é gerado e transformado em vida, pois é nela que o primeiro ato vital tem origem.

Ao orarmos e clamarmos a atuação de nossa amada mãe Iemanjá, devemos pedir para que ampare nossa vida, gerando prosperidade, sabedoria e discernimento para passarmos por nossas dificuldades, pedir a ela que é mãe geradora da vida, que expanda nossa criatividade a fim de conseguirmos subsídios para evoluir diante das dificuldades pertinentes ao meio em que vivemos, pedir que gere em nós a força íntima que é capaz de mover montanha em prol da vida, que descarregue nosso íntimo de sentimentos mórbidos, que nos envolva em seu colo maternal e dissolva mágoas e tristezas que persistem em habitar o nosso íntimo, pedir que anule os dissabores que bloqueiam a nossa evolução, que abrande o nosso íntimo para não fazer de um único fruto amargo o motivo para não desejar mais experimentar outros frutos da mesa do Criador. Pedir que nos lave com suas águas salinas e que elas levem para suas ondas sagradas toda a angústia e tristeza, para que do nosso coração possam novamente brotar luz e vida.

Saravá, Nossa Mãe Iemanjá!

Significado do nome Iemanjá nos termos Yorubá: Yèyé Omo ejá: "Mãe cujos filhos são como peixes."

Saudação Yorubá: Odó Iya que significa: Mãe do rio

**Orixá Omulu** – paralisador e estabilizador. Nosso divino pai Omulu está para nós como o divino da vida, é no final dela que ele se mostra como uma luz divina num roxo cristalino, recebendo todos aqueles que cumpriram sua missão de forma virtuosa e semearam a luz e o amor no amparo do seu irmão em Olorum. Ele também está como o amparo daqueles que não souberam lidar com as dificuldades pertinentes deste plano, preferindo o caminho mais curto e, consequentemente mais tortuoso da evolução, não suportando a dureza do tempo e a correnteza da vida, tal qual um peixe que se desvia do cardume e se perde por rumos não destinados a ele, ficam indefesos contra suas próprias atitudes, recorrendo aos vícios ao invés das virtudes para enfrentar as dificuldades que cruzaram seus caminhos. O divino pai Omulu se mostra para estes como a ausência da luz cristalina, como um roxo profundo quase negro, a recolhê-los assustados e vítimas de suas próprias ações.

É no final da vida que ele se mostra feito o anjo da morte, porém, aqueles que o veem luminoso e belo enxergam o reflexo de suas ações, que foram belas e virtuosas e ao desencarnarem têm o seu cordão da vida rompido por uma sagrada tesoura dourada. E aqueles que veem nele o espectro da morte com o manto escuro a envolvê-los, enxergam o reflexo de suas ações escurecidas pelos vícios, nos quais assentaram suas evoluções e ao desencarnarem têm o seu cordão da vida rompido pela sua foice sagrada, direcionada para seu espírito no momento que se desviou de sua conduta original (virtuosa) e passou a se guiar por princípios sombrios e viciados.

O divino pai Omolu é em si a própria caridade divina e a própria individualização de Olorum no resgate do seu imenso cardume que teima em se desviar de seu rumo, está para eles não como o pai da vida, que ampara aqueles que a semeiam e a tornam extensão na vida de seus semelhantes. E sim, como o divino senhor da morte que paralisa os vícios que os fizeram regredir e sucumbir diante da correnteza da vida; é para eles como o manto negro a cobrir seus espíritos despidos das virtudes, para que os seres viciados e caídos não os estimulem a desenvolvê-los mais e mais; ele está como a roupa que cobriu o espírito que nada mais tinha para se cobrir. Omolu está para eles como o pão seco e duro que alimenta a sua fome, pois se alimentaram de frutos proibidos que fomentaram seus vícios enquanto espíritos encarnados. Está para eles como a cova que protege o seu espírito de suas próprias ações e de quedas mais acentuadas. Está nos destroços de seus próprios castelos da ilusão, que frágeis como seu emocional, explodiram assim que sucumbiram diante dos princípios divinos e luminosos. Está para eles como a vela que ilumina e aquece uma vasta escuridão semeada por suas ações desvirtuadas contra a própria vida e a de seus semelhantes.

Ele é o divino pai que mostra a extensão dos erros e faz da morte a força para retornar à vida como filho pródigo que, ao perder toda sua riqueza (virtudes) doada por seu Pai (Olorum), teve de viver na ausência Dele (luz) e sofrer a miséria (vazio) e a morte que se encontra presente na ausência de Olorum (plenitude).

O divino pai Omolu é a caridade de Olorum para aqueles que, por ignorância, agora sentem fome por fazerem da fome um meio de vida para seu irmão, e ensina a reconhecer nossos erros, que nos conduzem até o ponto em que passamos a vivenciar a morte dos sentidos virtuosos, ampara e fornece o meio para começarmos do "zero" amargando a lama e tendo por missão torná-la um solo luminoso e sustentador da evolução daqueles que caíram por acreditarem e nos seguirem.

Ele é o divino pai da vida e nos ampara quando a sustentamos e nos paralisa quando atentamos contra algum de seus princípios sagrados. É o pai da cura, pois está com o seu fator paralisador, como a energia que paralisa as doenças e anula tanto as de fundo espiritual quanto as de fundo mental e patológico. Está para os caídos nas trevas como o médico dos pobres que, após arrependidos, ajudam a curar as chagas manifestadas em seu corpo espiritual devido aos vícios sedimentados em suas mentes.

Se a caridade simboliza o ato de nos voltarmos ao nosso semelhante menos favorecido no intuito de elevá-lo ao nosso grau de estabilidade, pai Omolu é a própria qualidade divina individualizada na sua ação em benefício dos seres que se desvirtuaram da grande senda evolucionista.

Ao orarmos e clamarmos a atuação de nosso amado e divino pai Omulu, devemos pedir para que nos sustente e nos ampare para que possamos vivenciar nosso destino, conduzidos pelo princípio luminoso que desenvolve e estimula a abertura de faculdades mentais e que desperta em nosso íntimo as virtudes divinas.

Devemos pedir que paralise todas as nossas ações contrárias à vida para que não conheçamos a sua face escura. Devemos pedir que nos ampare como tutor e mestre que mostra o caminho mais luminoso para que não venhamos a enveredar por caminhos sombrios. Devemos pedir a cura do nosso espírito e de nossa alma, para que, curados de nossas chagas, possamos retribuí-lo como agentes curadores daqueles que ainda estão deslumbrados pela ilusão dos vícios e dos desejos desvirtuados.

Saravá, Omul!, Omulu Ye Tátá!

E assim são os sete poderes na Umbanda, sete princípios divinos que dão sustentação à religião e que estão na base do seu fundamento. Em seus desdobramentos são gerados quatorze divindades Orixás, responsáveis pela evolução e amparo dos seres, ou seja, é no vazio de Exu que nos vitalizamos, para que nossas intenções positivas se concretizem no espaço em Oxalá (plenitude), e nesse espaço encontraremos o Desejo (Pomba-Gira) que nos estimulará à busca pelo despertar das virtudes que só acontecerão mediante a vivenciação no tempo de Logunan, onde nos uniremos e conceberemos vida (Oxum), que se renovará (Oxumaré) e buscará o alimento que a sustenta, tal qual o divino caçador pai Oxóssi que adentra as matas mais fechadas para alcançar o seu objetivo, que é trazer alimento (conhecimento), para que providos possamos evoluir em equilíbrio do nosso pai

Xangô e equilibrados possamos nos movimentar e direcionar (Iansã), e de forma reta e ordenada caminharmos, amparados pela lei maior de nosso pai Ogum, pois somente de forma ordenada poderemos vibrar a energia da chama da vida de nossa mãe Oroiná Egunitá, consumindo nossos vícios para que junto de pai Obaluayê possamos transmutar os nossos vícios em virtudes. E, quando gerarmos somente as virtudes luminosas no qual o Criador nos ungiu, seremos amparadores da vida (Iemanjá) e na era evolucionista de Nanã Buroque galgaremos nosso degrau e quando o transpusermos encontraremos nosso fim ou nossa estabilidade (Omulu) em Olorum, nosso Divino Criador, pois nesse dia luminoso nós e O Pai voltaremos a ser Uno.

## *Orixá Ibeji o princípio e a qualidade imanente da pureza de Deus*

É interessante, quanto mais nos aprofundamos mais imanência dos mistérios divinos em tudo e em todos nós encontramos. Hoje, vamos abordar um mistério divino que é em si um princípio imanente, ou seja, uma qualidade divina que está em tudo e em todos, tanto na criação e nos meios evolutivos, quanto nos seres racionais ou irracionais que vivenciam em processo evolutivo em diferentes faixas vibratórias e meios.

O princípio divino que vamos discorrer é um princípio que denominamos infantilizador, princípio esse cuja qualidade, atributos e atribuições se realizam e estão presentes nos seres racionais, (nós humanos) nas criaturas irracionais (animais), nas espécies inanimadas (plantas, etc.); está no cosmo, no nascimento das estrelas, cujo berço estelar revela a idade infantil dessas estrelas, cuja função na criação está em estado potencial ou adormecidos em que futuramente algumas se tornaram sóis, outras planetas, outras satélites naturais e assim sucessivamente.

Na flora, esse mistério está na semente de tudo, seja ela na de uma árvore, de uma planta ou de um fruto, que embora seja uma semente (infantil) traz em si todo o potencial de uma árvore frondosa, porém que ao ser plantada irá se desdobrar e aflorar todo o seu potencial até se transmutar de um estado (semente) para outro – árvore já madura e frutífera.

Assim o é, igualmente, é na fauna em que os animais gerados e paridos trazem todo o potencial de sua raça animalesca, que com o passar dos anos transmuta esse estágio infantil e começa a amadurecer e a crescer, desdobrando todo seu potencial e natureza de sua raça. Fato esse que nos revela que tal estágio infantil é um princípio e qualidade divina que está em tudo e em todos, está num filhote de cachorrinho, ou de papagaio, de gato, ou de ser humano e todos nesse estágio se comportam de modo similar – são traquinas, brincalhões e fazem a felicidade daqueles mais maduros que lhe dão sustentação.

Na religião de Umbanda existe uma divindade ou um ser divino que é o manifestador primário dessa qualidade divina de Deus, que manifesta este princípio divino de forma eterna e imanente, amparando a tudo e a todos, gerados pelo Divino Criador Olorum. Na religião de Umbanda ou nas religiões de matriz africana ou afrodescendentes essa Divindade é nominada de Orixá Ibeji ou os gêmeos infantis.

Essa Divindade é a qualidade de Deus cujo princípio é despertar a pureza em tudo e em todos e é também a responsável pela regência do estado infantil de tudo e de todos, das coisas e dos seres, desde um planeta até uma semente, e desde um bebê até um ancião, todos sem exceção passam por esse estágio.

Vejamos que a divindade gêmea regente e manifestadora desse aspecto que assume o arquétipo infantil está enquanto entidade religiosa em outras religiões que não as afrodescendentes. Trata-se das divindades angélicas; há seres infantis que semelhantes a anjos infantis trazem uma flecha que desperta o amor naqueles que por ela são contemplados. E é certo que nas lendas esses anjos "crianças" fazem muitas traquinagens, porém são descritos como seres angélicos infantis que trabalham em nome de Deus despertando o amor, mas tudo segundo a sua natureza que lhe rege, natureza esta que é infantil.

Temos a lenda dos gêmeos infantis Cosme e Damião que são os santos católicos. Temos a lenda de Rômulo e Remo, os gêmeos filhos da loba segundo a lenda e tradição romana. Temos a divindade hindu que representa o aspecto infantil na Divindade Krishna que é denominada Balakrishna, representando Krishna como uma criança tocando flauta, ou seja, esse Mistério dos gêmeos infantis está tanto na religião quanto na criação divina, pois é imanente e está em tudo que nasce e cumpre este estágio infantil.

E está nos Orixás naturais, os Orixás individuais dos médiuns que são incorporados nas giras, (nosso Pai Ogum, nossa Mãe Inhasã, nosso Pai Xangô, etc.). Está em todos os Orixás por nós cultuados e que se revelam mediunicamente através do dom da incorporação; este mistério infantil está nos Orixás, por exemplo: a mesma mãe Inhasã individual que se manifesta ou incorpora em você, também, foi regida por este mistério divino que está no início do estágio evolutivo enquanto estágio infantil dos seres humanos (nós) e seres naturais (os Orixás pessoais e individuais que incorporam em nós). Essa mesma mãe Inhasã sete pedreiras hoje já madura um dia foi a aquele Erê que quando se manifestava nas giras de Umbanda e lhe perguntavam seu nome ele lhe dizia: meu nome é Bárbara, titio (alusão ao sincretismo de santa Bárbara com Inhasã) e meu papai e Xangô e minha mamãe é Inhasã. Ou esse mesmo pai Ogum Beira-Mar individual e maduro que você hoje incorpora, fora outrora Erê cujo nome era Jorginho da beira do mar, (Jorginho devido à alusão e ao sincretismo de Ogum com São Jorge e da beira do mar, o campo em que ele atua que é regido por Iemanjá e Obaluaê) e ele dizia meu papai é Ogum e minha mãezinha é Iemanjá.

É isso mesmo, meus irmãos! Esse mistério infantilizador por ser um princípio divino está em tudo e em todos, pois a função de um princípio divino é exatamente o de estar em tudo e em todos de forma imanente, pois se assim não for, então, não é um princípio, mas somente um meio, certo? Lembre-se que estamos falando de orixás individuais, que são espíritos naturais que nunca encarnaram e não desenvolveram em si aspectos humanos que apenas espíritos que encarnam nesta faixa vibratória material os têm.

As divindades de Deus são os regentes e manifestadores dos mistérios de Deus, são a própria individualização de Deus nessas qualidades. Quando falamos dos orixás que se manifestam em nós, não estamos falando do Divino Pai Maior Ogum que não incorpora, pois esse Pai divino é a própria lei em ação e presente em tudo e em todos, o mesmo com o Divino Pai Maior Xangô que é a própria essência da Justiça em si e que se manifesta em tudo e em todos através dos sentidos da razão. Esses Orixás denominados Divindades de Deus são a própria evolução, por onde os Orixás menores (os nossos Orixás de incorporação) evoluem numa faixa vibratória só deles e atendendo a outros propósitos de Olorum o Divino criador.

Pois bem, esse princípio divino que se manifesta em tudo e em todos regendo o estágio infantil e que é representado pelos gêmeos crianças ou gêmeos infantis, simboliza na evolução o estágio infantil existente em tudo e em todos e representa a dualidade (simbolicamente representada pelo gêmeos que significa seres regidos pelos mesmos mistérios, pai e mãe, mas que atuam de formas diferentes).

O orixá Ibeji é a divindade de Deus que rege o estágio infantil e é o Orixá que distribui esse mistério de Deus através do seu axé da pureza, cuja função é dotar tudo e todos com sua pureza, e ele, ao se desdobrar nos campos de Ogum, o envolve e o imanta com a pureza nos campos da lei, ao se desdobrar nos campos de Xangô o envolve e o imanta com a pureza nos campos da razão ou da justiça, ao se desdobrar nos campos de Oxóssi, o envolve e o imanta com a pureza nos campos do conhecimento ou na expansão dos conhecimentos divinos, e assim com todos os pais e mães orixás que têm seu mistério individual abençoado e fortalecido pelo axé do Orixá Ibeji ou o Orixá cuja função na criação é dotar tudo e todos da pureza dos sentidos e sustentar o estágio evolutivo infantil onde depois das divindades de Deus, tudo e todos estão sujeitos.

Para que entendam bem mais o axé divino da pureza, citemos um exemplo: uma mãe que ao amamentar e criar seu filho não o faz por interesse, mas de forma incondicional, pois para ela não representa obrigação, nem aguarda recompensa futura.

Vamos a outro exemplo mais pertinente: citemos nossa Religião de Umbanda, que acolhe e atende a tudo e a todos sem distinção. Se alguém vai tomar passe com o guia espiritual, pouco importa para o guia espiritual qual é a religião ou a crença da pessoa, o guia não faz proselitismo ou tenta convencer a pessoa de que a Umbanda é a melhor religião ou melhor via evolucionista, o guia atende a pessoa, aconselha e a ampara por amor, sem nenhum interesse ou intenção. Ele nos ajuda por amor a nós, onde só há o puro amor do bem querer. Nenhum templo umbandista ou guia protetor lhe cobra um centavo, pois tudo é feito na verdadeira caridade. Nenhum médium telefona para a pessoa atendida para saber se foi curada ou pede para dar testemunho em seus centros de Umbanda, não!

A Umbanda é a Religião da pureza da fé, do amor, do conhecimento, da razão, da moral, da evolução e da vida.

A Umbanda é a pureza do orixá Ibeji a se manifestar através das virtudes divinas que só exigem a permanência no culto se realmente aquele solo desperta a luz em você que é em si a semente divina que Deus depositou na terra para que amadureça e gere também bons frutos da pureza da virtude. Nada melhor do que as crianças para simbolizar essa qualidade de Deus, não acham?

E logo surgem nos centros umas das mais antigas linhas de trabalhos que logo no surgimento da Umbanda já se manifestavam trazendo toda a pureza dos sentidos no culto nascente, as linhas dos Erês, espíritos naturais manifestadores da pureza divina nas qualidades dos outros Orixás, por exemplo: (Mariazinha sincretismo com Maria mãe de Deus, mamãe Oxum), (erezinho Bartolomeu sincretismo com São Bartolomeu, Oxumarê), etc... Se é uma Erê espírito infantil feminino cujo nome é Mariazinha, significa que ela é manifestadora natural do princípio divino regido pelo orixá maior Ibeji que é o princípio da pureza divina, manifestando a pureza no campo do amor cujo princípio é regido pela Mamãe Oxum. Se ele é um Erê cujo nome simbólico é por exemplo Sebastião ou Tiãozinho, ali está oculto por trás desse nome que aquele espírito natural infantil é manifestador natural do princípio divino regido pelo orixá maior Ibeji que é o princípio da pureza divina, manifestando a pureza no campo do conhecimento cujo princípio é regido pelo Papai Oxóssi.

Esse princípio rege o nosso estágio infantil humano e quando nascemos e vivenciamos nosso estágio desde o nascimento até mais ou menos sete anos de idade, somos regidos pela divindade gêmea Ibeji que simboliza a pureza dos sentidos, por exemplo: nesse estágio até no máximo sete anos, tudo que fazemos o fazemos por fazer, ou seja, de forma pura sem nenhum interesse ou nenhuma intenção, dos sete até mais ou menos a pré-adolescência aos quatorze anos, ali passamos a dividir o estágio infantil com o outro "gêmeo" Orixá Exu-mirim cujo campo de atuação é das intenções, exemplo: nesse estágio dizemos assim: Mãe se eu passar de ano e for bem na escola, você me dá um vídeo game ps4! Ou seja, vou passar de ano e ir bem na escola porque tenho o interesse e a intenção de ganhar o vídeo game ps4 certo?

E o Divino Pai Orixá Exu-mirim que também traz o arquétipo infantil simbolizando o despertar das intenções nos seres, passa a regular essas intenções e caso sejam positivas e amparadoras e impulsionadoras da evolução, ele fortalece tais intenções, porém caso a intenção atente contra os princípios virtuosos, ele faz regredir o princípio evolutivo atrasando-a até que ela venha a despertar algo puro em seu íntimo e não seja movida só por interesses!

Assim de uma forma geral todas as divindades Orixás participam da nossa evolução. O Orixá Ibeji desperta a pureza divina em nosso estágio infantil. O Orixá Exu-mirim regula e equilibra nossas intenções, apoia e ampara aquelas que são construtivas e recolhe aquelas que só visam aos interesses pessoais. Após concluída essa fase pré-adolescente somos regidos pela a Sagrada Mãe Orixá Pomba-Gira, que nos estimula a evoluir e a conquistar nosso lugar no mundo, incentiva os nossos desejos virtuosos e desestimula os nossos desejos viciados e, junto com a Sagrada Mãe Orixá Pomba-Gira está o Sagrado Pai Orixá Exu trazendo vitalidade em nossa juventude para que cresçamos fortes e vivazes.

Por volta de 18 anos está o Divino Pai Ogum como um general a nos ajudar e abrir nossos caminhos para que façamos as melhores escolhas e trilhemos os melhores caminhos, e, juntamente com a mamãe Inhasã vai impondo seu movimento e equilibrando nosso emocional para que venhamos a lidar de forma equilibrada com tudo que se mostra antagônico à nossa natureza, nos ensinando a lidar com o primeiro emprego, o primeiro amor, etc.

Depois desse período de experiência, o Divino Pai Oxóssi junto da Sagrada Mãe Orixá Obá consolida tudo com o conhecimento de causa, nos fazendo jogar fora tudo que nos é desnecessário, expandindo nosso conhecimento para novos horizontes em que nossa Mãe Maior Obá concentra nossas forças e nos conduz com os pés no chão.

O próximo estágio geralmente é o casamento e, a partir do qual nasce nova concepção de vida onde passamos a nos harmonizar e em harmonia aprendemos a dividir o Divino amor de Mamãe Oxum até que ele se renove com a bênção dos filhos que assim que são paridos nos transformam de imediato e nos fazem ter nova concepção do amor através da família, diluindo antigos conceitos e renovando o laço familiar através da hereditariedade nos filhos. Nesse momento e no tempo certo da nossa Mãe Maior Orixá Logunan despertamos a fé em Deus e a fé inabalável na vida e somos direcionados também à casa do Pai que nos ampara e nos dá a direção certa para o desenvolvimento da nossa família, constituindo um lar abençoado que só a presença divina do Divino Babá do Orum o nosso Sagrado Pai Orixá Oxalá pode nos conceder.

Em seguida, acompanhamos com olhos atentos o desenvolvimento, o crescimento e o amadurecimento de nossos filhos. E, então, constatamos que somente com a chama do amor do Divino Pai Xangô é que, de forma racional e equilibrada, estamos aptos a educar nossos filhos sem nos tornar tiranos, mas Rei e Rainha de Oyo na visão deles.

Todavia, o mesmo fogo que aquece a chama do amor também purifica e consome o excesso deles na força da grande Mãe Orixá Oroina a mãe que nos cura de nossos excessos nos devolvendo a razão e nos suprindo da nossa energia vital para a busca de dias melhores.

E dessa forma, envelhecemos com a sabedoria do Sagrado Pai Obaluaê nos fazendo outrora caminhantes da vida agora já transmutado em caminhos firmes e luminosos por onde os nossos maduros filhos já tornados Pais venham a caminhar e a trilhar os nossos passos e com o sorriso da vovó Sagrada Nanã Buroque eles inundem de alegria e se sintam acalentados no amor de vó que de tão sublime que é, é também o amor da mãe que já foi filha e da filha de quem já foi mãe.

E assim, por fim Omolu o Divino e Sagrado Pai Orixá que dá finalidade a tudo e por isso ele é o senhor do fim, vimos que nossa vida não foi em vão, e quando olhamos para trás na linha concêntrica do tempo de nossa evolução vimos o quanto valeu a pena viver a vida com tudo que ela tem em si, e somente nesse momento crucial do fim da nossa finalidade é que conhecemos realmente a verdadeira riqueza da vida que é a nossa amada Mãe da Vida a Sagrada Mãe Orixá Yemanjá a descobrir o véu dos mistérios e nos revelar conosco já em seu colo maternal o grande segredo da vida, dizendo carinhosamente em nosso ouvido: " Filho, viver a vida é o verdadeiro e sublime ato de fé."

Saravá, meus irmãos e que o Divino Orixá Ibeji abençoe a nós todos trazendo a dádiva dá pureza em nossas vidas.

Saravá, Ibeji, Bejiróó! Ibeji é o Orixá-Criança.

## *O valor e a transmutação do desejo para o amor*

O desejo está para nós como a falta, e a realização do desejo como a satisfação, e após a realização do desejo, desenvolvemos a vontade de tornar esse instante perene, duradouro e eterno e, quando isso acontece, a vontade passa a se chamar amor.

O desejo é o estímulo que nos impulsiona a conquistar, querer para nós o objeto desejoso, tal qual o aluno que ao obter a resposta para sua pergunta torna um desejo que lhe impulsionou numa vontade em se ver refletido na imagem da sabedoria ou do professor. Logo, o desejo está somente na satisfação da pergunta, e a vontade está na satisfação em se ver reproduzido na semente plantada pelo seu mestre.

Desse modo, o desejo é o que estimula e a vontade é que o torna. Assim como o desejo sexual e a satisfação dele estimula o princípio de um relacionamento, e, após o desejo se constituir em ato sexual, vem a vontade de tornar aquela sensação eterna, casar, ter filhos e constituir família, eternizando o ato, ou seja, sentimos desejo pelo que não temos e vontade por aquilo que temos e queremos eternizar.

Por isso, o divino trono do amor é agregador, pois ele é a vontade de Olorum (Deus) em unir tudo e todos para geração e reprodução. E o divino trono dos desejos é o fator estimulador, para que todas as uniões se concretizam.

Para a agregação dos átomos são necessários estímulos elétricos e atração elemental. Em relação aos animais, eles liberam uma substância química chamada feromônio (do grego: phero = transmitir e hormona = excitar) regida por Pomba-Gira, para estímulo do acasalamento. Pomba-Gira está também na energia estimuladora sexual do ser humano, mais complexo, pois se excita por meio de estímulos ligados aos cinco sentidos (visão, audição, paladar, olfato e tato).

A sagrada mãe Pomba-Gira está para a criação, e as criaturas como a energia divina estimuladora, que é o fator primeiro de conduta e direcionamento. Por essa razão, junto ao divino pai Exu, ela está na primazia das oferendas, simbolicamente e ocultamente, dizendo que todo ato criador provém do desejo de Olorum em criar algo. E todo ato gerador vem da vontade de eternizar suas criações, ou seja, se Exu é o primeiro orixá gerado, justamente por ser o vazio que é a base da criação para que tudo o que fosse gerado lá se assentasse, Pomba-Gira é o próprio desejo impulsionador para a criação e está junto a Exu na grade dos orixás primogênitos, e por isso são os primeiros oferendados em qualquer celebração.

Sendo assim, Pomba-Gira é a essência, o perfume que instiga o nosso íntimo e traz para fora o nosso desejo, revelando e estimulando à conquista. E tal estímulo não se limita à sexualidade, expande-se para todos os sentidos (fé, amor, conhecimento, razão, caráter, evolução e criatividade), e por isso está muito próxima à mãe Oxum, que também está assentada na linha da vida, como a divindade que rege os estímulos para que as uniões (fator de Oxum) aconteçam.

A mãe Pomba-Gira é o querer primário, perecível que concita ao querer que essa experiência se torne eterna. E, então, passamos a ser regidos pelo divino trono do amor de mãe Oxum – regente da vontade ou do sentimento de união eterna, pois é isso que é o amor, "um sentimento que eterniza uma escolha". A vontade é a vivência de um sentimento desejando que ele nunca se acabe, o amor eterniza e une. O amor pelo conhecimento é que diferencia um aluno do professor, o amor pela fé é que diferencia um religioso de um sacerdote, que também o é, porém, que ama tanto o que faz, que se torna uma referência.

## *Ode à Pomba-Gira*
Revisado por Editor do Webartigos.

"Pomba-Gira ou Bombo-gira
Chame-a como for do seu ventre brota a vida do seu seio puro amor
Qualidade divina estimula a criação, sem tua presença não há vida e nossos dias são em vão

O arquétipo feminino simboliza a força da mulher
Traz a sutileza da brisa
E a fúria da maré

Traz no seu ventre a vida
Enquanto estímulo da criação
Seu perfume tem encanto
Traz a fé e a redenção

Pomba-Gira encantada
Beleza natural nem recato nem escracho estimula o bem
Desmanchando o mal

Pomba-Gira mulambo Tu não és vaidosa! Quem lhe julga pelo nome? Esgota a vaidade
Que aos homens lhe consome

Pomba-Gira mulher de opinião não se deixa subjugar, em nenhuma situação

De frente ela determina, como na gênese da criação, Ela nunca está por baixo, está por cima da relação Santidade masculina
Que julga sem pensar
A beleza feminina
Atributo de um lar

Pomba-Gira menina
Mulher da criação
Cujo pecado é atribuído
Como tábua de salvação

Pomba-Gira é tudo isso
Pomba-Gira é muito mais
Só não é sua covardia
Que não assumiu sua autoria
E no púlpito da hipocrisia
A chamou de satanás

Pomba-Gira é o fim
Do misógino dominador

É o início da liberdade
Da costela em castidade
Do patriarca que a calou.

Da costela lhe deram origem
Que imaginação tão parca ou não é fonte de vida?
O ventre que gera e o seio que farta!

Pomba-Gira é rainha
Seu arquétipo é libertador da mulher sufocada da classe marginalizada dos direitos reprimidos injustos e desvalidos de um mundo sem amor.

Pomba-Gira é grito é fornalha e é calor sufocada na história traz na mente a memória
Santa Inquisição que a condenou

Pomba-Gira é a ausência
Do estímulo do Criador
De pedra tão insana e violenta que lhes atiraram os cinquenta
Há quem na terra santa não pecou?

Mulher adulterada condenada a pedrada
A quem você traiu
Que pedra te condenou?

Foi religioso seu adultério?
Ah seu pecado não foi tão sério, pois Deus é um Mistério tanto na tábua da lei quanto no encanto da flor

Qual foi o seu pecado adultério sem presunção foi trocar de divindade ou trocar de religião?

Mulher adulterada
continua a tomar pedrada na encruzilhada abaixada
Em ato de adultério ativando seu mistério
Com Exu seu salvador

Julgada e imolada
Sem piedade ou redenção
Por cultuar seus Orixás

Divindade revelada
No seu culto de nação

Quem lhe entregou, foi o torso branco que você usou? Quem lhe castigará, pelo uso do seu fila? Quem não quer lhe vê, pelo uso do seu Kelê? Quem lhe chamará de criada, pelo uso da sua saia rodada? Quem lhe julgará como inferior, pela sua crença e pela sua cor?

A hipocrisia humana, que a muito já lhe julgou, a pedrada na Maria, que na Madalena não cessou

Quem lhe julgará pelo adultério, que já se consumou Por não cultuar a divindade do seu polido agressor

Paciência, o próprio mestre falou:
Eles não sabem o que fazem
E não sabem por quem pecou

A pedra que lhe atira
Arranca lágrimas do redentor
Que descarrega o ódio humano usando o nome do Senhor.

Aí que saudade da região de lá
Onde a Gelede aquece o meu coração, lá posso cultuar meu Orixá
Que as pedras não me alcançam não!

Lá onde a mulher é exaltada sublime e admirada sem nenhuma intervenção

Pomba-Gira é esperança
Do Pai a compreensão
Daquele Deus tão generoso
De tão sublime e tão honroso
Se dividiu nos seus filhos Para enxergar-se como irmãos."

## *Pomba-Gira e a psique*

Olorum, ao individualizar Seu aspecto estimulador, gerou uma divindade unigênita chamada Pomba-Gira que a partir daí gera em si e a partir de si toda Sua energia estimuladora em tudo e em todos.

Olorum é o todo e Pomba-Gira é parte do todo que foi individualizada em Seu aspecto instigador e assim também o é com todas as divindades de Olorum que geram em si as condições e meios ideais para que os seres sejam amparados e possam evoluir.

Pomba-Gira é também conhecida como senhora regente dos desejos, pois é o atributo que mais bem qualifica a energia divina estimuladora gerada por ela.

A nossa mentalidade e cultura judaico-cristã nos influencia a idealizarmos o sentido de desejo como algo voltado somente ao sexo e ao pecado, porém, o desejo ou estímulo como energia divina está relacionado a todos os nossos sentidos e áreas da nossa vida – vibramos desejos de professar uma fé e buscar uma religião, de vencer na vida e passar por todos obstáculos e dificuldades pertinentes ao nosso dia a dia, de amar ao próximo, de casar e constituir família, etc. Pomba-Gira, igualmente, estimula o desejo de buscar retidão de caráter, equilíbrio, razão, conhecimento e sabedoria, ou seja, todas as virtudes divinas que nos afastam dos vícios e desestimula os sentimentos negativos vibrados por nós.

Pomba-Gira é a força íntima, é mola propulsora que nos impulsionar sempre que nossos desejos negativos tentam nos arrastar ao fundo dos nossos abismos pessoais.

Enquanto o orixá Exu rege o estado externo da criação denominado de vazio, a orixá Pomba-Gira rege o estado interno da criação denominado de abismo, ou seja, tudo que se se esconde em nosso íntimo, como, por exemplo, o amor reprimido, que na origem amor é um sentimento divino, quando não temos o objeto amado, desvirtuamos esse sentimento divino e passamos a internalizar um ódio desmedido pelo alvo de nosso sentimento; a frustração de qualquer desejo almejado por nós, mas que não conquistamos; os traumas psíquicos que se originaram a partir da vivência de sentimentos negativos, alojando-se no mais fundo do nosso íntimo, onde somente as senhoras dos abismos têm a chave de acesso, pois trabalham no resgate de todos os seres encarnados e desencarnados, cuja mágoa, frustração e repressão de um sentimento levam a quedas intermináveis.

Suas manifestadoras espirituais lidam com esses aspectos sentimentais como verdadeiras psicólogas, e em suas conversas envolventes despertam, aos poucos, cada ser de seu enclausuramento e apatia, trazendo-os à realidade da vida, e com uma boa dose de humor ensina-os que a vida é difícil de ser vivida, no entanto, é maravilhosa, pois o Criador sempre nos faculta a oportunidade de retornar de onde paramos e continuar a evoluir, substituindo o amargor da vida por uma bela taça de champanhe (estímulo e desejo de viver) passando a entender que se temos dificuldades no decorrer da nossa evolução, Olorum não nos privou das soluções que estavam e sempre estarão em nós mesmos.

Toda essa verdade está implícita, de forma emblemática nas próprias linhas de trabalhos de Pomba-Gira. Seu nome simbólico representa o campo de atuação, por exemplo, a linha de trabalho denominada Pomba-Gira Maria Molambo da Lixeira. Os nomes molambo e lixeira são uma forma simbólica de mostrar o campo de atuação desse mistério, que correspondem aos sentimentos negativos de frustração que anulam a vontade de viver das pessoas.

A Pomba-Gira que trabalha com esse mistério atua de forma a desestimular tal sentimento de anulação total da vida, recolhendo-os a fim de que possam ser diluídos. Em contrapartida, Pomba-Gira atua com a sua energia estimuladora do amor à vida, despertando o ser de seu recolhimento, instigando nele o desejo de viver e buscar o seu crescimento espiritual. Pomba-Gira atua nos campos da mamãe Oxum que rege o sentido do amor.

Orixás Exu e Pomba-Gira são divindades de Olorum que não devem ser compreendidos segundo nossa concepção de negativo ou ruim, pois que são divindades de muita luz que apenas lidam com os aspectos negativos dos seres e das criaturas.

Se estamos positivos, eles se mostram luminosos, mas se estamos negativos, mostram-se segundo ao padrão vibratório negativo ou monocromático, pois não conseguimos enxergar as suas luzes devido ao nosso estado íntimo, ou seja, em espírito, o padrão de visão é outro, pois se na matéria enxergamos algo devido à luz que esse algo emite, em espírito enxergamos a luz de algo a partir de nosso padrão vibratório íntimo positivo, desse modo, caso estejamos intimamente negativos, tudo se mostra escuro e ausente de Olorum – a luz pura.

## *Exu – como apresentá-lo?*

A Umbanda é uma religião com pouco mais de cem anos, tem como base fundamental e coluna mestra o culto aos orixás e a incorporação de espíritos que se manifestam em nome deles. Por ser uma religião nova (se considerarmos suas irmãs com mais de dois mil anos), não está embasada em mitos ou lendas. A propagação oral balizada em lendas e mitos é muito comum nas religiões antigas. A Umbanda apresenta uma concepção renovada dos orixás, com liturgia própria, apartando-se das lendas e preceitos que os revelaram na África. Assim, é a evolução que alcança a todos, inclusive, ideologias e concepções de como ver Olorum e suas divindades, os orixás.

Nesse começo de milênio, foi revelada como a religião do conhecimento e as obras do mestre Rubens Saraceni, consideradas um divisor de águas, aceleraram o processo evolutivo dentro da religião, desenvolvendo e despertando um estado de consciência mais elevado. "Tudo é questionável quando se há lacunas abertas ou perguntas sem respostas", é o que dizia o mestre.

A Umbanda ainda é uma religião em construção, pois há lacunas no que diz respeito ao velho e famoso orixá Exu, uma vez que dentro do culto existem formas antagônicas de revelar esse mistério. Perguntas como: Exu é neutro? Faz o bem e faz o mal? Somos nós que o usamos para o bem ou para o mal? Exu não tem livre-arbítrio?

Desenvolvemos uma análise profunda sobre a questão bem e mal e a neutralidade que assume uma qualidade de bem ou mal. Lembrando que questionar é buscar uma resposta que preencha nossa alma, pois nela não pode haver dúvidas. Como devemos apresentar a divindade, o orixá, o poder e o mistério Exu na Umbanda? Essa é uma pergunta para a posteridade, mas é uma pergunta considerável. Como devo apresentar Exu para a sociedade, para a minha família, filhos, irmãos e amigos que não professam e não comungam da mesma religião que eu? São perguntas que não têm a pretensão de ferir a crença ou a ideologia de ninguém, apenas expressam uma opinião, da qual sou partidário. Não quero romancear Exu e nem passar algum sentimento que não seja o de propagar a opinião de pessoas que iguais a mim compartilham dessa visão diferente de ver tanto o orixá Exu quanto o espírito humano que se manifesta amparado por essa força.

Como explicar que a Umbanda é uma religião e por ser religião só faz o bem, pois essa é a característica de toda religião tendo em vista que religião é religação com Olorum e Olorum é amor puro. Como explicar isso, se ainda encontramos sacerdotes resolutos em entendê-lo como entidade que pode fazer o bem e o mal se repletando com a natureza do nosso pedido.

O texto abaixo se propõe a diferenciar o instrumento do seu instrumentador. Por exemplo: um instrumento como o bisturi que na mão de um cirurgião (Exu) cumpre sua função original criada por Olorum, que é salvar vidas, na mão de um ser vazio de virtudes e bondade pode se tornar um instrumento de coação e violência.

A divindade Exu e o ser espiritual Exu são portadores e dotados de logos ou razão e não são ou não estão sujeitos aos nossos vícios de conduta. O instrumento bisturi é o que é, um instrumento cortante que foi fabricado e desenvolvido para cortar tecidos humanos, com o intuito de amparar a vida e ponto final. Um bisturi (energia cortante) deixado sobre a mesa (encruzilhada) é um objeto neutro e age de acordo com o manipulador que, desautorizado, apropria-se do bisturi e o utiliza com fins obscuros para coagir e violentar. Chegamos onde queríamos! Exu é como o cirurgião que usa de seus recursos para amparar a vida, por isso não é neutro, mas sim atua no sentido de amparar a vida. Agora, o bisturi é neutro e assume a determinação ou intenção que der a ele e, geralmente, quem o manipula em desacordo com sua função (cirurgia=amparar vida), sofre o retorno da lei que irá julgar pelo mau uso (violência e coação) dado ao bisturi "elemento".

A bem da verdade, nós é que somos neutros e agimos de acordo com os nossos interesses e fazemos o bem e o mal, conferindo mau uso a esse bisturi (energia). Sendo assim, não é o bisturi o responsável pelo seu mau uso, mas quem o utilizou, pois é apenas um elemento "energia" e não pensa e nem tem vontade própria, por isso seu caráter de neutralidade.

A pessoa que fez uso indevido do bisturi e agrediu ou matou outra pessoa estará sujeito à cobrança da lei. Não será o bisturi (energia) que irá responder (prisão), mas sim o criminoso (espírito trevoso) que transgrediu a lei ao usar de forma equivocada um recurso que foi criado por Olorum para amparar a vida. Salientamos, novamente, que neutro é a energia, ou seja, o "bisturi", possuía função é apenas cortar tecido humano, contudo, essa ação depende de alguém apto e autorizado aa usá-lo de forma correta, ou seja, o médico "Exu". Todavia, quem não está autorizado (espírito trevoso solto no astral) a manipulá-lo e o faz com fins escusos, mais adiante sofrerá as sanções previstas por lei.

Entendemos que devemos atentar para tudo que seja passível de dúvida ou indicie falta de esclarecimento. Particularmente, aqui a lacuna aberta refere-se Exu que nos instiga a conhecê-lo cada vez melhor. E passamos a entender que um (objeto) "energia" é neutro, uma cadeira, por exemplo, que serve para sentar, mas que podemos, em um momento de ausência divina (fúria), quebrá-la em alguém, fazendo mau uso de sua função.

Exu lida com mistérios e funções nocivas e negativas, tal como o policial que lida com o revólver, que é um "mistério" negativo, porque é nocivo à vida, porém, na mão de quem é autorizado a portá-lo representa o amparo e a ordem. Portanto, a energia e o elemento (revólver) são neutros porque tanto podem matar quanto amparar a vida. Não é o policial (Exu) que é neutro, mas o revólver quando manipulado por um bandido. Um mistério (revólver ou bisturi), são neutros somente fora da sua realidade divina (delegacia ou centro cirúrgico).

O nosso plano material é neutro por excelência e nós, seres humanos ainda em evolução, somos neutros também. Isso explica a não existência de magia negativa ou magia invertida feita do plano espiritual para o material, pois na espiritualidade a energia contentora se realiza com sua função correta e original que é a reter o que é negativo ou nocivo à vida. Entretanto, quando um espírito trevoso solto no astral e que não é e nem deve ser confundido com Exu, liga-se a um espírito encarnado, ambos vazios de Olorum, o limite é o inferno. De modo similar, é como um traficante que controla o tráfico e a violência de dentro da prisão (inferno), influenciando quem está do lado de fora sob seu comando.

Nas faixas vibratórias negativas existem também espíritos humanos negativos que agem assim, comandando os seus pares encarnados também trevosos. Mas um espírito com esse perfil jamais deve ser confundido com Exu, que está vinculado a um grau regido pela lei maior, ligado à instituição religiosa de Umbanda para amparar e proteger a evolução da religião e o despertar consciente dos umbandistas. Exu não é neutro, mas a energia que ele manipula sim, e, quando manipulada por ele é benéfica porque ampara a vida, mas ao ser manipulada por espíritos descomprometidos com a lei divina, aí surge o mal. Exu é grau de Umbanda, um espírito trevoso não o é!

Quem na verdade é neutro na forma de agir?

Respondemos: somos nós, que vazios ou ausentes de Olorum e envoltos por sentimentos que não foram gerados por Ele (ódio, intolerância, ciúmes, etc.), que é a ausência da presença divina em nós. Logo, a neutralidade está em nós e no plano material. Tudo serve a um desígnio divino e nós que ainda estamos em evolução ora agimos bem e ora agimos mal, isso é ser neutralidade. Isso somos nós, e não devemos atribuir covardemente uma ação nossa à Olorum ou a outra divindade, transferindo nossos desequilíbrios a outro ser que não sejamos nós. Pessoas matam e violentam em nome da fé, atribuindo a Olorum e a Jesus essa ação, como se fosse vontade Superior, não assumindo que são intolerantes e negativos.

Devemos reconhecer nosso erro e não atribuí-lo a seres divinos e perfeitos. Fez algo positivo é Exu, fez algo negativo é espírito humano trevoso e ponto final. Exu só faz o bem! Não confunda a divindade Exu ou o espírito amparado pelo grau Exu, com espírito trevoso. Espírito desequilibrado age de acordo com sua vontade e instinto, Exu não, ele age de acordo com a vontade da lei maior e da justiça divina; lida com o instintivismo, mas não é emotivo, não é espírito solto no astral, é guardião da Lei. Deixemos de ser omissos e assumamos nossos erros, pois os acertos, todos querem assumir, e não atribuem a Olorum.

Vamos separar o joio do trigo! Exu não é neutro. Exu não é gênio da lâmpada. Exu não faz o mal, pois Exu não se sujeita ao vício e ao desvirtuamento humano. Exu é Orixá. Exu é qualidade divina. Exu é grau de Umbanda. Ele é quem guarda as esferas negativas (trevas); não é o espírito devedor que nela transita, assim como um agente penitenciário que trabalha num presídio (inferno) não deve ser confundido com quem está lá, cumprindo uma pena.

Exu é canal de ascensão, pois abre uma via de evolução a todos os espíritos devedores que já esgotaram seus instintos negativos e arrependidos desejam retomar sua caminhada evolucionista, sob seu o amparo a serviço da luz, da lei e da vida.

Essa conversa de dizer que Exu tanto pode fazer o bem quanto o mal, é "papo para boi dormir", isso já era. Devemos despertar um estado de consciência mais elevado perante o mistério divino chamado orixá Exu.

Vamos direto no calcanhar de Aquiles da Umbanda. Exemplo: Quando alguém vai até um ponto de força ou encruzilhada e realiza uma oferenda invocando o mistério Tranca-ruas para fazer o mal a alguém, primeiramente, que essa pessoa não pode ser chamada ou confundida com umbandista, pois o verdadeiro umbandista não se sujeita a este tipo de trabalho, em vez disso, prefere usar a razão, a tolerância e o bom-senso para resolver suas mazelas. Em segundo lugar, que o espírito que atende a esse tipo de pedido não é Exu, mas um espírito trevoso e descomprometido com a lei divina.

Umbanda não cobra dinheiro de ninguém, pois toda ajuda é caritativa, não faz trabalho negativo para ninguém e nem desmancha trabalhos de magia negativa feitos por falsos religiosos que se escondem e escondem seus malfeitos usando o nome dos orixás ou de outras divindades, do mesmo modo que os fanáticos apedrejam e matam em nome de Jesus, (paciência). "Umbanda é religião e, portanto, só faz o bem."

Retomando, quando uma pessoa vai até um ponto de força e recorre a este tipo de procedimento, ali ela não está evocando o orixá Exu Tranca-ruas, mas tão somente ativando uma energia espiritual na natureza cuja função natural é "trancar", porém ao usar com a finalidade de prejudicar alguém, ela está dando mau uso ao mistério e invertendo a sua função original. Pois bem, chegamos onde queríamos!

Por exemplo, o chumbinho é um veneno para matar ratos. A pessoa que desenvolveu tal raticida o criou com essa finalidade. O comerciante que o vende, o vende com essa função, porém, uma pessoa vai até um comércio, compra o chumbinho e, em vez de usá-lo para exterminar rato, usa-o para matar um ser humano, ora, quem deu mau uso ao chumbinho foi a pessoa que o comprou. É como se uma pessoa colhesse na natureza a planta "comigo ninguém pode" que é venenosa e desse para alguém ingerir. A culpa é da planta ou de Olorum que a criou? Não! Respondemos nós, pois Olorum a criou com um fim específico para amparar a vida, porém foi usada pelo ser humano com fins negativos.

Quando uma pessoa vazia de Olorum realiza uma oferenda com fim nefasto, inverte o princípio da energia divina e a usa de acordo com sua intenção negativa. Olorum, ao gerar o mistério Tranca-ruas, o fez com a função original de conter tudo e todos que atentassem contra a vida em geral. Então, aquele que vai até um ponto de força, oferendar Tranca-ruas para "ferrar" com alguém, é tal qual a pessoa que comprou o chumbinho com fins escusos, ou seja, nesse caso nem Olorum (o criador do chumbinho) e nem o comerciante (mistério Tranca-ruas) devem ser responsabilizados pela manipulação equivocada do produto, mas quem fez dele uso indevidamente.

Exu só é positivo, pois Olorum não gerou nada de ruim. Do mesmo modo, a medicina que existe para amparar a vida, conceber remédios e tratamentos; a polícia que usa da força negativa quando necessário zela para que a ordem seja mantida, tolhendo o livre-arbítrio e trancafiando numa cela aqueles que cometem atos ilícitos matando, coagindo e atentando contra vida do seu semelhante. Tanto um (medicina, positivo, passivo igual à luz) quanto outro (polícia, negativo, ativo igual a trevas), são necessários e foram criados para dar sustentação e amparo à criação; tanto um quanto o outro são bens divinos na nossa vida.

Sendo assim, fazendo um paralelo, quando Olorum gerou a divindade orixá Exu, o fez com a função de vitalizar toda a ação positiva e virtuosa e desvitalizar toda ação viciada e nociva à vida. E o senhor Exu Tranca-Ruas somente "tranca" o que é nocivo à vida. O senhor Exu Corta-Tudo corta apenas o que cresceu em desequilíbrio e atenta contra a vida. Por essa razão, um verdadeiro umbandista evoca-o para cortar a maldade, a doença, a tristeza, a mágoa, tal qual ocorre no Catolicismo em que a função de Nossa Senhora Desatadora de Nós é desatar e desamarrar os problemas, as doenças, as dívidas. A função de Nossa Senhora do Desterro é desterrar e afastar tudo que nos faz mal – calamidades, doenças, fome, miséria. Lembre-se: o preconceito, a intolerância e a ignorância estão na falta de conhecimento de Olorum, em estado de consciência mais elevado.

Exu não é ausente de Olorum, mas lida com nossa ausência em Olorum. Exu não é viciado, mas lida com nosso vício. Lida com espíritos ausentes em Olorum, recuperando-os, tratando-os, esgotando-os de seus vícios e devolvendo-os às faixas vibratórias de luz, para que retomem sua evolução, sob o amparo da luz, da lei e da vida.

Exu atua de fora para dentro sempre que estamos confundindo amor com propriedade, intolerância com verdade, e, se nas lendas africanas é descrito como o orixá dos atalhos e caminhos mais curtos ou caminhos tortuosos revela que ele trata com as inversões de valores geradas por nós que quando "a coisa aperta" fugimos de nossas obrigações e buscamos um atalho, enveredando por caminhos tortuosos a fim de fugirmos de nossa realidade.

Exu, também Pomba-Gira não estimulam ou incitam a queda, mas recolhem aqueles que caíram ou se perderam em atalhos e vias tortuosas que os levaram para o abismo, tornando-se vazios de Olorum.

Pomba-Gira lida com os sentimentos negativos que geramos contra nós mesmos. Por isso, é chamada de senhora dos abismos. Já Exu é tido como senhor da vazio, pois ele lida com os sentimentos negativos que exteriorizamos contra alguém; Exu-mirim é tido como orixá mirim ou infante, pois representa a intenção, ou seja, algo que não foi concretizado e ainda está no campo mental das intenções, sendo germinado e amadurecido no campo das ideias, por isso o arquétipo pequeno, ou aquele que traz o potencial de algo que ainda não tem existência, semelhante à semente que contém em si todo o DNA de uma árvore, mas não se concretizou como tal.

O importante é sabermos que Exu trabalha com as nossas ausências em Olorum e ele não é a ausência de Olorum, mas a presença de Olorum quando estamos ausentes em Olorum. Exu é quem nos corrige e esvazia as energias nocivas geradas por nós na criação. Nós! Somente nós! Seres humanos, somos os únicos seres na criação que geramos sentimentos ausentes do Pai; enquanto virtuosos somos imagem e semelhança de Olorum; quando desvirtuosos somos o "não ser". E se Olorum é presença, então, na Sua ausência somos nada.

E não se espante, pois nós perguntamos: O médico não lida com nossa ausência de saúde? O psicólogo não lida com a nossas ausências existenciais? Caso não estejamos doentes, vamos ao médico? Caso estejamos plenos em sentimento e não nos falte um sentido para vida ou para existência, procuraremos um psicólogo? Não! Respondemos nós em uníssono. O pai e a mãe não cuidam de seus filhos para que nada venha a lhe faltar fisicamente (medicina) e sentimentalmente (psicologia)? Então, qual é o problema de Exu tratar com as ausências!

Exu, enquanto estamos virtuosos e positivos, é para nós como a medicina preventiva, porém quando nos descuidamos e começamos a adoecer gravemente, ele nos interna (paralisa), leva-nos para UTI, esgota nossa doença (ausência em Olorum) e depois da reabilitação nos dá alta e recomenda como devemos nos portar para que não venhamos novamente a ficar doentes (ausentes de Olorum). Após a recomendação e prescrição de remédios (preceitos, banhos e reforma íntima), nos devolve à presença de Olorum) (casa) para vivermos felizes com nossos pais (orixás regentes).

Sendo assim, tenhamos o sagrado pai Exu e todas as divindades de Olorum, como médicos que nos amparam e nos curam sempre que adoecemos (nos afastamos de Olorum por falta de cuidados (fé, amor, conhecimento, caráter, equilíbrio, sabedoria e criatividade), pois Olorum quando gerou tudo e todos Ele os fez plenos. Porém, se hoje há poucos com muito e muitos com pouco, é porque a nossa ganância e egoísmo geraram a fome (ausência de Olorum) e adoecemos o mundo. Esse "abacaxi", somos nós que temos que descascar, pois Olorum) é plenitude e deixou tudo em abundância, mas ausentes Dele, geramos a fome, a guerra, a intolerância, o medo, o assassinato, a inveja, o ódio, o desprezo, a esperteza e tudo o mais que o nosso egoísmo pode gerar.

Não devemos jamais imputar as nossas "doenças" erros, falhas, inclinações, impulsos, instintos, pecados, pisadas de bola a ninguém, seja Olorum, diabo, pai, mãe, namorada, time de futebol, etc. O "abacaxi" é nosso, portanto, vamos reconhecer nossos erros e falhas, nos arrepender, voltar de onde paramos e recomeçar.

Exu é a esfera, é o caminho de retorno, é o remédio amargo que nos cura, mas muitas vezes é a vitalidade e a alegria que nos torna fortes. Você o escolhe na sua vida, como o remédio amargo ou como a alegria de viver. Escolheu como a alegria de viver? Ótimo, é assim que ele mais aprecia se apresentar. Pois, é sinal que você escolheu a virtude em detrimento do vício; escolheu a presença de Olorum em detrimento de Sua ausência; escolheu o amor ao invés do ódio. Mas caso venha a adoecer, não se preocupe, pois Exu tem o remédio certo para lhe curar, e lá, ao contrário daqui, o SUS (sistema único de salvação) funciona muito bem.

Saravá, o divino pai Exu! Que vossa presença na minha vida seja imanente e que na saúde e na doença, na alegria e na tristeza, sempre esteja ao meu lado, me auxiliando e me corrigindo sempre que necessário.

Há uma lenda que diz assim: "Havia uma estrada que dividia duas fazendas, cujos fazendeiros eram amigos. Certa vez, passou um homem por essa estrada, que sobre a cabeça usava um vistoso chapéu. Ao final do dia, os fazendeiros comentaram o fato. Um deles disse: 'Viram o homem de chapéu preto?' E o outro: 'Preto? O chapéu era vermelho como sangue!'. E passaram a discutir. Sem que um conseguisse convencer o outro, acusaram-se mutuamente de mentirosos. Juntou gente para ver o tumulto. Já estavam nas vias de fato quando lá de cima do morro gritou o tal homem: 'Parem de brigar, estúpidos! Era eu quem usava o chapéu. Eu sou Exu e gosto de causar confusão!'

PS: Exu não é a confusão, mas lida com os confusos. Exu não é vaidoso, mas lida com nossa vaidade. Exu é o senhor da ilusão, não porque ele gere a ilusão ou estimule a ilusão, mas porque esgota nossa vaidade e a nossa ilusão em acreditar que realmente compreendemos o seu mistério a ponto de estabelecer uma verdade.

Nessa lenda Exu está a dizer: "Não se apeguem aos detalhes, pois cada um na sua forma de enxergar a vida (lado) visualizou parte da cor do meu chapéu (mistério) no qual não permito conhecer por inteiro e só em parte. Porém, deixaram que sua vaidade em querer a primazia sobre a verdade absoluta acerca do meu mistério (chapéu) gerasse guerra e violência em meu nome.

Para entender um mistério divino e eu sou um mistério de Olorum, é preciso elevar-se conscienciosamente para cima do morro (estado de consciência elevado) de onde terão uma visão completa do chapéu que é preto e vermelho (dual). Preto, pois desvitaliza tudo o que é nocivo à vida, e vermelho, pois vitaliza tudo que a vida ampara."

E terminou dizendo: "Os tolos sempre se apegam aos detalhes, mas os sábios se apegam ao essencial e em silêncio se elevam e buscam um olhar de cima (elevado), para aí sim descrever um mistério."

Por isso, uma lenda ou mito não deve ser entendido de forma dogmática, de acordo com os padrões e conveniências do leitor, com o risco de profanar algo divino com vícios gerados pela falta de entendimento das leis de Olorum.

Exu é tudo que quiser ser, pois como tudo na criação, ele também assume o olhar que dão a ele. Exu é tudo, menos fundamentalista. A verdade pertence ao tempo. Ame ao mistério Exu da maneira que quiserem, contudo e ainda será somente como o criador o gerou.

Como explicar o inexplicável – somente nós seres humanos o fazemos.

## *Logunan – a canção da vida, o tempo e seus mistérios*

Logunan, a canção da vida, o tempo e seus mistérios. Quando falamos de tempo logo pensamos em fator climático, chuva, raios, tempestades, vendavais e ventanias. Porém, quando evocamos a divina Mãe Logunan fazemos referência ao seu estado atemporal, que registra a cadência, os ciclos e ritmos da criação.

Sempre que nos debruçamos sobre a questão linha do tempo, volta ao passado ou projeção do futuro, fica uma lacuna envolta de alegoria e ficção que não apresenta de forma lúcida esta possibilidade, se é que ela existe. Mas, encontramos descrições a respeito desse assunto que nos instiga ir além.

Dividimos o tempo em duas formas: eterno e finito. A eternidade como atemporal, onde não existe finitude e tudo acontece numa mesma linha. E a finitude onde tudo tem início, e após determinado ciclo, tem um fim. Com objetivo de reflexão acerca do tempo, o dividiremos em dois segmentos – o que abrange o tempo finito e o que aborda o tempo de tudo que é eterno.

Tudo que existe como estado de energia em repouso está sujeito a cadências temporais, e a cada segundo, à medida que o tempo avança, deixa de ser. Nós estamos sujeitos a isso, pois enquanto matéria somos afetados por esse tempo que nunca deixa de fluir. Citemos um exemplo para aclarar essa reflexão: tudo na matéria é regido por um ciclo, ritmo e cadência regidos pela divindade do tempo, estão presentes em tudo e em todos e impõem seu ritmo determinando os ciclos das coisas. Não é verdade que o solo tem o tempo certo para que possa semear, e depois de colhida a semeadura, tem um tempo para se recuperar e receber novamente outras sementes e produzir mais alimentos? Assim como a mulher que acaba de dar à luz e precisa passar por um período de quarenta dias para todas as suas funções hormonais e genéticas se equilibrarem.

A cadência está presente também nos períodos diurnos e noturnos, nas quatros estações, primavera, verão, outono e inverno, onde num período tudo floresce, amadurece, morre para depois nascer, florescer e morrer de novo. Na água do rio que sempre flui e nunca retrocede, basta entrar e sair várias vezes da margem de um rio e as águas a lhe tocar já não serão as mesmas. A cadência do tempo está nas horas, nos minutos, nos segundos e nos milésimos que nunca retrocedem ou retornam a sua origem. A cadência do tempo está na vida que flui, na matéria que segue seu fluxo de finitude.

Mãe Logunan rege esse estado temporal da criação, das coisas, dos seres, das criaturas e dos meios naturais de tudo que no estado da matéria se encontra. Atua como a energia divina que a tudo cadencia e imprime um ritmo. E nesse estado da matéria ou lei física é impossível retroceder a uma experiência de vida já vivenciada, pois nós só retornamos a um evento anterior por meio do pensamento; a eternidade só existe na memória dos seres, num estado atemporal, pois no universo mental tudo é eterno. Não há linha divisória entre passado, presente e futuro, pois na memória tudo se encontra como um disco de vinil que pode ser acessado a qualquer hora. Sendo assim, há dois tempos – um chamado temporal que rege tudo que é perecível e finito tal como a natureza material, e outro que é atemporal e rege tudo que existe, a partir do nosso íntimo e por isso não morre e é eterno.

Porém, há dois "tempos" antagônicos regidos pela divina mãe do tempo, o tempo que é perecível e finito no qual nos encontramos encarnados tendo como veículo o corpo que é formado pela matéria que constitui tudo que formou o nosso planeta e que um dia vai morrer posto que tudo que aqui existe é finito. E o tempo que é eterno, voltado para alma em outra faixa vibratória que é etérica e relacionada ao estado mental dos seres. Sendo assim, a Logunan também está presente na eternidade existente em nosso íntimo e em nosso universo mental que é capaz de trazer para o presente uma lembrança do passado e projetar para o futuro as perspectivas criadas e concebidas em nossa mente, e tudo isso por meio da memória que usa das experiências do passado para no presente se projetar para o futuro, criando um universo concebido em nossa mente e que fornece alicerces para que nossas expectativas se concretizem.

O ditado que diz que somos feitos à imagem e semelhança de Olorum é verdadeiro, pois assim como Olorum pensa e concebe a sua criação em seu estado interno e mental para logo que concebida Ele passe a gerar e a concretizar como o mundo manifestado.

Nós também pensamos e criamos coisas em nosso estado mental que é o nosso íntimo, para depois materializá-las, concretizando um pensamento. A divina mãe Logunan é essa qualidade de Olorum rege o tempo externo das coisas que são finitas e também rege o tempo interno das coisas que é eterno, pois no íntimo e em nosso universo mental nada envelhece, e o tempo não conta, tal como a fé de um ancião é inabalável e traz a força de um jovem sacerdote. Tal como o amor de uma mãe é tão forte e tão presente como no dia em que seu filho foi colocado em seus braços para ser amamentado, tenha ele hoje dez ou cinquenta anos, ou seja, ninguém envelhece para dentro, mas sim para fora.

Externamente, somos sujeitos às cadências, aos ciclos e aos ritmos que a natureza nos impõe, porém no íntimo somos regidos pela eternidade e pelos sentidos da vida que nunca morrem ou envelhecem, pois, nós seres criados por Olorum, somos imortais. Os sentidos da vida que nos move são imortais, a fé, o amor, o conhecimento, a razão, a ordem, a evolução e a geração são os sentidos que nos movem. O passado, presente e futuro são acessados pelo nosso mental, gravando em nossa centelha divina tudo que vivenciamos no decorrer de uma existência e, dessa forma, alguns guias espirituais acessam nossas experiências de vida e, tal como um disco de vinil, põe para tocar a música das nossas vidas e repara que algumas faixas encontram-se arranhadas e danificadas e sabe que ali naquele ponto obscuro há uma falha perante à vida e perante Olorum, então, vai lapidando esse disco para que retorne na parte da canção em que havia danificado. E, a partir dessa letra, recomece corrigindo as vírgulas que deixaram de ser colocadas no momento certo em que deveria pausar seus instintos, vai reparando os acentos agudos e mais graves de algumas encarnações e depois passa para a correção dos circunflexos que são os menos graves. E tudo isso Olorum faz por nós para nos permitir que a canção que Ele escreveu em nossa vida, volte a ser perfeita.

E após termos nossas vivências mentais equilibradas, passamos a tocar o disco da vida em alto e bom som para assim, aqueles que de alguma parte tiveram as suas canções caladas e arranhadas por nossas agulhas, também voltem a cantar felizes, apagando de suas memórias todo um passado tormentoso e todo um futuro incerto que no tempo certo há de se concretizar, já envolto de nova canção, esta já chamada esperança e que é tocada e dedilhada pelas notas da fé.

A magia do tempo é isso! A magia do tempo é a dádiva de Olorum que por meio da Mãe Logunan se realiza na vida dos seres, permitindo resgatar suas falhas, permitindo retornarmos de onde nossa canção da vida foi arranhada e dali em diante limparmos esse ponto obscuro até que a canção da vida volte a fluir em toda sua plenitude. Sendo assim, passado, presente e futuro só existem em nós, seres racionais, e a nossa viagem para o passado ou futuro não acontece aqui como os filmes de ficção ilustra, mas a partir do nosso íntimo e do nosso mental, pois nesse estado de consciência o tempo é eterno e nos permite recuperar as canções que foram interditadas por vícios sedimentados em nosso emocional.

Obrigado meu divino criador Olorum que através da mãe Logunan permite nos reintegrar ao vosso coral divino e em equilíbrio entoarmos a canção da vida.

"Saravá, nossa divina mãe Logunan, a nossa mãe e senhora do tempo que nos permite com Suas vibrações retornarmos na linha do tempo e darmos continuidade à canção da vida que interrompemos num momento escuro e confuso de nossas vidas."

Salve Logunan, e olhe o tempo, minha mãe.

## *Lendas – alegoria que revela o oculto*

As lendas e as mitologias são recursos utilizados para descrever de forma alegórica as qualidades, os atributos e as atribuições das divindades, uma vez que de forma puramente científica seria impossível descrever e introduzir enquanto conhecimento de massa sobre Olorum e suas qualidades divinas. Assim, por meio das lendas, essas divindades foram humanizadas por nós, os únicos seres qualificados por Olorum com essa natureza.

Hoje, em pleno século XXI, devemos entender que são alegorias que nos inspiram para descrever o indescritível, cuja descrição traz uma essência e um olhar tipicamente humanos sobre Olorum e suas qualidades divinas que são em si suas divindades.

Humanizar uma divindade ou uma qualidade divina é tornar algo abstrato em concreto, é tornar tangível algo intangível e é fundamentar algo subjetivo, tendo em vista que uma realidade divina é uma realidade puramente mental ou acessada única e exclusivamente pelos sentidos.

Tal como o amor é abstrato e uma qualidade divina, e ao humanizá-lo o concretizamos na forma de união. Tal como a fé que é uma qualidade divina e abstrata que ao humanizarmos, concretizamos na forma de religião, e assim com tudo que está no campo do sentido ou adquiriu existência em nosso íntimo não sendo palpável ou visível.

As lendas e as mitologias trazem essa faculdade, que é a de humanizar e depois traduzir uma qualidade divina num padrão humano, para que a criatura entenda melhor o seu Criador, já que somos partes Dele.

Sabemos que a qualidade divina que ordena tudo na criação é representada pelas milícias celestes, cuja retidão moral descreve como senhor dos caminhos e que nós umbandistas o temos na conta de Senhor da Lei Maior e reverenciamos como o divino pai Ogum. Nas lendas antigas temos várias descrições, uma delas na mitologia africana, mais precisamente na cultura nigeriana, diz: "Que Ogum é o orixá que tendo água para banhar-se prefere banhar-se em sangue."

Se levarmos essa descrição ao pé da letra como fazem os fundamentalistas mais dogmáticos, acreditaríamos que uma ação violenta de um filho de Ogum, se justificaria no arquétipo ou qualidade do orixá. Mas, sabemos que Ogum é sinônimo de retidão, cordialidade, sobriedade e lealdade. Sendo assim, um filho seu, cuja presença divina habita em seu íntimo, não gera a violência, pois Ogum é sinônimo de respeito e diálogo, e a guerra é justamente a falta de diálogo, é a tirania que não respeita a opinião alheia. Logo, um ser violento não pode justificar sua ação dizendo: "Sabe o que é, é que sou filho de Ogum, o orixá da guerra e é por isso que sou assim". Até pode ser que seja filho de Ogum, mas seu íntimo manifesta sua ausência. Ogum lida com os violentos, os arredios e os revoltados, reordenando-os e reequilibrando-os para que voltem a vibrar a presença e não a ausência da divindade em seu íntimo.

Há outra lenda, a do divino pai Xangô que o descreve como afeito à poligamia, tendo três esposas Oxum, Iansã e Obá. Mais uma vez devemos entender as lendas como alegorias ou uma forma que os nossos ancestrais tinham de propagar de forma oral as qualidades de suas divindades, ocasião em que humanizavam em demasia as entidades para assim propagar e fixar seu culto.

Esse *modus operandi* era um recurso não apenas do culto às divindades afros, mas também um recurso dos gregos para com seu panteão Divino, narrando histórias de ódio, traição, paixão, inveja, guerras, pois essa era a única forma de endereçar-lhes características humanas e estabelecerem um culto forte a essas qualidades divinas.

Hoje, temos sim de respeitar tais lendas e mitologias como um patrimônio imaterial dos mais velhos que se esforçaram dando o melhor de si para fundamentar em todos os sentidos um culto às divindades orixás, que até hoje amparam seus filhos. Devemos nos orgulhar da encantadora mitologia africana que não perde em nada para a também encantadora mitologia grega.

Porém, não devemos acreditar nas lendas como algo real. Por exemplo: sou casado e filho de Xangô e nascido no Brasil, país em que a relação matrimonial é monogâmica, e, portanto, qualquer traição de minha parte se justificaria na ancestralidade divina, pois a lenda descreve meu orixá regente como um amante poligâmico incorrigível.

Devemos procurar o que está velado, no simbolismo e na alegoria, para depois, de forma racional, justificá-la. Primeiramente, devemos saber em que contexto vivia a sociedade da época, cujas lendas e divindades foram humanizadas. Na Nigéria a poligamia é natural, tendo o marido o dever de prover todas as suas esposas e amá-las igualmente, sendo fiel e dedicado. Deste modo, se justifica a lenda na qual Xangô possui três esposas. Algo que possa parecer um absurdo no Ocidente, fruto de uma cultura judaico-cristã enraizada em nossa cultura atual, torna-se normal em outras civilizações e sociedades que não foram influenciadas pela cultura cristã.

A primeira esposa de Xangô é Oxum. Hoje sabemos que Xangô é o sentido da razão e raciocínio e Oxum é o sentido do amor e da concepção.

Iansã, segunda esposa de Xangô, é o movimento, é a lei que executa e movimenta a justiça de Xangô na vida dos eguns (espíritos), conduzindo-os em seus caminhos evolutivos.

Obá, a terceira esposa de Xangô, é a senhora da razão e do raciocínio, que concentra os mandamentos de Xangô para que as leis não sejam dispersas.

Xangô rege o elemento fogo, Iansã o elemento ar e Obá o elemento terra. Oxum rege os minérios enquanto elemento. O fogo se condensado numa barra de ferro (minério) mantém o aquecimento sem se propagar. Aqui, simbolicamente, está implícito o casamento (ferro e fogo) alegórico de Xangô e Oxum que simboliza a união, o lar (o calor do fogo retido no ferro). Xangô é justiça e justiça sem amor é tirania, pois somente o amor (Oxum) é capaz de tornar a justiça (Xangô) benevolente.

Já o fogo (Xangô) sem o oxigênio Iansã não vive, pois é o ar que o mantém vivo, o ar que propaga as leis de boca em boca ou de chacra laríngeo em chacra laríngeo a justiça de Xangô.

Sem a lei de Iansã a justiça de Xangô não é legítima e aplicável. Obá é a terra fértil que dá estabilidade e torna criativos os mandamentos de Xangô para que assim amparem toda a criação. Daí sim se justifica uma lenda que envolve um "triângulo amoroso".

Temos de entender que os nossos irmãos ancestrais tinham formas de propagação de suas religiões e divindades que para a época eram válidas, porém, hoje servem apenas para desvendarmos as qualidades que estão veladas por um arquétipo, símbolo lenda que oculta as qualidades, os atributos e as atribuições de um Orixá.

## Um oráculo sobre Pedragon – o guardião das ausências divinas (uma história sobre a ambição e a vaidade)

O maduro guerreiro Pedragon saiu à procura do sábio ancião Eivor que junto do velho vidente Sir Avery se encontrava em volta da fogueira aquecendo seus corpos do mortífero frio que fazia na província de Uppsala. Ao encontrá-los, convidou-se a sentar junto dos dois anciões e após um longo e silencioso olhar nas chamas crepitantes da vigorosa fogueira, cabisbaixo inquiriu o velho sábio Eivor e lhe perguntou: – Sábio Eivor, porque os homens são tão ambiciosos? Após um breve silêncio o velho Eivor lhe respondeu: – Jovem e maduro guerreiro Pedragon, de todas as desonras, a ambição é a pior das cometidas pelos homens ao deus Odin.

E o velho respirou profundamente e taciturno continuou a falar: – Jovem Pedragon, o ambicioso tal como a serpente, sempre está à espreita da presa, o ambicioso sempre quer mais e mais e sem se contentar ele continua querendo sempre mais... O ambicioso reúne em si todos os vícios, pois o libidinoso deseja somente o sexo desenfreado, o guloso deseja somente a maior quantidade de comida, o vaidoso deseja somente fartar-se de si, porém o ambicioso não!

O ambicioso se torna guloso, covarde, vaidoso, libidinoso, mortífero, mentiroso, falso, traidor, etc., desenvolvendo na alma todos os vícios que melhor lhe aprouver para conseguir o objeto de sua ambição. O ambicioso deseja o poder sobre tudo! Poder, eis a palavra que define o ambicioso, pois ele não tem natureza própria e assume a natureza do seu par, fazendo de tudo para agradá-lo até que se assente no trono, o qual não lhe pertence e nem nunca pertenceu.

O ganancioso tal como o guloso ou o libidinoso, tem gana por um desejo que lhe satisfaz, o ambicioso não! Ele quer o poder e o poder implica tudo em absoluto, ele quer o destaque em todas as posições!

Mais uma profunda pausa e o velho Eivor continuou:

– Cuidado com aquele que tem sede de poder! Pois aquele que tem sede de poder lhe aplaude o tempo todo e faz das mãos instrumentos de bajulação, porém não lhe sobrará tempo para carregar a alça do seu caixão quando morto for em batalha, pois o ambicioso bajulador estará ocupado com as mesmas mãos na sua coroa e em tudo que você tem.

Para o ambicioso, qualquer meio justifica o seu fim que é estar no poder.

Fuja, meu filho, enquanto é tempo e se afaste de toda serpente sedenta de poder, pois este já está com sua mente governada pela maior das maldições "a busca insaciável e irascível pelo destaque que o poder exerce".

Seja como o gênio dos desejos e conceda todos os desejos a quem lhe solicitar, pois em verdade, todo iludido acha que é portador de algo, quando tudo é obra do divino.

Não se assente em nenhum lugar, ou em nenhum reino, pois todos os reinos lhe pertencem, pois tudo pertence àquele que nada quer, pois sabedor é que tudo ao criador pertence.

O ambicioso não goza da amizade, pois faz dela um meio para atingir os seus fins pessoais, o ambicioso não tem amigos e sim oponentes e usurpadores. O ambicioso é amigo e sim ególatra, o ambicioso dorme com um olho aberto e outro fechado, pois tudo que tem não lhe fora herdado por direito natural, mas trocado por subserviência. Traz em si a eterna maldição de estar sempre jogando, e não tem um só momento para relaxar no lombo dum cavalo e observar as estrelas, desconfia de um abraço, de um sorriso, de uma traição, pois ele enxerga no próximo os vícios que o tem sedimentado em si mesmo.

O ambicioso teme se olhar no espelho, pois a ambição lhe rouba a face e lhe obriga a usar uma máscara para cada ocasião, quer estar em alguma posição e é só isso que importa! O ambicioso é aquele que vai à guerra não por saber lutar, mas como uma ave de rapina que vai aos campos de batalha só para se apropriar dos restos dos grandes guerreiros mortos em honrosa luta. Sua alma apodrece no reino de Helgardh, pois nem o sagrado senhor Odin vem reclamar sua alma já corrompida e putrefata em vida.

O ambicioso mesmo não sabendo reinar e nem tendo talento para isso, resolve assumir o trono do rei, não pelo bem comum, mas somente para acumular poder; não sabe o que faz ali, somente quer estar ali. No vocabulário do ambicioso não existe gratidão, pois segundo sua viciada forma de pensar, a gratidão revela humildade e para ele a humildade é uma fraqueza incorrigível. O ambicioso nunca será grato a nada e a ninguém, pois teme revelar a mão que lhe ajudou nas eternas batalhas da vida.

O ambicioso é violento e violentador, pois sempre que vê revelada sua fraqueza, faz questão de anular seus opositores. Por fim, o ambicioso desconhece o sentido da palavra amigo e não sabe que um amigo é justamente aquele que revela a nossa maior virtude e o nosso maior vício. O ambicioso por ter a alma envenenada pela ambição, mata o pai e o filho para que nunca saibam a sua origem. O ambicioso não tem origem, pois ele nasce da ambição que não se limita ao meio para conquistar os seus fins, nasce do nada porque na verdade nada é...

A conversa foi interrompida pelo silvar de um corvo que ali acabara de passar, o velho vidente Avery que até aquele momento a tudo ouvia no mais absoluto silêncio, resolveu se pronunciar: – Vamos até minha casa, pois Odin enviou o seu corvo sinalizando um presságio, e por esse motivo jovem Pedragon, vou revelar o que os deuses falam através das Sagradas Runas de Odin.

Ao ler as Sagradas Runas de Odin, o velho inspirado por Mímir a fonte de toda a sabedoria, emitiu um oráculo:

– Haverá um tempo que o mundo novo será governado apenas por imperitos ambiciosos, haverá um tempo que toda a humanidade inverterá o sentido da palavra humildade e irão se achar bons e talentosos para tudo, irão buscar o aplauso ambicioso dos também ambiciosos asseclas bajuladores, e o mundo será constituído em grande parte por ambiciosos, o novo mundo verá na humildade uma fraqueza ou uma covardia ao dizer "Eu nisso não sou bom ou isso eu não estou apto a fazer", e o mundo irá lhe chacotear, pois reconhecer seus limites será visto como fraqueza e todos não terão limites... Haverá muitos reis e nenhum súdito, haverá muitos mestres e nenhum discípulo, haverá muitos sacerdotes, porém nenhum aprendiz e todos quererão ser videntes e não mais haverá consulentes, pois todos irão se achar exímios em tudo, desconsiderando assim o dom natural e o talento individual no qual cada um nasce ungido e faz dele sua missão.

– E você, jovem guerreiro, será visto como louco, pois a maldita ambição não fará morada em seu pobre coração, irá ganhar prestígios e posições diante de reis que louvaram seus feitos, porém a todas as posições irá negar e renegar, pois irá atender a um pedido gritante que se encontra oculto no silêncio dos olhos desejosos dos teus irmãos ambiciosos, cujo olhar brilha por uma oportunidade e por uma porta aberta, mesmo que essa porta os leve para um abismo.

– Haverá muitos que irão navegar em barcos suntuosos mesmo sem saber içar a vela, e você irá recuar como um bom gênio da ambição e não porque você seja ambicioso, porém irá receber esse título porque lida com a ambição alheia, e a todos concede e realiza o desejo de ambicionar um lugar, mesmo que esse lugar seja a bigorna onde o sagrado Thor golpeia seu martelo divino. Será neutro e a tudo e a todos generosamente concederá, concederá o leme do barco, mesmo que o tripulante seja imperito no assunto, satisfará a vontade dele mesmo que por obra dele o barco afunde com todos a bordo, pois essa é sua missão: permitir que todos realizem seus ambiciosos desejos, pois não terá lugar algum e não terá nada, e se alguém desejar um lugar que você ocupa ou supostamente esteja, imediatamente será dado sem questionamento e sem ressentimentos, pois seu reino será o vazio das ambições, pois em você trará o antídoto que anula a ambição, porém a verá em todos que ausentes do criador a manifesta em si, será dono do vazio e do nada, pois aquele que achar que você ocupa algum lugar e desejar ocupá-lo somente por ambição e sem comprometimento. Você então abrirá mão do seu lugar no vazio, para que vazio seja o ser que ocupá-lo, pois só você se sustentará no vazio, pois traz em si a leveza que os ambiciosos não têm, traz em si a consciência de que a tudo ao divino Odin pertence, e mesmo sem nada ter, irão querer aquilo que a ilusão e a ausência divina fazem crer que você tenha, será oferendado como o senhor dos comércios, onde nos cais dos portos lhe clamarão pela boa negociação que você trará e a tudo conquistará, mas só aos ambiciosos irá atender os desejos, e de lá do alto do seu vazio existencial da ambição que nada têm, irá gargalhar com a aflição da ambição daqueles que tudo desejavam sem nada ter.

– Eis a sua sina "servir a todos servindo ao todo", que espera que você generosamente ceda sua posição do vazio para aquele cujo peso da ambição o fará cair eternamente num abismo de tormenta que o poder traz...

"E que Loki os receba de braços abertos e os purifique das suas ilusões."

Algo mais, o oráculo não lhe falou...

E assim agradecido o guerreiro partiu, concluindo que sua missão iria ser árdua pela cobiça que sofreria e ao mesmo tempo iria ser branda, pois bastava ceder seu lugar e generosamente atender aos desejos dos ambiciosos que nunca se sustentariam e flutuariam no vazio das ambições, pois eram desejosos de poder o que os fazia pesar mil toneladas de vícios...

Concluí que daria aquilo que cada um queria, tal como o solo que a tudo semeia e nada nega até que a colheita chegue e cada um se alimente daquilo que plantou no seu caminho...

E assim partiu o não tão jovem, mas já um tanto maduro guerreiro. Pedragon seguiu à risca o conselho do sábio e partiu sem olhar para trás, conquistou muitas e muitas riquezas, as quais depositava ao pé do seu rei, até que um dia o rei lhe oferece parte de sua riqueza, um reino e lhe indaga o que mais desejavas fiel, leal e guerreiro ímpar. – Diga e lhe darei! Ao que Pedragon sem titubear lhe respondeu:

– A mim não falta nada alteza e se me permite desejo só me retirar e lavar meu já cansado e ensanguentado corpo nas águas de Njord.

Riqueza e poder! Eis a matéria-prima que atormenta os ambiciosos, trazendo aflição para aquele que assume aquilo que por ambição não lhe pertence enquanto atributo. Poder e ambição, matéria-prima na qual muitos se humilham como ratos sedentos por uma mísera migalha do pão da ambição, alimento que entorpece os sentidos virtuosos e fomenta os vícios e as inclinações da carne.

E assim na sua última batalha, já cansado e coberto de sangue, olhou para o céu que trovejava a cada martelada de Thor e gritou aos nove mundos... – Ambição, eis o maior veneno da alma – e numa prece silenciosa e num último fio de vida disse: Odin meu Pai e Senhor, a ti entrego o único bem verdadeiro pelo qual os ambiciosos não lutam e não dão nenhum valor, a ti amado Odin entrego o meu único e incorruptível bem maior e lhe peço que aceite como oferenda a minha alma honesta e embebida no sangue que jorra dos corpos degolados e desejosos dos concupiscentes irmãos para que na sua iluminada presença eu possa ser purificado dessa nódoa do passado que envolve meu velho e cansado espírito.

E assim levado por uma Valquíria se foi para Valhalla o grande salão dos mortos de Odin e lá viverá a eternidade junto dos seus honrados irmãos de lâminas, até que o Ragnarok ou o dia da grande batalha final se concretize e junto do seu senhor possa de uma vez por todas extinguir a demasiada ambição humana.

Hail, Hailsa nobre senhor Odin.

Fim...

## *Orixá Meta-Meta e Ogum Xoroquê*

Há algumas lendas de matriz africana que ocultam de forma alegórica as qualidades, atributos, atribuições e princípios dos sagrados orixás, as divindades de Olorum. Por exemplo, referem-se a alguns orixás com qualidades denominadas "meta-meta", referindo-se ao gênero, sendo seis meses masculinos e seis meses femininos, ou seja, metade do ano feminino e metade do ano masculino, ou outro atributo de "meta-meta" se dá com relação a um orixá ser por seis meses Oxum e por outros seis meses Iansã, no caso da sagrada mãe "Oxum Apara", e tem também outro atributo do adjetivo "meta-meta" em relação à divindade Ogum Xoroquê, que metade do seu corpo espiritual à direita está com a aparência de Ogum e a outra metade à esquerda tem a aparência de Exu.

Falaremos das lendas e teceremos comentários sobre o que ocultam de forma alegórica e qual seu real sentido.

Oxumaré tem uma lenda que o descreve como seis meses masculino e seis meses feminino. Por traz dessa lenda se encontra o princípio divino fertilizador (gerado e regido por Oxumaré) que está tanto nas criaturas (macho e fêmea) como nos seres (masculino e feminino), e os nossos ancestrais o descreveram em sua lenda como um Orixá masculino e feminino em si. Há outra lenda que o descreve como filho de Nanã Buroque e irmão de Omolu.

É muito interessante essa ligação familiar nas lendas sagradas dos orixás, que revela essa família com mistérios complementares. Por isso, ora são descritos como irmãos, ora como casais e ora como família.

Nanã Buroque rege o princípio das eras onde tudo se realiza com início, meio e fim. O sagrado pai Oxumaré tem como princípio o axé ou o fator renovador e por isso é descrito como a serpente que se renova e muda de pele. E pai Omulu tem como princípio a energia ou fator finalizador que dá fim àquilo que já se estagnou.

Pai Oxumaré simboliza o fator fertilizador, pai Omolu o fator ou princípio esterilizador, ou seja, são descritos como irmãos nas lendas, o que quer dizer que eles são mistérios divinos e divindades opostas e complementares, enquanto um fertiliza a vida o outro esteriliza tudo que atenta contra a vida.

Se Omolu paralisa tudo que já se estagnou, Oxumaré movimenta e renova tudo que se estagnou e precisa ser renovado para que continue seu ciclo de evolução, Omolu é a estabilidade em si e Oxumaré o ritmo e movimento da vida. E onde entra Nanã Buroque? Na própria era onde tudo acontece, ela é em algumas lendas esposa de Oxalá, que é o espaço onde tudo se realiza, e em outras o divino pai Oxalá é esposo de Logunan que é o tempo cronológico onde tudo acontece, noutras Obaluayê é marido de Nanã Buroque, pois ele é a própria evolução onde tudo se transmuta. Há lendas que Iemanjá é filha de Obaluayê, pois ela é a geração da vida com o propósito de evoluir.

Vemos ainda lendas onde o divino pai Omulu forma par com a sagrada mãe Logunan, pois ela é o tempo que segue adiante e onde nasce, amadurece, envelhece e morre, e pai Omolu é a morte ou o fim de um estágio para outro, ou seja, o tempo que passa e com ele consome a vida, tempo que conduz ao fim ou à "morte", por isso há algumas lendas que dizem das divergências entre Iemanjá (vida) e Logunan (tempo), pois o tempo consome a vida e a aproxima da morte. As lendas são maravilhosas se soubermos interpretá-las.

Vamos à lenda de Oxum Apara:

Oxum era deusa do ouro e da prata e tinha poderes sobre o ocultismo. Iansã por sua vez era deusa dos raios, tendo assim poderes sobre eles. Oxum carregava consigo o espelho que mostrava toda verdade oculta. Um belo dia Iansã, muito curiosa, pegou o espelho e olhou, viu que era mais bonita que Oxum. Toda aldeia ficou sabendo disso e Oxum ficou muito brava.

Oxum, por sua vez, resolveu dar uma lição em sua irmã, colocou em seu quarto outro espelho, esse mostrava o lado ruim das coisas. Iansã, percebendo a troca, foi novamente olhar, ficou chocada com o que viu, em vez de ver sua imagem viu um monstro horrível. Entrou em tristeza profunda e acabou morrendo.

Os deuses mais velhos descobriram a vingança de Oxum, decidiram castigá-la.

Oxum carregaria Iansã em seu corpo eternamente, seis meses seria Oxum com todas suas características e os outros seis meses seria Iansã. Oxum Apará tem em uma das mãos o espelho e na outra a espada que representa Iansã; dizem que ela é uma deusa guerreira e anda ao lado de Ogum, o Olorum do ferro e da estrada.

Nessa lenda de Oxum Apará é descrita como meta-meta por ser seis meses Oxum e seis meses Iansã. Nessa lenda que a descreve assim, está oculta a hierarquia dos orixás intermediários.

Sabemos que existe somente uma Oxum e essa sagrada mãe rege sob a energia e função da concepção, o princípio do amor divino que a tudo une e a tudo agrega.

Ela rege esse mistério de Olorum, porém para esse mistério atuar em outros campos, temos os orixás intermediários ou uma Oxum cujo campo de atuação seja os princípios da lei que regula as uniões e concepções da vida. Por isso, essa mãe Oxum tem uma qualidade original, porém com atribuições nos campos de outras divindades, no caso da sagrada mãe Iansã, ou seja, nos campos das sagradas mães Iansã e Oxum a intermediária para os mistérios da lei é a mãe Oxum Apara. Por essa razão, apresenta-se como uma Oxum espadada cujos atributos são regular e ordenar as uniões e concepções no campo da vida. E se Oxum com seu abebé (espelho) revela o encanto da vida, Iansã com seu axé refletor revela a monstruosidade daqueles que atentam contra a vida.

É importante interpretar as lendas de acordo com a época de sua criação, divulgação e popularização das divindades de Olorum, lembrando que toda tradição é inicialmente transmitida de forma oral. Portanto, no passado, a oralidade era a melhor forma de assentar uma divindade no coração e na mente daqueles que viviam sob seu amparo e de forma encantadora e lúdica ocultavam seus princípios divinos.

A lenda de Ogum Xoroquê o descreve com qualidades ligadas à ira, fúria, tirania, guerra, loucura e morte. Precisamos entender que Ogum é a paz e o diálogo e que a guerra e a violência são ausências de Ogum que é em si um princípio virtuoso de Olorum. Sendo assim, não devemos atribuir nossos vícios e ausências às divindades. Não! Essa lenda refere-se a Ogum Xoroquê como intermediário e representante da Lei Maior nas faixas vibratórias negativas, ordenando ali o caos aparente. Porém, por meio da lei imutável da ação e reação e da lei das afinidades, lida e conduz os furiosos, os irados, os odiosos, os loucos e os mortíferos para suas faixas vibratórias de merecimento e lá cuida dos procedimentos para que esses espíritos ausentes de Olorum possam ser esgotados de seus negativismos e de seus carmas coletivos e individuais.

O Divino e Sagrado Ogum Xoroquê é o olho vigilante da lei, para que em tais faixas vibratórias negativas ou trevas, não seja cometido nenhum excesso, para que o espírito transgressor pague o que deve e, após, arrependido, retome sua caminhada já amparado pelo senhor dos caminhos e dos destinos.

É por isso que nessa lenda ele se mostra como metade Exu e metade Ogum, pois na Umbanda quem rege e atua nas faixas vibratórias negativas é Exu e a Lei Maior atua em todos os campos, pois sem a Lei ordenando e regulando os ditames das trevas, as faixas vibratórias seriam um caos e se estabeleceria o estado de natureza instintiva.

Por isso, em algumas lendas o orixá Exu e o orixá Ogum são descritos como irmãos inseparáveis, onde um está o outro está também, pois Ogum é a própria lei que conduz cada um à sua faixa vibratória de merecimento, e Exu é o mistério guardião e executor responsável por esgotar e esvaziar todos os espíritos negativados que para lá foram enviados.

Excessos na luz existem sim! E acontecem quando alguém acha que pode descer nas esferas negativas e resgatar seus afins sem que ainda tenham esgotado seu negativismo e pago seu carma. Que o culpado não saia das faixas vibratórias negativas enquanto não pagar o que deve e enquanto não for esgotado dos seus negativismos, e quando vibrar em seu íntimo o arrependimento será devolvido às faixas vibratórias luminosas e retomará sua caminhada, amparado pelo seu regente divino e servirá a Olorum e seu semelhante por meio do amor e da luz, e que o inocente não pague pelo crime que não cometeu.

Por isso não existe Oxalá Xoroquê, Oxum, Xoroquê, Oxóssi Xoroquê, etc. Só existe OGUM Xoroquê, porque nas faixas vibratórias negativas não existe a fé nem a esperança = (Oxalá), mas somente a descrença.

Nas faixas vibratórias negativas não existe o saber = (Oxóssi), mas somente a ignorância. Nas faixas vibratórias negativas não existe o amor = (Oxum), mas somente o ódio.

E é por isso que existe apenas OGUM Xoroquê, porque Ogum é a lei maior e a lei está em todos os campos regulando os nossos sentimentos íntimos (orixás positivos) e regulando a exteriorização desses sentimentos e os efeitos que ele produz quando gerado na criação e nos outros.

Por essa razão, que nas lendas dos orixás Exu e Ogum são irmãos, porque um é a própria lei da ação e reação que conduz cada um ao seu lugar de merecimento, o outro é o próprio lugar ou campo em que o ser será esvaziado e esgotado do seu negativismo.

Esperamos ter fundamentado na Umbanda um pouco da qualidade, atributo e atribuições desse divino e sagrado pai Ogum Xoroquê, divino mistério de Olorum que é luz pura e é pura luz a vigiar e evitar que excessos e injustiças sejam cometidas até para aqueles que infringiram a lei e atentaram contra a vida de seu semelhante.

Obrigado divino e sagrado pai Ogum Xoroquê! Pode parecer que somos punidos, quando na verdade somos salvos de nós mesmos, dos nossos desejos, paixões e inclinações que nos levam a quedas intermináveis.

Que sejais os olhos divinos de Ogum nas faixas vibratórias onde Exu atua, nos protegendo e nos livrando daqueles que se alimentam do ódio, colocando ordem no aparente caos das faixas vibratórias negativas.

## *Histórias de um velho babalaô e o seu neófito Yaô – uma história de amor*

Certa feita entrou uma jovem moça na humilde casa do velho babalaô, que junto do seu único neófito Yaô atendia aos mais necessitados através do dom oracular que este trazia em si e o manifestava através dos Búzios Sagrados. A jovem moça entrou de forma estabanada, o que denunciava certo desespero.

O velho babalaô que já se encontrava sentado com as pernas cruzadas diante do seu tabuleiro oracular que é onde os búzios são jogados, lhe disse: – Acalme-se e se assente nesse velho banco de madeira que como esse velho babalaô fica parado e imóvel esperando que aquele que já se cansou de sua caminhada descanse nesse velho banco e recupere suas forças e renove sua esperança no seu caminho que é o caminho do senhor de todos os caminhos onde todas as caminhadas se justificam. Louvado seja Zambi o verdadeiro caminho.

A jovem moça sentou-se demonstrando insegurança e buscando entender aquelas palavras ditas pelo velho que na sua frente iniciava o diálogo.

No qual a moça trêmula lhe disse:

– Obrigado, senhor

– Não tem o que agradecer. Já está mais calma?

– Sim, mas não sei muito bem o que vim fazer aqui E a moça já ia fazer menção para sair dali quando o velho babalaô lhe disse:

– Fica filha, em Deus o acaso não existe. Nisso, Ela se virou novamente e de frente para aquele velho que apesar do cansaço era detentor de um olhar profundo que demonstrava segurança e uma paz jamais por ela vista. Ela começou a chorar timidamente para depois desaguar num pranto profundo e inconsolável.

O velho babalaô a olhava paciente e de forma neutra permitia que aquela catarse de emoções fossem esgotadas através das lágrimas de quem a sofria.

Após as últimas lágrimas e os últimos soluços serem recolhidos, aquele velho, porém tenaz babalaô disse: – Bendita são as lágrimas que expressam a dor que já não cabe mais em nosso peito, e como num ato inconsciente de redenção nos desarma diante da vida que nos é soberana. Benditos são os soluços que são pedidos silenciosos de socorro emitidos diretamente dá alma e que são ouvidos por aqueles que escutam e emitem o idioma universal que é a língua do amor.

Ao dizer isso aquele velho babalaô elevou as também velhas e enrugadas mãos ao alto e com um outro gesto as recolheu cruzando-as no peito respirando profundamente no qual foi acompanhado por esse mesmo gesto pelo seu único neófito Yaô.

Após tudo se acalmar e tudo silenciar naquela pacífica choupana, o velho babalaô pediu para o seu único neófito Yaô pegar uma cuia de água fresca para a jovem moça pedindo que a sorvesse em pequenos goles, acompanhados de um profundo respirar, o que causou nela sensação de paz e equilíbrio.

– Pronto, disse o babalaô, agora vamos começar a trabalhar o solo que se acha inóspito, machucado e rachado pela secura dos amores aí plantados por semeadores ainda não habilitados na arte de amar e ser amado.

– Tô certo, filha? E a jovem moça consentiu com a cabeça.

O velho babalaô pegou seus Búzios Sagrados e já totalmente inspirado pelos seus sagrados e ancestrais Divinos, disse:

– Vamos ouvir o que os Orixás têm a lhe dizer, minha filha, pois só eles conhecem o nosso íntimo e têm a resposta para aquilo que nos afligem.

O velho babalaô lançou os Búzios Sagrados e com um olhar penetrante como se estivesse enxergando algo muito mais além dos Búzios, olhou a jovem moça nos olhos e com um olhar terno disse:

– Filha, por que busca um caminho fora de você e não se torna você mesma um caminho para que aqueles que estão no seu caminho a busque como um início dos seus próprios caminhos?

– Por que não cultiva e cuida do amor que está dentro de você ao invés de depositá-lo em mãos alheias que não tem o mesmo zelo no cultivo do seu amor próprio? Busca um culpado, quando a culpa está em ti! Ele lhe falou de modo severo sem deixar de ser amoroso aquele velho e tenaz babalaô.

A moça lhe perguntou: – Meu velho senhor, por que tantas decepções amorosas e tanta infelicidade em quem só quer amar e ser amada?

– Filha, te respondo com uma outra pergunta. Por que busca a felicidade fora de você? Por que alguém que está fora tem que ser mais especial que você? Por que a verdade tem que vir de fora? Um sacerdote antes de falar de Deus, deve encontrá-Lo em si mesmo!

Um sacerdote antes de dirigir um templo externo que receberá muitas pessoas aflitas, tem que primeiro aprender a dirigir seu templo íntimo que é o verdadeiro templo onde Deus habita. Antes de ser um sacerdote de um templo deverá ser primeiro sacerdote de si e antes de lidar e confortar pessoas aflitas, tem que reordenar e equilibrar as suas próprias aflições.

O velho babalaô silenciou por um instante e novamente se pronunciou:

– Filha, seja autêntica e sincera, não se mude ou se mostre a alguém segundo a natureza desse alguém, pois ele verá em você um tipo de solo que você não é, e ao plantar sua semente nesse solo elas não germinaram, pois a semente que ele tinha (sua natureza íntima) era para um solo seco, pois a natureza do pretendente é como a semente de cacto que só crescerá em solo apropriado e seco. A sua natureza (solo) é aquosa e a semente mais apropriada para semeá-la é o lírio que cresce em solo encharcado de amor.

– Percebe, filha, que ao mudar pelos outros e sendo uma pessoa que você não é, você engana seu pretendente semeador, mesmo sem a intenção de enganá-lo, por isso lhe disse que a culpada pela sua infelicidade é você mesma.

– Ame a si mesma, sinta-se feliz com você mesma, pegue-se sorrindo sem pretensão alguma e aí sim passará a amar uma vida que é toda sua, marcada pela sua essência, pela sua natureza, pelos seus gestos, pelas suas predileções e, então, será um solo original. E aquele que não tiver uma semente compatível com seu solo e que a complemente, irá ali semear sementes infrutíferas. Não deseje uma vida diferente, deseje somente a sua vida!

Através dos Búzios Sagrados, O Sagrado Pai, Oxumarê que é a qualidade renovadora de Zambi (Deus), está a lhe dizer: renove-se sem mudar a sua essência, busque alternativas para renovar a sua vida, mas renovar a vida que você tem, não a vida que você deseja e por desejá-la ainda não existe.

A sagrada Mãe Obá, que é a qualidade racionalizadora de Zambi (Deus), está a lhe dizer: seja verdadeira com você e colherás a verdade nos outros; seja sincera com você e colherás a sinceridade nos outros; não mude sua natureza ou seu jeito de ser e encontrarás pessoas que te amam e te admiram pelo que você é; não se culpe tanto e seja paciente com você mesma e passará a compreender que as pessoas têm virtudes e vícios na mesma proporção e que ninguém é dono da verdade, porém somos pequenas e múltiplas verdades da verdade maior que é Zambi (Deus).

Nesse inspirado momento, aquele velho e sábio babalaô recolheu os Sagrados Búzios e os jogou novamente, quatro caíram abertos, e ele com um tímido sorriso de consentimento, acompanhado de um leve balançar afirmativo de cabeça, e depois uma leve e respeitosa gargalhada daquele que conhece a fundo a natureza e a qualidade dos Orixás, disse para jovem moça:

– A sua Amada mãe Iemonjá manda um único e sublime recado, e depois de alguns minutos de silêncio o velho babalaô se levantando com dificuldade foi até a jovem moça e lhe abraçando disse no pé do ouvido. Sua Sagrada Mãe Iemonjá manda lhe dizer: – Não desista da vida, pois a vida é o que temos de mais sagrado, seja feliz minha filha!

E a jovem moça?

Chorou de felicidade, não um choro triste de quem não suporta mais a vida, mas um choro alegre de quem feliz volta a viver. A jovem moça soluçava, mas não um soluço que no silêncio revela a tristeza contida no peito, mas um soluço daquele que deseja impaciente bradar o iládá Vida.

A jovem moça saiu às pressas com um sorriso largo no rosto, como quem descobre um segredo valioso e deseja revelar aos quatro cantos do aiyê (mundo). O velho babalaô com ajuda do seu fiel e único neófito Yaô assentou-se novamente em seu lugar e voltou-se ao neófito Yaô e perguntou-lhe qual a lição que havia aprendido com essa filha que o (Odu) destino sagrado e a providência divina tinha encaminhado.

O jovem Yaô respondeu-lhe com uma certa intransigência: a A lição que aprendi é que temos que cobrar no início do jogo de Búzios antes que a consulente saia correndo!

O velho centenário babalaô deu uma gostosa gargalhada que lhe faltou o ar, e após alguns minutos de silêncio disse de maneira séria: – Zambi e os Orixás estão acima de qualquer moeda, e a recompensa do Orum (céu) é a satisfação de poder servir o Pai Maior servindo nossos semelhantes. Vivemos de donativos e isso já nos basta. Zambi é generoso e nunca deixará nos faltar o necessário. Confie nisso meu único e interesseiro filho.

Com expressão de profunda paz e um terno sorriso, recolheu os Búzios Sagrados, mas antes de recolhê-los ele retirou do tabuleiro aqueles quatro búzios abertos e olhando-o atentamente disse a si mesmo: "Vida, eis o que justifica a nossa vida". Salve a Sagrada Mãe dá Vida, salve Iemonjá! O seu único e fiel neófito Yaô, ao ouvir esta frase, lhe inquiriu: – O que isso quer dizer meu velho Pai? E o babalaô lhe respondeu? – Isso quer dizer que a nossa existência só se justifica na existência do próximo, e quando acrescentamos mais vida na vida do próximo, mais vida nos é acrescida pelo Divino Criador que é senhor de todas as vidas. Isso quer dizer que o bom semeador é aquele que planta frutos que não iram colher nessa vida, mas sim saboreá-los diretamente da mesa sagrada do único e divino Criador. Isso quer dizer que Zambi (Deus) que é único em si mesmo, porém está em tudo e em todos através das virtudes que são os bons atos. E nós, os seus filhos, que também somos únicos, devemos estar e entrar na vida das pessoas como virtudes ou atos de bondade, e aí nos eternizar na mente do agoniado como uma lembrança boa na sua vida, e nos satisfazer como uma extensão da bondade e da misericórdia do benfeitor Divino, que é o senhor de todos os benfeitores, o Sagrado e Divino Zambi (Deus).

Após elucidar seu fiel e único neófito Yaô, ele recolheu os Búzios Sagrados e numa prece silenciosa aos Sagrados Orixás, ele agradecia pela oportunidade de ser um instrumento do Divino, pois como instrumento a sua existência se justificava única e exclusivamente a servir Zambi através dos Sagrados Orixás, pois o bom instrumento e o instrumento feliz é aquele que se satisfaz quando usado com intensidade pelo Pai Maior.

Aseô

# CAPÍTULO IV

# Liturgia de Umbanda

## *Todo ato é sagrado*

Ao adentrarmos a uma instituição religiosa, devemos compreender e ter clareza enquanto polos ativos da religião, que todo ato manifestado como litúrgico religioso é sagrado e parte ativa do seu culto. Logo, na Umbanda todo ato é sagrado, desde a porta de entrada até o fechamento dos trabalhos, inclusive o ato de nos despedirmos das pessoas que estão presentes, todos com o mesmo propósito, que é o de louvar ao Divino Criador por meio dos orixás.

Sendo assim, todo ato simbólico de saudação tem uma forma própria de realização, abre campos e passagens espirituais que nos religa às nossas forças ancestrais divinas, naturais e espirituais, expandem nosso campo mental, em que passamos a receber todo fluxo energético divino que nos eleva e nos coloca em comunhão com o sagrado.

Desde a entrada do terreiro, dos pontos salutares, do congá, tronqueiras, cumprimentos, postura, comportamentos, etc., tudo acontece evocando o sagrado, quando agimos de forma elevada, ocasião em que a manifestação espiritual e natural de poderes divinos realiza-se com o intuito de acelerar nossa evolução e nos religar aos nossos divinos pai e mãe regentes; passaremos a servi-los como instrumentos de Olorum (Deus), servindo nosso semelhante por meio dos mistérios que se manifestam na Umbanda.

Há uma forma simbólica de saudar e pedir licença para entrar em um terreiro, assim também saudar o cruzeiro das almas, saudar o ponto limite entre a assistência e o corpo interno do terreiro, saudar o congá, as pessoas que compõem o corpo religioso da tenda e a tronqueira das forças à esquerda, ou seja, todos os atos têm fundamentos e não são realizados por acaso, pois se tratando de religião de Umbanda, tudo que ali se realiza tem amparo dos orixás sagrados e ativa suas forças, como a saudação para a abertura dos trabalhos, saudações aos orixás, cantos litúrgicos de saudação e sustentação, ativação de pontos riscados, palmas, danças, defumação, prece, saudação à pemba e à toalha, às sete linhas de Umbanda, às forças guardiãs da porteira do terreiro (Exu, Pomba-Gira e Exu Mirim), aos orixás regentes e patronos da casa, às linhas de força de abertura, trabalho, descarrego, fechamento do trabalho, encerramento e agradecimento do trabalho. Tudo tem fundamento e é preciso aprendê-los e colocá-los em prática.

## *Pontos salutares*
### Entrada da porta do terreiro

Ao chegarmos a qualquer templo religioso, devemos de forma respeitosa nos dirigir mentalmente aos espíritos guardiões da porta de entrada e pedir-lhes licença para adentrar àquele local sagrado.

Exemplo de saudação: Salve as forças dos espíritos guardiões desse templo sagrado, eu vos peço licença para adentrar e vossa proteção durante o tempo que me fizer presente nesse templo sagrado.

Amém!

### Cruzeiro das almas

Todo templo de Umbanda tem o seu cruzeiro das almas, que é um espaço consagrado ao divino pai Obaluayê, onde se assenta simbolicamente a sua cruz redentora, mistério amparador da lei e da vida que se destina aos espíritos sofredores que se alojam no campo vibratório e espiritual das pessoas que adentram o templo, recolhendo-os a uma faixa vibratória neutra, curando-os, regenerando-os, balsamizando-os, positivando-os, transmutando-os e encaminhando-os às esferas superiores onde retomarão suas caminhadas evolutivas.

Exemplo de saudação: Salve o divino pai Obaluayê, salve as santas almas benditas, salve a santa cruz redentora e salve a corrente dos Pretos-Velhos, adorai as almas!

Eu peço a vossa benção, vosso amparo e a vossa proteção, meu pai, e peço que ilumine meus caminhos e meus campos espirituais e deles recolha todo espírito sofredor que por ventura esteja alojado em meus campos espirituais, encaminhando-os em equilíbrio às suas faixas vibratórias de merecimento. Amém!

## Entrada na faixa delimitadora entre o corpo mediúnico e a assistência

Todo templo tem uma faixa delimitadora que separa a assistência do corpo religioso, geralmente, é onde o guia espiritual firma o ponto de proteção e descarrego de vibrações negativas ligadas às pessoas que serão atendidas nos trabalhos. É por onde a assistência entra para tomar seu passe energético e fazer sua consulta. Antes de entrarmos ao interior do espaço religioso onde será realizado o atendimento da assistência, cruzamos o solo com a mão direita por três vezes, pois a cruz simboliza passagem e abertura de campo e ao cruzarmos três vezes estamos abrindo os campos naturais, espirituais e divinos e solicitando licença para entrarmos no espaço interno sagrado do templo.

Exemplo de saudação: Salve as forças divinas, naturais e espirituais dessa casa! Eu vos peço licença para adentrar o espaço sagrado interno desse templo para que nele sirva de instrumento de Olorum a serviço dos Orixás. Amém!

## Congá (altar)

O congá é o símbolo máximo de uma religião, onde tudo se irradia e para onde tudo converge, é simbolicamente retratado como *O Todo Divino* ou *O corpo de Olorum* onde cada uma de suas partes estão assentadas e desempenham uma função, ativando um mistério. Tal qual o corpo humano que é uma unidade (altar) (Olorum) e nas suas particularidades cada membro e órgão é parte do todo que o compõe (divindades assentadas). Sendo assim, ao tocar a nossa testa no altar saudamos Olorum e os sagrados orixás que são Suas forças manifestadas ou Suas manifestações individualizadas e saudamos os orixás regentes e guardiões da casa.

Exemplo de saudação: Salve o Divino e Sagrado Criador Olorum, os divinos e sagrados orixás manifestadores de vossos poderes na criação! Peço a vossa bênção, vosso amparo e vossa guia, amados pais, para que amparado, abençoado e conduzido por vós, venha servi-los como uma extensão do vosso poder, semeando a paz, o amor, a fraternidade e a harmonia nessa minha jornada espiritual. Amém!

## Tronqueira ou assentamento dos orixás Exu, Pomba-Gira e Exu Mirim

A tronqueira é um portal mágico religioso protetor ligado aos poderes e forças espirituais, naturais e divinas dos sagrados orixás Exu, Pomba-Gira e Exu-mirim, por onde suas vibrações, magnetismos, energias se condensarão nos objetos sagrados e simbólicos ali assentados, e a partir deles passarão a dar amparo e proteção de forma permanente ao médium, à sua casa e ao terreiro.

Esse campo protetor se ativa com a função de minimizar e anular todas as cargas energéticas negativas vibradas contra o seu médium, suas forças e sua casa ou terreiro, dando sustentação e proteção para que o mesmo possa cumprir a sua missão e seu destino.

Esse assentamento é necessário e fundamental a todo médium que se propõe a servir Olorum, pois como a Umbanda é uma religião fundamentalmente magística. Muitos dos seus assistidos chocam-se com trabalhos pesados feitos na natureza e com forças negativas altamente nocivas ao nosso corpo espiritual. E é aí que se justifica o assentamento da tronqueira das divindades e forças da esquerda, por ser um portal mágico assentado de forma permanente, e também se projeta e se assenta na sua contraparte espiritual, natural e divina. O poder realizador da divindade é completo, podendo intervir em nosso benefício e amparo, pois o assentamento com todos os elementos ali colocados e distribuídos de forma geométrica possibilita essa atuação a nosso favor.

Toda tronqueira é regida pelo mistério maior das sete defesas sagradas regidas pelo divino pai Ogum que é em si o amparo e a proteção divina que zela por nossa caminhada para que cumpramos o nosso destino em paz e harmonia, realizando aquilo que o Divino Criador espera de nós, suas centelhas de luz, vivas ativas e pensantes.

Todo médium assim que se desenvolve e tem autorização do guia chefe para começar a trabalhar e a atuar na linha de passe, recebe a orientação ou a intuição do seu Exu de trabalho para que realize o assentamento de sua tronqueira, e mesmo que o médium não se atente a isso, logo após um tempo acontece a manifestação de seu Exu de trabalho, que de forma involuntária diz ao dirigente espiritual: "Companheiro, preciso que auxilie o meu aparelho a realizar o assentamento da minha tronqueira". E o porquê disso? Porque o Exu de trabalho sabe que assim que o assentamento estiver pronto, a sua "vida espiritual" se tornará mais fácil, pois toda carga energética negativa desprendida no passe energético não fica nem no campo espiritual do Exu e nem no campo espiritual do médium, e que toda a carga negativa é recolhida pelos campos naturais ligados à tronqueira que ali serão desagregados, diluídos e devolvidos às suas realidades de origem. Sendo assim, a tronqueira tem fundamento e é preciso assentá-la.

## Encostar a testa no congá "bater a cabeça"

Bater cabeça no congá representa o ato sagrado de encostarmos a nossa fronte no altar ou no solo sagrado do templo, e por meio daquele ato de respeito e devoção pedirmos bênção e proteção de Olorum e das divindades orixás regentes do templo, mas além de ser um ato de devoção e respeito, ativa o chacra frontal localizado no centro de nossa testa, ligando-nos mentalmente às divindades regentes do templo em que trabalhamos ou vamos visitar, pois assim que você se ajoelha, num ato de reverência e respeito, e toca sua testa no solo, o vosso "Ori" localizado próximo ao chacra coronal se abre e deixa à mostra o símbolo sagrado que todos temos em nosso mental, símbolo esse que é eterno e imutável, representando o sentido sagrado, o qual estamos ligados à Olorum desde o momento em que fomos qualificados e dotados com um dos Seus dons ou qualidades divinas.

## Ritual da pemba e da toalha sagrada

A saudação da pemba e da toalha é um ritual sagrado no qual oferecemos o nosso "Ori" ou coroa, que simbolicamente representam nossa mente. É o ritual da "oferenda da cabeça", é quando oferendamos nosso pensamento, depositando nossa cabeça na toalha sagrada para que o Divino Criador e os divinos orixás abençoem nossa centelha divina que é o primeiro corpo divino no qual fomos dotados por Olorum e onde está a nossa essência divina, é o que demais sagrado habita em nós, pois fomos gerados como centelhas vivas de luz, como pequenos mentais adormecidos, para que de plano em plano da criação fôssemos desdobrando essa essência até que um dia possamos retornar ao pai não mais como uma centelha luminosa inconsciente, mas sim como um mental divinizado e hiperconsciente, amparando milhões de seres que ainda estão desdobrando a sua essência. Essa é a missão e a saga de todo espírito: "crescer e evoluir para amparar àqueles que estão evoluindo."

## Ritual da esteira sagrada

A esteira de palha é um elemento litúrgico e sagrado dentro do ritual de Umbanda, o seu rito religioso consiste adentrarmos o templo e, após fazer as devidas saudações nos pontos salutares, nos dirigirmos à esteira que estará de frente para o congá firmado com uma vela branca e com um copo com água, ajoelharmos, cruzarmos o solo à nossa frente e deitarmos em cima da esteira de modo que nosso corpo fique por completo em cima dela.

Saudamos o Divino Criador Olorum e os sagrados orixás senhores do altíssimo, viramos a nossa cabeça para o nosso lado direito e saudamos todos os poderes e forças dos orixás assentadas à direita e depois viramos a cabeça para nossa esquerda e saudamos todos os poderes e forças dos orixás assentados à esquerda, pedimos benção, proteção e amparo para nosso trabalho, depois nos voltamos com a cabeça no solo e direcionada para frente saudamos novamente o divino Pai Olorum e pedimos que nos faça instrumentos de Sua sagrada vontade, para que sejamos uma extensão de vossa bondade e misericórdia em benefício dos seres até nós encaminhados.

O ritual da esteira coloca-nos em contato direto com a realidade ou morada Divina dos orixás, pois quando devidamente consagrada para esse fim, assim que ativada, abre-se e projeta o nosso espírito para a realidade divina dos orixás, isolando-nos desse plano material para que recebamos de forma direta as vibrações naturais necessárias para que os desdobramentos, dons ou faculdades que trazemos desde nossa origem em estado potencial, possam ser estimulados e desenvolvidos para que se abra em definitivo como um estado natural em nós.

## Defumação e o ato de defumar

O ritual sagrado da defumação é um ato litúrgico milenar praticado por muitas religiões ativas e também por religiões que já se recolheram ou cumpriram suas missões redentoras. Toda defumação é um ato religioso por excelência e apresenta o princípio de purificar algo ou alguém, anulando sobrecargas energéticas negativas e interagindo com o lado sagrado de cada coisa criada por Olorum e cria-se um espaço saturado de essências consagradas, tomado por uma aura luminosa e sagrada.

Toda defumação é acompanhada de cantos litúrgicos e preces com o objetivo de purificar e afastar vibrações negativas e espíritos descomprometidos, pois são justamente tais procedimentos religiosos os ativadores e condensadores da vibração divina, que por ser muito sutil deve ser condensada em um elemento para que ali realize sua função, e a única forma de tornar sua defumação realmente funcional é evocando o sagrado para que as vibrações divinas que só atuam de dentro para fora possam se elementarizar na fumaça da defumação e, a partir da materialização de uma energia divina, possa atuar nessa contraparte que é física.

O rito da defumação é essencial e irremovível na Umbanda, e sem esse rito não se tem uma casa harmoniosa e equilibrada.

## As velas e as funções dos orixás

É de extrema importância que qualifiquemos a vela com a função do orixá, uma vez que a vela é um objeto religioso por excelência e é um condensador e condutor de vibrações mentais com fundo religioso. Desta forma, associamos a cor da vela ao princípio divino realizador que ela assume ao ser oferecida ao orixá, e a vibração de cada orixá irá realizar uma função na criação, assumindo uma cor e tipo de onda vibratória, ligados à sua escrita simbólica ou à magia de pemba. Por isso, devemos ter como fundamental o conhecimento dos princípios sagrados dos orixás que descrevem sua função na criação e a correspondente cor da vela que tais princípios assumem.

Por exemplo, o ato de estudar para uma prova está ligado ao princípio do conhecimento/concentração e os orixás que o regem são Oxóssi e Obá, a vibração expansora do conhecimento assume a cor verde quando vibrada por esses orixás, então, ao realizar um pedido de ajuda, utiliza-se uma vela verde, consagrando-a ao pai Oxóssi, acendendo-a num local mais alto do que a cabeça, pedindo amparo e expansão das faculdades mentais, a fim de estar bem preparado para a realização da prova.

Percebe-se nesse ritual a afinidade de todo o magnetismo, pois estudo é sinônimo de aprendizado que é sinônimo do conhecimento que é regido por pai Oxóssi. A expansão do conhecimento, quando realizada como função na criação, assume a cor verde, e a vela consagrada é da cor verde, assim, a prece ou pedido tem afinidade com a divindade evocada, e, portanto, o poder realizador envolverá e estimulará a busca do conhecimento, anulando possíveis medos que bloqueiam o fluir natural das atividades mentais ligadas aos estudos.

Desta forma, aprendemos que tudo na criação tem um magnetismo a fim que o atrai e complementa, e para que essa vibração mental de pedido de amparo ao pai Oxóssi do nosso exemplo encontre afinidade mental (pedido) e elemental (vela), tudo deve ter afinidade, desde a cor do elemento até o pedido íntimo, pois a lei das afinidades é uma lei divina e universal e se repete em tudo, tal como uma semente de cacto tem seu solo apropriado onde deve ser semeada, não se desenvolvendo em outro solo que não seja um tipo de solo seco e árido.

Os nossos pedidos e preces também devem ser imantados de uma vibração específica que tenha afinidade e correspondência magnética, tanto com a divindade quanto com o elemento regido e oferendado para ela, pois é a partir dessa correspondência mental e elemental que ela nos enviará seu retorno amparador.

## Prece, magia e vibração mental

A prece é o ato de nos voltarmos ao sagrado e divino clamando-lhe amparo e proteção, essa forma de comunicação mental não é exclusividade de uma religião ou de uma instituição religiosa, mas fruto do inconsciente coletivo, por onde se manifesta a inspiração divina, que nos faculta com meios que desconhecemos, porém, que se manifestam como algo natural, tornando a prece ou comunicação mental com uma força superior que ninguém consegue datar ou prever um precursor dessa forma de reverenciar e clamar o Divino Criador. É uma forma coletiva, uma vez que se manifesta em tudo e em todos, independentemente da religião do adepto.

Sendo assim, a comunicação mental ou a prece estão acima de qualquer instituição religiosa, são recursos que herdamos do Divino Criador de forma natural, sendo a religião uma criação e uma organização posterior a essa forma de se comunicar, pois o Criador primeiro nos facultou com essa possibilidade de nos voltarmos mentalmente a Ele e posteriormente nós organizamos essa forma, criando estruturas, dogmas e preceitos que são leis e procedimentos que conduzem a uma estrutura e forma de cultuá-lo, para que muitas pessoas deem vazão e exercitem a faculdade de comunicação mental de forma única, sobrepondo como um meio legítimo de se cultuar a Olorum, inaugurando assim as religiões.

A prece também não deixa de ser uma oferenda mental, pois assim que nos elevamos ao sagrado, o pensamento é envolto e carregado de uma vibração nossa e imantado com os nossos pedidos pessoais, e assim direcionado a Olorum e às suas divindades amparadoras que as recebem e nos reenviam nessa mesma onda vibratória, todo um fluxo divino de energias vivas que nos amparam e provêm naquilo que mentalmente pedimos.

Quando acrescentamos um elemento tornando-o parte de nossa comunicação sagrada com a divindade, esse se torna um portal ou meio elemental por onde nossa onda vibratória mental se projeta e em seguida se carrega com essa energia elemental. Ao ser projetada para a divindade clamada, vai com nossa vibração mental, porém, já elementarizada, ou seja, envolta com as energias que os elementos trazem em si. Para facilitar a descrição acima usaremos o exemplo da vela: A vela é um objeto sacro já consagrado nas religiões que fazem uso de recursos magísticos e religiosos, e quando a acendemos e a elevamos acima da cabeça, consagrando-a a Olorum e às suas divindades, abrimos uma comunicação mental com o sagrado, nossa vibração mental, envolta com nossa energia mental e carregada dos clamores e pedidos endereçados às divindades, absorve os princípios ativos mágicos e energéticos do elemento ígneo da vela e se elementariza, se antes era imantada somente com os nossos sentimentos abstratos, assumem um padrão elemental, criando uma onda vibratória mental envolta e imantada com os princípios ígneos, em que na contraparte e no retorno essa vibração divina trará, além de uma carga energética divina, também uma carga energética elemental.

Numa prece ou comunicação mental com o sagrado, onde não haja o recurso de um elemento, tudo acontece apenas por meio da oferenda mental, e o retorno é por meio de vibrações mentais, onde nossa onda vibratória mental é ligada e captada pela onda vibratória mental da divindade, que envolta e imantada de uma carga fatoral divina retorna a nível mental e começa a atuar de dentro para fora, dando-nos força, alimentando-nos de energias positivas, transmutando sentimentos negativos que estavam nos paralisando e reformando nosso íntimo para que tenhamos nova visão da vida, alinhada com um padrão mais elevado e de acordo com os sentimentos despertos em nós pela divindade.

Perceba que essa atuação da divindade a nosso favor foi puramente mental, pois atua de dentro para fora. Porém, como dissemos anteriormente, quando fazemos uso de elementos consagrados em nossa comunicação sagrada, nossa prece se elementariza com o princípio ativo do elemento (no caso da vela é o fogo purificador e consumidor) e no retorno da divindade esse auxílio vem também imantado com o princípio ativo elemental purificador e consumidor que agirá de fora para dentro, limpando nosso corpo energético, consumindo energias negativas que se ligam em nossos chacras e órgãos físicos e espirituais.

Observamos, então, que a vibração mental divina atua de dentro para fora, pois nos estimulam pelos sentidos e sentimentos que são abstratos, e a vibração mental divina elementarizada, atua de fora para dentro, ou seja, a partir do nosso lado externo e do nosso corpo biológico e espiritual.

Portanto, a atuação mental age em nosso íntimo nos sentidos e sentimentos que são nosso lado interno, e a atuação elemental age em nosso lado externo, absorvendo os princípios dos elementos e agindo em nosso corpo biológico que também é constituído de elementos.

Concluímos que a prece é muito mais do que imaginamos, ela é um ato mágico religioso por excelência e um recurso que o Divino Criador nos contemplou para que permaneçamos ligados a Ele, legitimando assim Sua eterna presença em nossas vidas. Saravá, o Divino Criador Olorum!

## Saudação às sete linhas de Umbanda

As sete linhas são irradiações divinas projetadas a partir de sete tronos divinos, que são mistérios assentados na criação e manifestações individualizadas do Único e Divino Criador. Saudá-las é um ato de reverência dos sete poderes divinos que são cocriadores de tudo e de todos e que amparam e sustentam tudo e todos por meio de suas divindades.

Os sete tronos divinos estão representadas como a Coroa Divina Planetária regente do nosso planeta e, simbolicamente, descritos como "coroa planetária" porque são sete mentais divinos que representam a coroa da mente suprema que é o Divino Criador Olorum, por isso, a alusão à "coroa" símbolo de poder que governa e sustenta toda a criação divina.

## Saudação aos orixás

A saudação aos orixás é a reverência que fazemos aos manifestadores naturais dos divinos tronos planetários, representados pela coroa divina regente de tudo e de todos.

Quando saudamos os orixás, manifestadores por excelência, dos divinos tronos de Olorum, nós O reverencimos por meio de suas divindades que se manifestam na natureza dos seres e das criaturas, de suas realidades divinas.

Os orixás são senhores das naturezas, no plural mesmo, pois regem a natureza íntima dos seres e também a natureza terrestre, que são planos sagrados da criação onde vivemos e evoluímos. São divindades naturais que se manifestam em nosso íntimo, uma vez que, ao sermos gerados por Olorum somos imantados e qualificados por uma natureza divina que nos amparará e conduzirá de dentro para fora, nos individualizando com uma natureza e personalidade que nos caracterizará e nos marcará por toda a nossa existência, estando em nós como a essência divina com qualidades íntimas ligadas aos seus princípios divinos.

Quando observamos determinada pessoa que apresenta uma forma rígida de se conduzir, que é leal e tenaz na defesa dos menos favorecidos e é capaz de se doar para que outros não sofram, dizemos que essa pessoa é filha de Ogum, pois a sua essência e natureza íntima são qualidades regidas pelo Divino Trono da Lei, cuja divindade manifestadora na Umbanda é o Ogum, o *Senhor das Demandas*.

Saudamos os orixás para reverenciar a essência divina que se manifesta em nosso íntimo como o nosso elo sagrado com Olorum, que nos amparará por toda a eternidade e nos conduzirá no caminho de retorno ao Pai.

## Hino da Umbanda

Um hino compõe a essência que constitui as bases de uma instituição, seja religiosa ou civil, de uma nação ou povo que a representa. Ele apresenta em sua composição e melodia, elementos fundamentais referentes ao propósito e à missão, representando aqueles que estão ligados à instituição representada.

A Umbanda tem seu hino sagrado, cuja letra e melodia enaltecem os princípios fundamentais de sua existência que é semear a paz, o amor e a fraternidade:

"Refletiu a luz Divina
Com todo seu esplendor
Vem do reino de Oxalá
Onde há paz e amor

Luz que refletiu na terra
Luz que refletiu no mar
Luz que veio de Aruanda
Para tudo iluminar

A Umbanda é paz e amor
É um mundo cheio de luz
É a força que nos dá vida
E a grandeza nos conduz

Avante filhos de fé
Como a nossa lei não há
Levando ao mundo inteiro
A Bandeira de Oxalá!"

Ele foi composto na década de 1960, por um homem que em busca da cura de sua cegueira foi procurar a ajuda do Caboclo das Sete Encruzilhadas. Embora, não tenha conseguido a cura por ser sua cegueira cármica, ficou apaixonado pela religião e compôs a canção para mostrar que poderia ver o mundo e nossa religião de outra maneira, a apresentou ao Caboclo das Sete Encruzilhadas que gostou tanto que resolveu denominá-la de Hino da Umbanda, e em 1961, durante o II Congresso de Umbanda, foi oficializado para todo o Brasil.

É importante saber que não se deve repetir a última estrofe do hino e que, em sinal de amor e respeito pela religião, coloca-se a mão direita sobre o peito, e como para qualquer hino não se deve bater palmas ao final de sua execução, uma vez que as palmas acontecem quando saudamos a Umbanda.

## Saudação ao Pai Oxalá

Nas lendas africanas, o divino e amado pai Oxalá é quem modela tudo e carrega o peso do mundo sobre as costas.

Pai Oxalá é o mistério da fé e como divindade de Olorum, está em tudo e em todos, e a fé é o motor e a viga mestra de toda religião, sem a fé não existe religião.

Já a fé existe sem religião, o que denominamos de esperança e de confiança, ou seja, todos nós somos movidos por uma crença em algo, esperamos alguma coisa desse algo, por exemplo, quem faz faculdade crê que isso será importante para seu futuro, e desta forma, se esforça no presente com a esperança de concluir os estudos e galgar uma colocação profissional que lhe trará mais conforto, ou quem casa é porque crê no amor e confia no cônjuge e o matrimônio é realizado com a esperança de constituir família, expandindo a árvore genealógica dos nubentes.

Esses exemplos justificam que a crença em algo nos impulsiona a evoluir e a conquistar os nossos objetivos, assumindo um lugar de destaque em nossas relações com o mundo e também assume uma deferência em uma cátedra ou religião.

E na nossa amada Umbanda não seria diferente, tendo no ápice do altar o divino pai Oxalá e abaixo dele todos os orixás, pois ele também é descrito como o pai dos orixás, deferência legitimada por representar o Divino Trono da Fé, regente de todos os nossos atos, sejam eles religiosos ou não.

Portanto, na abertura dos trabalhos saudamos particularmente a Oxalá, princípio divino da fé, presente em tudo e em todos, inclusive nos outros amados orixás.

Saravá, nosso pai Oxalá! (Exê Baba que significa: O Senhor Realiza, Obrigado Pai).

## Saudação aos orixás regentes da casa

É o par de divindades regentes da casa, responsável pelo amparo e proteção dos trabalhos espirituais, zelando por tudo e todos que ali se encontram reunidos, em nome do amor a Olorum, às suas Divindades Orixás e às pessoas que estão em busca de uma palavra de fé, carinho e esclarecimento.

Tudo só é ativado espiritualmente e magisticamente com o consentimento deles e tudo que se abre ou se fecha apenas se realiza porque antes eles enviaram suas vibrações vivas e divinas dando outorga para que fosse aberto um trabalho em nome da lei maior e da justiça divina.

Por isso, os saudamos respeitosamente e entoamos cantos de louvor às suas forças e poderes divinos, naturais e espirituais, para que tudo seja realizado com o amparo, a proteção e a anuência dos pais orixás regentes.

Todos os filhos e médiuns, bem como suas forças espirituais, estão ligados a esses orixás e a eles prestam contas. Por eles são graduados se merecedores, ou afastados se passam a viver de forma antagônica aos princípios que regem a Umbanda, transgredindo valores morais e éticos pré-estabelecidos na liturgia do culto.

## Saudação ao orixá que abrirá os trabalhos

Ao saudarmos o orixá que abrirá e regerá os trabalhos da casa pedimos que emane suas vibrações sagradas dando proteção e amparo necessários, preparando o espaço religioso para que os guias e protetores espirituais possam se manifestar e realizar os trabalhos em nome de Olorum e em benefício daqueles que necessitam de ajuda, dando conselhos sempre elevados, equilibrando-as e conduzindo-as em equilíbrio à sua linha de evolução, religando-as aos seus regentes divinos, que as ampararão e conduzirão, de acordo com a vontade divina.

## Saudação à linha de força espiritual que realizará o trabalho de atendimento

Saudamos e reverenciamos a linha de força que trabalhará (Caboclo, Preto-Velho, Ere, Exu, Pomba-Gira, Baianos, etc.), que na verdade são graus ou patentes divinas, de espíritos comprometidos com a lei e uma vez despertos que se voltam para nós encarnados única e exclusivamente por amor, procurando nos elevar moral e conscienciamente, para que também um dia sejamos caminho e fonte pura de sabedoria onde muitos possam caminhar e saciar a sua sede de conhecimento.

Essa é a função primordial e ímpar de um guia protetor, nos ajudar a ser melhores e mais sábios, lapidando nosso íntimo assim como pedras brutas para um dia brilharmos como um diamante, exteriorizando a luz.

Guia protetor de Umbanda é isso: a manifestação do espírito para a prática da caridade, onde com os mais evoluídos aprenderemos e aos menos evoluídos ensinaremos e a nenhum renegaremos. Caridade doada por Olorum de forma gratuita, dádiva que devemos retribuir também de forma gratuita, em que nenhum trabalho em benefício do próximo seja cobrado, pois o sorriso e a paz daqueles que buscam ajuda já é a recompensa e o bálsamo de toda labuta daquele que serve a Olorum como um verdadeiro instrumento Dele.

Ser guia espiritual de Umbanda é anular sua identidade e natureza própria para assumir uma identidade e natureza divina, integrando ao Todo, anulando desejos particulares para que a vontade divina possa se manifestar em nosso íntimo, para servir a Olorum e aos orixás como extensão de sua bondade e misericórdia, a serviço dos seres e criaturas.

## Saudação à linha de força espiritual que descarregará as vibrações energéticas após o trabalho de atendimento

Sempre que encerrado o atendimento mediúnico junto à assistência, cantamos e reverenciamos as linhas de forças espirituais que irão descarregar, recolher e limpar o espaço religioso de toda vibração negativa em nível espiritual, tornando-o novamente neutro, para que assim possa vibrar sua energia natural que são vibrações, magnetismos e energias irradiadas pelos regentes do templo.

## Saudação ao orixá que fechará os trabalhos

Saudamos ao orixá que fechará o vórtice divino que ali foi aberto para que em sua manifestação e nas suas danças sagradas sejam recolhidas, reequilibradas e reordenadas todas as energias e as vibrações restantes, devolvendo-as às suas fontes vivas de origem, para passem a fluir naturalmente.

Os seres humanos em desequilíbrio deslocam energias, cujo magnetismo e função são nocivos e antagônicos, e quando acentuado, tornam-se portais de energias oriundas de outra realidade, portanto incompatíveis com a natureza humana que passam a vibrar em seu campo espiritual, trazendo complicações de ordem biológica, energética e espiritual, alterando algumas funções inerentes aos humanos, uma vez que são geradas somente por essa espécie. Por exemplo, o oxigênio é vital para algumas espécies, porém, há formas de vidas virais e bacterianas que vivem sem o oxigênio e que sucumbiriam caso fossem expostas ao mesmo, tal qual a planta que se alimenta de gás carbônico, e na sua fotossíntese expele o oxigênio que não é consumido por ela, e é vital para a sobrevivência humana.

Neste sentido, ao encerrar os trabalhos, as divindades orixás recolhem cada energia, vibração, magnetismo e formas de vida deslocadas de suas realidades por nossos sentimentos negativamente vibrados e as devolvem para suas realidades de origem para que lá possam fluir naturalmente, reequilibrando as partes com o todo.

## Encerramento

Entoamos cânticos de agradecimento louvando a Olorum e aos Sagrados Orixás, por mais uma oportunidade de servi-Los por meio da Umbanda e clamamos a dádiva de sempre sermos dignos dessa oportunidade.

Pedimos também que sejamos sempre amparados, protegidos, orientados e conduzidos pelos senhores regentes da Sua Lei Maior e da Sua Justiça Divina, para que amparados por Ele sejamos a extensão de Sua misericórdia e bondade para com os nossos irmãos e para que um dia, Oxalá permita estarmos todos integrados e irmanados e, numa só canção de fraternidade louvarmos O Nosso Divino Criador como filhos do mesmo Pai, fonte inesgotável de amor.

## Indumentária Religiosa

A indumentária religiosa é o identificador máximo daquele que está exercendo sua prática religiosa. É indispensável ao sacerdote na sua atividade ou ato sacro como batismo, casamento, funeral ou em atos públicos de reconhecimento da religião, ou seja, é a vestimenta que distingue o religioso em sua atividade e prática em nome da religião. Sendo assim, sempre que realizarmos algo em nome da nossa religião devemos fazê-lo devidamente paramentado com a vestimenta que nos identifica como praticante de determinada religião, seja ela judia, cristã, islâmica, budista, hinduísta, candomblecista e todas as demais religiões consagradas pelos seus atos religiosos.

A humanidade faz uso da indumentária religiosa há tempos, desde o pajé e as religiões ameríndias, os egípcios, os caldeus, os persas, os gregos, os babilônicos, os nórdicos, os romanos, os astecas, e assim por diante, ou seja, a essência da indumentária está internalizada em todas as religiões, e nós umbandistas não somos diferentes. As divindades portam vestes sagradas simbólicas do seu campo e faixa vibratória de atuação e poderes.

Nas vestimentas sagradas temos as coberturas da face, como os véus sagrados, as guirlandas sagradas e as burcas, temos as coberturas de costas como os mantos e capas sagradas, temos as coberturas de cabeça como os elmos e os capacetes sagrados, os cocares, o filá, o kipa, temos a cobertura de pescoço como a estola e os adereços sagrados, colares, faixas, cordões, anéis, correntes etc.

Sendo assim, temos as vestes sagradas que as divindades portam, bem como as vestimentas sagradas dos guias espirituais nas quais o ser espiritual passa a se vestir sempre que estiver em ação e ativo dentro de um trabalho espiritual, e tanto a veste simbólica quanto a veste espiritual modifica-se para que seja identificado a hierarquia a qual o espírito pertence, assim como uma instituição militar que possui roupas e patentes que distinguem soldado, tenente, capitão, major, etc., e que também distingue o grupo que o mesmo faz parte, como a marinha, aeronáutica e exército.

A indumentária não serve apenas de individualizador e identificador da religião que praticamos, ela vai além, pois sabemos que toda vestimenta religiosa é confeccionada por inspiração da divindade para o sacerdote dirigente do culto, que passa a padronizá-la em seu culto.

Entende-se que o uso da indumentária ou veste identificadora como forma de se apresentar como parte de uma instituição, seja ela religiosa ou não, faz parte do inconsciente coletivo e foi instituída como modelo do plano espiritual para o plano material, inspirado pelos espíritos superiores aos espíritos encarnados incumbidos de fundamentar ou fundar instituições que dessem amparo ao meio social coletivo, visando ao bem-estar, à evolução e à identificação de milhares de espíritos.

A seguir, apresentaremos a indumentária utilizada e identificada na Umbanda.

## Roupa branca

É utilizada como identificador dos princípios que a Umbanda traz em si, além de simbolizar a paz, a fé, a cura, a sobriedade e a pureza de espírito, enquanto fator (energo-magnético), de energia e magnetismo, ela apresenta um magnetismo congregador e atrator de energias fraternais em nome da fé e da vida. Além disso, a cor branca representa todas as cores, irradiando-as em outros padrões energéticos, de forma sétupla.

Na roupa branca está implícito de forma emblemática que todos aqueles que se congregam em nome da Umbanda fazem parte do exército de Oxalá – os seus soldados que combatem a intolerância com o respeito, o ódio com o amor, a soberbia com a humildade, a ignorância com a sabedoria, a descrença com a fé, a impunidade com a justiça e o insulto com o perdão.

A roupa branca nos distingue como o exército da paz do Sagrado Trono da Fé e servos do Divino Criador Olorum, aqueles que O servem como instrumentos manifestadores de suas virtudes a serviço e benefício dos seres e de sua criação.

## Cobertura de cabeça ou filá

As coberturas de cabeça são elementos ou vestes que visam criar um campo magnético específico amparador e protetor do nosso campo mental, concentrando as vibrações sutis e essenciais em nosso chacra coronal, o qual nos liga às divindades regentes do alto do altíssimo, cujo acesso só se dá por intermédio do mental. É dentro desse campo mental que nossa centelha divina original está localizada, centelha que é o corpo e fonte primária da nossa geração por Olorum.

As imagens de santos, divindades, anjos apresentam vestimenta ou indumentária sagrada, que velam seus mistérios enquanto seres divinos. De modo similar, os guias de Umbanda, por meio de suas linhas de trabalhos, apresentam em suas vestes sagradas coberturas de cabeça como os cocares dos Caboclos, gorros e chapéus de palha dos Pretos-Velhos, Baianos e Boiadeiros. Os Exus e Pomba-Giras trazem suas coroas, elmos e capuzes, os pais Oguns com seus capacetes, ondinas e sereias com coroas estreladas e as yabás ou mães orixás com suas guirlandas que cobrem mental divino e rostos. Enfim, trata-se de campos protetores dos nossos mentais em que a energia do orixá e guia protetor bem mais se concentre, para que do nosso mental não saiam vibrações nocivas ao trabalho e não sejamos acessados por mentais ligados ao baixo astral e aos espíritos descomprometidos com a Lei Maior.

## Guias ou colares

As guias (colares) fazem parte da indumentária da religião de Umbanda, e quando devidamente cruzados e imantados pelos espíritos e guias protetores representam recursos mágico religiosos por excelência, pois os guias e mentores são os ativadores dos mistérios que se abrem por meio dos colares.

A guia no pescoço de um médium funciona como um para-raios, um campo protetor que se abre e minimiza a sobrecarga que por ventura possa atingi-lo. Caso o médium receba uma carga energética 100% negativa, ela ameniza essa carga em 80% e o médium só sente o impacto de cerca de 20% da carga negativa. Por isso, a guia não deve ser vista por simples adereço, mas como um instrumento mágico, fundamental para o uso nos trabalhos espirituais e, às vezes, no cotidiano quando recomendado por um guia espiritual.

Além disso, toda guia/colar é confeccionada com elementos naturais, tais quais pedras de cristais, minérios, porcelana, sementes, conchas, búzios e outros. São igualmente colocados à guia símbolos como cruz, espada, machado, crânio, penas e amarradas fitas coloridas. Cada elemento possui uma finalidade ativadora de mistérios, pois se é feito de cristais transparentes, é consagrada ao pai Oxalá, por exemplo. E, cada vez que a usamos, além de se abrir um campo protetor na força de Oxalá e no seu elemento que é o quartzo transparente, abre-se um canal de comunicação por meio de cada esfera de cristal, pelo qual somos monitorados e vigiados pela divindade responsável por aquele colar.

Ao ser detectadas demanda ou ataque espiritual, das esferas ou pedras do colar saem espíritos que atuarão em nossa defesa, pois o colar é portal aberto e, caso haja necessidade, é por meio deles que somos ajudados, sem a necessidade da incorporação da entidade.

A guia também é portal móvel e basta colocá-la no chão, acender uma vela no centro dela e oferecê-la ao orixá, entrarmos no círculo com a vela em nosso tornozelo e clamarmos a Olorum e ao orixá dono daquele colar, pedindo que descarregue todas as energias negativas de nosso campo, que nos harmonize e nos equilibre, e em instantes já estaremos com todo nosso corpo físico e parte espiritual descarregados, com nossas forças equilibradas e harmonizadas com a criação de Olorum.

Somente um guia espiritual é que sabe manusear e ativar os recursos do colar com 100% de conhecimento de causa, mas, aprendemos alguns significados quando usamos em determinadas posições em nosso corpo por conta da incorporação, vejamos:

Tradicionalmente, o colar é usado em nosso pescoço e aberto para frente, criando assim todo um campo protetor e abertura de passagem e troca de energias com as forças localizadas a nossa frente. Porém, quando é usado na vertical ou perpendicularmente, cruzado em nosso corpo e aberto para nossa esquerda, caso seja um colar de Exu, cria-se um campo protetor e abertura de passagem e troca de energias com as forças localizadas à nossa esquerda, ocasião em que passamos a ser descarregados e esgotados de energias negativas e carregados energeticamente falando de energias vitalizadoras e estimuladoras de nossas ações positivas e virtuosas. Nós nos referimos a Exu, porque à nossa esquerda quem rege são os orixás, Exu, Pomba-Gira e Exu-mirim, mesmo existindo outras divindades à nossa esquerda.

Na Umbanda, é Exu quem responde por todas as forças e campos à esquerda. Mas, como somos curiosos e investigativos por natureza, vemos que alguns guias, em determinados trabalhos, usam colares de orixás e guia da direita aberto para os campos à esquerda, e quando um colar de entidade da direita está aberto ou colocado transversalmente para nosso lado esquerdo significa que está sendo um campo bloqueador de entrada de energias das realidades à nossa esquerda. Raramente, vemos tal situação, contudo, se a entidade utiliza do recurso é porque tem motivos para bloquear temporariamente a entrada de vibrações à nossa esquerda.

Usa-se também colares cruzados perpendicularmente abertos um para esquerda e outro para direita, geralmente, são colares usados de forma cruzada, possuem polarização energética ou forma polos complementares, por exemplo: são usados colares cruzados amarelo (mãe Iansã) de um lado e vermelho (pai Ogum) de outro, dois campos que se complementam e trabalham em conjunto; poderia ser marrom (pai Xangô) e laranja (mãe Egunitá).

Há, igualmente, colares cruzados de Baiano e Boiadeiro, assim também colares de coquinhos ou olho de cabra (pai Baiano) cruzado para esquerda e amarela (mãe Iansã) cruzado para direita, ambos formando polaridades, pois a linha dos Baianos é regida por Iansã e Oxalá, então, forma polos e campos que se complementam. Há, ainda, colares feitos de couro (pai Boiadeiro) cruzado para a esquerda e colar vermelho ou azul-escuro (pai Ogum) cruzado para a direita, ambos compondo polaridades, pois a linha dos Boiadeiros é regida pelos orixás Ogum e Logunan (Oyá-Tempo), então, formam polo e campo que se complementam e, no ponto onde os colares se cruzam, formam um polo magnético à frente polarizando com outro polo magnético atrás, sendo o cruzamento do colar na frente e com o colar de trás um polo misto de forças, e a abertura dos colares à esquerda e à direita um polo unipolar ou puro de forças e elementos.

Na verdade, sabemos apenas aquilo que os guias espirituais querem que saibamos e nosso conhecimento é fruto desse querer, pois eles sempre serão a fonte, e nós meros expansores do conhecimento que se origina neles, todavia, o pouco que aprendemos deve ser disseminado com o fim de enriquecer a nossa religião.

É certo que as guias e colares têm muito mais mistérios e formas de ser utilizados, porém, vamos nos contentando com o pouco que nos é desvelado e esclarecido.

Saravá, Umbanda!

## Fundamento dos atabaques

As danças, os cantos e os instrumentos musicais religiosos são entendidos como sacros, pois são voltados à religião e ao culto a Olorum. Não são recursos ou propriedade única de uma religião, tendo em vista que são aspectos multimilenares dentro de um culto religioso, e vêm servindo a humanidade por milhares de anos e a Olorum e às suas forças manifestadas na natureza.

O atabaque é um instrumento que vibra e desencadeia ações benéficas no âmbito religioso, sendo um recurso positivo e indispensável nos trabalhos de Umbanda, bem como outros instrumentos e objetos que fazem parte da liturgia da religião. É devidamente consagrado às divindades orixás responsáveis e regentes pela imantação deste instrumento religioso, onde depositam as vibrações necessárias e ativadoras de processos energéticos que se irradiam por meio de ondas magnéticas sonoras que se expandem no ambiente, e todo o corpo religioso passa a absorvê-las mentalmente, despertando vibrações íntimas positivas e graduadoras de nosso padrão mental, acelerando e despertando faculdades mediúnicas caso as tenhamos em estado potencial, anulando formas e pensamentos negativos, anulando "miasmas ou larvas astrais" atraídas por nós devido à má qualidade de pensamentos e internalização de sentimentos negativos, como mágoas, revoltas, tristezas, dores e outros.

O atabaque, acompanhado de cantos, palmas e danças cria um ambiente receptivo das vibrações religiosas ativadoras da nossa fé, que vão cadenciando e graduando nossa vibração espiritual, equilibrando-a e tornando-a de acordo com a vibração do orixá ou guia protetor que irá se manifestar. Por exemplo, quando é entoado um canto sacro à divina mãe Iansã, existe um toque e um canto litúrgico de Iansã, bem ritmado, rápido e potente, assim como a natureza divina dessa mãe o é, movimentadora, ritmada, rápida e potente em suas ações, sem meio-termo, pois ela é a própria lei em ação, propiciando que o seu campo espiritual se abra e ela possa incorporar em seus filhos e filhas, pois o canto, o toque, as palmas e a dança foram se internalizando em nosso campo mediúnico, onde passamos a vibrar essa energia, tornando nosso magnetismo afim com a frequência vibratória dela e assim mais facilmente a sua manifestação espiritual em nosso corpo mediúnico.

Sendo assim, justificamos o uso de atabaques, cantos, palmas e danças no culto religioso de Umbanda, pois ele serve para criar um magnetismo propício para que as forças espirituais possam se manifestar, de acordo com o campo de atuação e mistério que os guias protetores e os orixás trazem em si.

O atabaque é um instrumento mágico religioso por excelência e deve ser firmado e ativado com velas, fitas, etc. Deve-se consagrar o instrumento com um ritual próprio, ocasião em que um orixá manifestador de mistérios afins com as vibrações e sons sagrados produzidos por esse instrumento envolva-o e imante-o com seu axé e vibrações divinas, naturais e espirituais, para que ao ser manuseado pelos iniciados possa se tornar ativador de vibrações harmônicas e equilibradoras do corpo religioso.

O iniciado no atabaque recebe o nome de Ogã, pessoa que se consagrou a Olorum como instrumento Dele, no campo religioso e manifestador do seu dom mediúnico por meio da manipulação desse instrumento religioso. O Ogã, assim também todo corpo mediúnico, tem funções específicas e deve exercê-las com destreza e conhecimento de causa. Deve, acima de tudo, reconhecer-se como um instrumento de Olorum, conduzindo com maestria cantos e toques em benefício de seus semelhantes e assim, como todo bom médium, deve se manter equilibrado e cultivar princípios básicos como o respeito, a humildade, a simplicidade, a tolerância e a fraternidade, pois é também um dos elos importantes da corrente mediúnica, que deve auxiliar na manutenção da paz, da fraternidade e do equilíbrio entre os irmãos que compõem essa corrente.

Por isso, o Ogã deve manter sentimentos elevados e virtuosos, anulando seu ego, para que não se sinta melhor ou em posição de destaque e inverta os valores de seu ofício, o tocar para o orixá e não "aparecer" diante de seus irmãos médiuns.

O bom Ogã deve ser humilde, simples e sempre disposto a ajudar e esclarecer os irmãos que estão sob seu amparo e aprendizado, ensinando não somente como tocar um instrumento religioso, mas antes de tudo, como se tornar um ser humano melhor, uma pessoa boa e prestativa ao seu grupo religioso, desenvolvendo no iniciante consciência religiosa elevada, fundamentada nas virtudes amparadoras da sua religião.

Saravá, a Umbanda!

## Magnetismos nas oferendas

Entendemos por magnetismo algo que nos atrai, desperta interesse e que de alguma forma preenche algo que nos falta. São como fatores complementares, que se atraem, se repelem, se anulam, se neutralizam, dando sustentação e equilíbrio à criação divina.

Sabemos que tudo que é gerado na criação tem sua energia própria, sua vibração, seu cumprimento de ondas vibratórias, seu magnetismo, sua cor, sua luz, vibração, temperatura, individualidade e particularidade.

Para cada energia, magnetismo, vibração, onda, cor, luz, temperatura, temos o elemento que se afina e cria polos onde duas partes se equilibram, dois extremos se sustentam e servem de base à sua linha de força.

A energia elétrica, por exemplo, é composta por ondas de eletricidade emitidas por hidroelétricas e direcionadas para centros ou usinas energéticas, e posteriormente para as casas. Pois bem, essa energia é abstrata, ou seja, igual a um sentimento, ou seja, sentimos, mas não a vemos, e para que ela se faça presente ou se elementarize, é necessário um fio de cobre onde ela se condense e produza a luz, ou seja, o elemento afim com a energia elétrica é o fio de cobre, pois é nesse minério que ela se adensa e bem mais se adapta, pois ele é mais abundante na natureza e tem um custo mais acessível e dessa forma serve melhor a sociedade que faz uso da energia elétrica. Existem vários elementos que conduzem à energia elétrica e onde a mesma se condensa, tal qual a energia eólica gerada a partir da captação do ar, e a energia solar gerada a partir da captação dos raios solares.

Porém, dentro de um conjunto de elementos capazes de conduzir a eletricidade, devemos separar um que bem mais se adapte à forma de vida e que represente a eletricidade, tornando esse elemento seu principal representante e condutor de energia elétrica, ou seja, o elemento que melhor sirva às necessidades dos seres e a vida.

Nesse sentido, tomamos como exemplo a fé, algo inato em nós e mesmo inconscientes a exercemos, pois, ao sair de casa para trabalhar, temos a crença e a convicção de que iremos retornar para o nosso lar sem que nada de errado ocorra nesse percurso. Sendo assim, a crença está para todos os sentidos, porém, onde ela mais se caracteriza e se individualiza é no aspecto religioso.

No magnetismo aprendemos que cada coisa tem sua individualidade, forma e meio mais apropriado de fluir. Existem diversas espécies de plantas, as que precisam mais de calor, as que necessitam mais da noite que do dia, as que precisam de mais água, algumas crescem e florescem no pântano, outras em solo seco e árido, e assim por diante. Podemos transpor esses exemplos para o campo do ensino ou conhecimento, uma vez que o campo do conhecimento se constitui de perguntas e respostas, e a pergunta está para a resposta, tal como a resposta está para a pergunta. Ambas são os extremos de uma mesma linha, o conhecimento.

Uma pergunta é um dos extremos da linha do conhecimento que simboliza a ignorância ou ausência da resposta e a resposta simboliza a presença ou a plenitude da sabedoria. Uma justifica a existência da outra e uma só adquire existência em função da outra, ou seja, são opostos que se complementam, sendo a pergunta (o aluno) e a resposta (o professor), e o aluno está para o professor como o professor está para o aluno, sendo o aluno o desejo de aprender e o professor a fonte de conhecimento que irá saciar tal desejo.

Contudo, ao trazermos ao nosso nível material e utilizarmos de exemplos cotidianos para mais entendimento, comparamos e separamos os magnetismos da seguinte forma:

## Magnetismos opostos complementares

São magnetismos opostos que dentro de uma mesma linha de força se complementam, dando sustentação à vibração original, em que um justifica a existência do outro, como o exemplo da pergunta e da resposta.

## Magnetismos antagônicos

São magnetismos que se anulam, como a morte e a vida, pois onde um está presente o outro se faz ausente, porém, são extremos de uma mesma linha de força que é a linha da evolução, onde nascemos, crescemos e morremos.

## Magnetismos atratores

Pertencem a uma mesma linha ou irradiação, e que são atraídos simultaneamente, por exemplo, a religião e a crença, uma está para a outra e se confundem como aspecto, pois religião não existe sem fé, já a fé existe sem religião; a fé e a crença se manifestam em outros sentidos, tal como a crença em se casar, constituir família, numa vida melhor, sendo esse tipo de crença confundida com esperança pois, esperança nesse sentido tem afinidade com crença e também são polos atratores.

O magnetismo atrator é um magnetismo que nos atrai, mas também nos sustenta, como o recém-nascido e o leite materno, pois o mesmo ao nascer busca o seio totalmente por instinto, atraído pelo cheiro, pelo calor e pelo aconchego, sendo o leite materno o único alimento capaz de alimentá-lo sem riscos; contém recursos vitamínicos e proteicos que irão ampará-lo em seus primeiros anos de vida. Logo, o leite materno está para o recém-nascido como o mesmo está para o leite materno, pois o mesmo foi gerado única e exclusivamente para que o alimentasse e o sustentasse. Isso significa que magnetismo atrator é todo aquele cuja qualidade maior é atrair ou agregar e dar sustentação àquilo que a ele se uniu. Outro exemplo: O ferro e o imã possuem propriedades afins e por isso se atraem.

## Magnetismos neutros

São aqueles que não alteram seu padrão, não complementam e nem completam outro magnetismo. Tal como uma sala de aula repleta de professores de língua portuguesa e sem alunos, ali o conhecimento torna-se neutro, pois é uma sala que não tem alunos, os quais seriam a outra parte do magnetismo que completaria o processo de ensino, como no caso todos já sabem, lecionam e têm o mesmo ramo de conhecimento, caso não tenham alunos para aprenderem suas matérias e seus conhecimentos, as suas funções (ensinar) se tornam nulas. Outro exemplo: O alumínio e o imã, possuem propriedades neutras por isso não se atraem.

## Magnetismos repelidores: água e azeite

São aqueles que não se misturam ou se amalgamam com outros magnetismos, por exemplo, o magnetismo agregador ou da união está presente no casamento e dessa união haverá filhos que formarão famílias. Dentro da união e comunhão de corpos, uma das cláusulas pétreas é: não deverá trair ou existir traição. Nesse caso, a traição é um magnetismo repelente ao casamento, pois pode não se anular, porém, eles se repelem e não podem estar num mesmo campo casamento e traição, pois mesmo que não haja a separação, a traição torna a união e a constituição familiar desordenada e sem princípios. (A água e o azeite se repelem).

Sendo assim, há um meio onde tudo se realiza, com suas funções (magnetismo) originais. Com isso, justificamos o magnetismo dos orixás na Umbanda, pois cada orixá tem os elementos afins que condensam suas vibrações e energias para que possam auxiliar seus filhos.

Os orixás têm nos elementos os que são afins com suas vibrações e energias, os que são complementares, os que se neutralizam e os que se anulam. Por exemplo, ao oferendarmos uma flor à Oxalá, ela deve ser branca, como rosas ou palmas brancas, pois a sua vibração se magnetiza e encontra afinidade com a cor branca e com essas flores mais singelas, pois suas energias são passivas, suaves, fraternas, brandas e calmas, e tudo deverá seguir esse magnetismo, em que os elementos devem ser da cor branca, os frutos doces e suaves. As flores e sementes também devem ter as mesmas características, e os pedidos, a vibração mental (orações) deverão seguir esse padrão, ou seja, de paz, harmonia, prosperidade, fraternidade, irmandade. Pedidos que encontrem sintonia com a característica desse orixá, pois tudo tem seu magnetismo.

E se formos realizar uma oferenda com finalidade de vencermos um obstáculo em nossa vida, pedido de abertura de caminhos, de força íntima, resistência, fortalecimento, brio, fibra devemos fazer ao Orixá Ogum. A vela, as flores, as fitas e todos os elementos utilizados devem possuir essa característica, pois só assim o Orixá se condensará e realizará a ativação do mistério em acordo com as vibrações e energias manifestadas por ele.

Neste sentido, elementos, cores, roupas, fitas, gestos, danças, palmas, toques, saudações, enfim, tudo tem um motivo de ser e de existir, pois encontram fundamento, justificativa e obedecem ao mistério do magnetismo e da lei das afinidades, lei imutável, gerada por Olorum e que está em tudo o que Ele criou a partir de Si, ou seja, sua criação animada ou inanimada.

## Assentamento de poderes divinos e firmeza de forças espirituais

As oferendas religiosas são recursos multimilenares praticados por todas as religiões, algumas as praticam de forma mais aberta e outras de forma mais oculta.

As abertas são realizadas em santuários naturais ou campos dos orixás, como beira-mar, cachoeiras e matas, por verem a natureza como parte indissociável de Olorum e meio que sustenta a vida e os seres na sua plenitude. E essas que praticam o ato ofertório na natureza são classificadas como religiões naturais, pois cultuam Olorum em suas várias formas de se manifestar em Suas partes que compõem o Todo.

As religiões que se utilizam dos recursos ofertórios a fazem de forma oculta, pois não ofertam Olorum e sua corte divina na natureza, mas sim dentro de templos fechados, como a liturgia católica no ato da oferta da santa hóstia e do santo cálice de vinho, simbolizando o corpo e o sangue de Cristo. Trata-se de uma oferenda a Olorum, ao mestre Jesus e ao divino Espírito Santo, solicitando que receba tal oferta e elementos simbólicos, que os imante e energize com seu poder purificador, para que assim ungidos, possam ser distribuídos a todos que comungam da fé em Cristo e possam ser abençoados com as vibrações divinas condensadas ali naqueles elementos simbólicos (pão e vinho). Certo! Já sabemos que em religião tudo é igual e o que nos separa e diferencia são os "pré-conceitos" pessoais que fomentam a intolerância e a violência naqueles que querem se tornar donos de Olorum. Paciência!

Mas, vamos abordar acerca do assentamento dos orixás e da firmeza de guias, graus e forças espirituais, pois dentro do aspecto geral das oferendas esses dois quesitos são voltados única e exclusivamente ao praticante ativo da religião, o sacerdote ou o médium umbandista, ou seja, àquele que está vinculado à religião e suas práticas de forma ativa, diferentemente do umbandista passivo, que é aquele que vai ao terreiro tomar seu passe, que conhece e propaga a Umbanda, porém, não faz parte do corpo mediúnico ativo, não veste o " branco". A esses são reservadas as oferendas abertas dos orixás e guias protetores, as quais podem fazer uso sempre que necessário, para agradecer, pedir prosperidade, abertura de caminhos, etc. Porém, no que tange aos aspectos oferenda de assentamento de poderes divinos e de firmeza de forças espirituais, só estão voltados ao religioso praticante, em quem o conhecimento é interno e não aberto ou "genérico" como nas oferendas básicas, voltadas aos religiosos passivos ou simpatizantes da Umbanda.

O assentamento de forças, geralmente, está ligado a um terreiro ou templo religioso, cuja finalidade é receber dezenas ou centenas de pessoas com diversos problemas, tantas pessoas passivas que vão apenas para tomar um passe e buscar auxílio, quanto pessoas ativas (médiuns) que estão para auxiliar aqueles que vão em busca de ajuda.

O nome assentamento, de forma simbólica significa: poderes divinos assentados, ou seja, imutáveis, perenes, autogeradores, imanentes e eternos. Refere-se a fundamentos voltados às divindades que não são seres em si, mas o próprio poder divino ou uma individualização de Olorum que é eterna, perene, perfeita e imutável e não sujeita à evolução, pois é em si o próprio poder que sustenta a evolução dos seres.

Os orixás são poderes Divinos e sustentadores da criação e das criaturas que habitam e evoluem nos meios evolutivos a elas destinadas. Sendo assim, assentamento é sinônimo de poder e está ligado de forma vertical e a partir do Alto que é onde se encontram as faixas vibratórias Divinas. Geralmente, um assentamento é feito somente por sacerdotes que têm um templo aberto e ativo, que possuem médiuns e fazem atendimento às pessoas que até esse templo chegam aflitas e em busca de uma orientação e uma palavra de conforto e esclarecimento para que direcionem suas vidas.

O assentamento tem ligação com o orixá ancestre, e o orixá pai e o orixá mãe de cabeça do sacerdote dirigente do templo também têm correspondência com o par de orixás regente do templo, os que dão sustentação religiosa para todos os trabalhos e manifestações espirituais. Comumente, eles batizam o terreiro com o seu nome, por exemplo: Tenda de Umbanda Ogum Beira-Mar, Tenda de Umbanda Ogum Megê e Pai João de Angola, Tenda de Umbanda Caboclo Sete Luas e Pai João de Aruanda, e assim, sucessivamente.

O assentamento de poderes está voltado para a coletividade, dando sustentação a tudo e a todos que encontra sob o amparo do solo sagrado do Templo de Umbanda. No assentamento de um terreiro está o fundamento dos orixás regentes da coroa e das forças do sacerdote, tanto no assentamento das forças positivas e da direita, quanto das forças ativas e da esquerda. Por exemplo, o sacerdote em seu triângulo de força tem a regência de Ogum, Oxalá e Iemanjá, na sua tronqueira (assentamento dos orixás da esquerda) estará assentado além do orixá maior Exu, Pomba-Gira e Exu Mirim, os orixás Exus guardiões dos mistérios de Oxalá, de Ogum e de Iemanjá, regentes da sua coroa).

Uma vez assentado, firmado e ativado, aquele espaço se torna um portal permanente de poderes divinos que darão todo amparo religioso e magístico aos trabalhos espirituais e atendimentos realizados por aquele terreiro.

O assentamento, para explicarmos melhor, seria como uma usina hidroelétrica de fonte de energia, dando sustentação a todas as casas (forças espirituais) chegando do alto ou verticalmente e se multiplicando em nosso meio, de forma horizontal.

No assentamento fundamenta-se os orixás e na firmeza fundamenta-se os guias protetores e linhas de trabalho. Por exemplo, no assentamento fundamenta-se o orixá Ogum e na firmeza o Caboclo de Ogum que por ser um espírito humano encontra-se no plano espiritual que é onde flui horizontalmente as energias divinas que nos chegam do Alto.

Fundamenta-se, no assentamento, o poder divino e na firmeza estão balizadas as forças espirituais. No assentamento fundamenta-se o que é eterno, imutável e perene, na firmeza fundamenta-se o que é finito, transmutável e transitório.

O assentamento pertence ao grau ativo de pai espiritual, do sacerdote e ao templo religioso, e a firmeza pertence ao filho no santo, médium e sua residência onde está seu altar e sua firmeza de esquerda, que é ativada toda vez que se dirige ao terreiro para trabalhar. Tudo tem uma correspondência hierárquica muito bem pensada, em que assentamento significa poder, orixá maior ou do Alto, pai ou sacerdote e sustentação coletiva do terreiro ou do altar, e firmeza significa força, orixá menor ou de frente, filho de santo ou médium e sustentação pessoal/individual ou residência ou altar particular.

Assentamento significa amparo coletivo e firmeza significa amparo individual. Assentamento significa amparo ao todo e firmeza significa amparo às partes que compõem o todo.

E qual o fundamento de fazer uma firmeza e um assentamento na natureza? Tanto o assentamento quanto a firmeza devem ser feitos, primeiramente, na natureza, para que dessa forma, quando abrirmos uma oferenda ritual no campo do orixá no qual realizamos o assentamento na natureza, (por exemplo Xangô), ela (oferenda de assentamento) se abra no campo natural da divindade orixá para que no centro da oferenda seja imantado e consagrado a força do orixá, diretamente no seu campo natural, que são por exemplo, as pedreiras, para que depois possam ser recolhidos os elementos que darão sustentação e fundamentação ao assentamento, e, posteriormente, levados ao templo para que ali de forma definitiva sejam assentados.

A razão de irmos primeiramente à natureza e fazermos uma oferenda ritual de assentamento, para depois assentarmos os elementos consagrados em nosso terreiro, é para criarmos uma correspondência magnética com o campo ou santuário natural da divindade orixá ao nosso terreiro, estabelecendo uma ligação permanente entre os campos, uma natural "pedreira" e outro "abstrato" templo, um altar natural erigido na natureza e outro no templo.

Dessa maneira, abrimos uma comunicação e uma passagem espiritual permanente para as faixas vibratórias naturais da Divindade maior e para a nossa faixa vibratória evolutiva humana, fato esse que possibilita e facilita o trabalho espiritual em um terreiro de Umbanda sem que haja tanta sobrecarga energética no local, pois o assentamento está ligado de forma permanente com a faixa vibratória natural do orixá assentado, no caso do exemplo, o divino pai Xangô e isso facilita o trabalho dentro do terreiro de Umbanda, pois toda a carga negativa que para é totalmente nociva, é absorvida e diluída de forma natural no campo da divindade que possui energias altamente elementarizadas e capazes de consumir em segundos toda descarga de energia negativa.

Para que entendam bem mais o que seria uma correspondência magnética com o campo natural, imaginem o scanner ou ainda o saudoso fax, cuja função é passar a cópia de um documento instantaneamente para outra pessoa, mesmo em Continentes diferentes. A correspondência magnética seria o número de telefone ou código de acesso de um lugar para o outro, facilitando a comunicação entre dois extremos. Funcionaria como uma carga que chegou ao terreiro enviada via fax para o campo da divindade na natureza e lá seria descarregada sem que as pessoas precisassem levá-la. Por isso, o fundamento de uma oferenda de assentamento e de firmeza deve ser feito inicialmente na natureza, pois, caso seja feito diretamente no terreiro, a sustentação será somente espiritual e não divina ou elemental. Como por exemplo, um colar consagrado pelo guia espiritual traz sustentação espiritual que irá nos proteger, mas quando consagramos também na natureza no campo do orixá responsável pela consagração daquele colar, ali naquele instante também o colar passa a ter sustentação energética de padrão elemental, o que resulta na abertura de comunicação e correspondência com o campo da divindade que será ativada sempre que usarmos o colar e solicitarmos proteção.

Um assentamento feito na natureza e posteriormente levado para o terreiro é tão importante, mas tão importante, que possibilita ao guia espiritual receber um colar do seu médium, consagrá-lo e ativá-lo com velas, assopros e estalos de dedos, que o mesmo adquire ali a sustentação espiritual e também a elemental, mesmo sem o médium ter ido à natureza, uma vez que o assentamento ali feito já fornece as energias elementais necessárias para que o colar também tenha sustentação espiritual, elemental e Divina, pois o assentamento é um portal aberto de forma permanente com o campo natural da divindade, que no nosso exemplo é Xangô; é como se tivéssemos ali dentro do terreiro a própria pedreira e o santuário natural do Orixá Xangô.

Sendo assim, o assentamento é imprescindível para o terreiro. E para o médium? Aí já é imprescindível a firmeza de forças na natureza, que deve ser feita no campo da divindade orixá ou no campo de força do orixá regente da linha de trabalho ou do grau espiritual a ser ofertado e firmado.

A oferenda ritual consagratória de firmeza de força, por exemplo, do Orixá Ogum Beira-Mar deverá ser feita no campo natural desse orixá intermediário que é a beira-mar, tal qual a do Senhor Ogum Rompe-Matas deve ser feita no campo natural que é nas matas, próximo a uma clareira. Ali faremos uma oferenda ritual e no centro colocaremos um elemento consagratório, como uma pedra, um minério, um símbolo, um colar, etc. Após determinado comportamento litúrgico, recolhemos o elemento consagrado, envolvemos num pano da cor do orixá e o firmamos em nosso altar pessoal em casa, e, ali sempre que firmarmos a vela correspondente à força firmada na natureza, esse elemento se ativará e se comunicará com o campo elemental da divindade maior regente do mistério Ogum Rompe-Matas ou Beira-Mar, ativando e limpando a nós que estaremos de frente para o elemento em oração, que estará recolhendo e limpando todas as energias negativas que estiverem vibrando em nossa casa e em nossos familiares que moram conosco, e após recolhê-las e equilibrar todo o ambiente, essas energias serão enviadas para o campo da divindade e lá diluídas de forma instantânea, e após a realização desse trabalho, o portal elemental se recolherá assim que a vela acabar, ficando o elemento ou a firmeza neutra, aguardando ativação.

Lembre-se, enquanto um assentamento de poder permanece ativo de forma permanente, basta entrar num templo para que seja beneficiado imediatamente. A sua firmeza de força só se ativará quando ativada por você e só por você, pois no ato da oferenda consagratória, tudo foi feito sob sua vibração, tornando aquela ativação particular e intransferível. Daí você pergunta: Ah mais eu firmo o altar e a tronqueira do terreiro que frequento, pois tenho essa função e meu pai de santo autorizou, não tem problema? Não! Pois lá existe o assentamento que ampara de forma coletiva. Você na verdade só irá acender a vela, a ativação e a determinação de trabalho se dão automaticamente, pois é viva, ativa e pensante. Essa qualidade está presente nas divindades que são mistérios divinos e estão devidamente assentadas no terreiro. Por isso, que a quartinha de cada filho de santo fica sob o cuidado dos próprios filhos, pois simboliza a firmeza pessoal e intransferível.

A Umbanda possui fundamentos infinitos, pois os mistérios de Olorum são infinitos, quanto mais mergulhamos, mais nos surpreendemos e nos encantamos.

## Divindades e os sentidos dos arquétipos

As Divindades são qualificadas como Princípios de Olorum, são Divindades Mistérios (qualidade ou individualização de Olorum em um de seus sentidos). Como qualidade possuem atributos e atribuições irradiadoras e realizadoras de suas funções na criação.

As divindades ou princípios geradores não são um ente ou uma entidade, são poderes realizadores de Olorum que se manifestam em toda Sua criação realizando funções amparadoras e sustentadoras da vida em todos os seus aspectos. São os princípios divindades da fé, do amor, do conhecimento, da justiça, da lei, da evolução e da geração. Não possuem gênero, raça, etnia e religião, são somente Tronos Divinos responsáveis por toda a exteriorização da Criação Divina.

O princípio da fé é a manifestação de crença em todos os aspectos da vida, é um sentido e um sentimento que se manifesta em tudo e em todos, o qual sentimos como a confiança que impulsiona e direciona a crer em algo e fazer dessa crença uma forma de vivenciar nossa evolução. Porém, para que o sintamos, é necessário que ele passe por uma codificação em nosso mental, para que o humanizemos com uma identidade, o que chamamos de arquétipo, ou seja, a atribuição de formas humanas a Mistérios Divinos, pois só assim se tornará compreensível e passível de crença e culto religioso.

Abordaremos a fé no campo religioso que é o preferencial de atuação desse princípio e por oferecer mais facilidade ao entendimento do sentido de arquétipo e da necessidade, quase que automática, de darmos formas e concepções humanas a algo divino. Porém, não é o único, pois a fé está também na confiança em algo que vamos realizar, mesmo que não percebamos. Por exemplo, para dirigir um carro cremos ser capazes de conduzi-lo, ao sairmos de casa temos a plena convicção de que chegaremos ao destino, a essa convicção chamamos de fé inconsciente.

Na celebração da fé em uma missa, culto ou sessão de Umbanda há a manifestação da fé como ato celebrante, pois a fé ativada em nosso íntimo precisa de um qualificador humano que a distinguirá para que possa se concretizar no plano material, como um grande aglutinador de consciências religiosas, transmutando e dando ao sentimento de fé uma concepção e uma forma, que é a própria religião ou o local que frequentamos para traduzir esse sentimento abstrato. Não o vemos e não podemos pegá-lo, mas, podemos senti-lo e vibrá-lo.

Sendo assim, traduzimos e damos forma ao sentimento, em um poder que se manifesta por meio da religião e se assenta em templos religiosos. Também damos forma a esse sentimento trazendo o arquétipo ou qualidades que se manifestam no ato de se ter fé, como a esperança, a confiança, a perseverança, a resignação, a tolerância e a fraternidade.

O desejo é um sentido ligado à energia estimuladora de Olorum a fim de dar movimento e vida à Sua criação. Para que algo nos estimule, é preciso haver atração que desperte o desejo pelo sentido ali demonstrado. Comparamos a exposição de um manequim de roupas que tem o intuito de nos estimular visualmente e despertar o desejo de possuir a roupa que está exposta, trata-se da "sensualização dos sentidos."

A sensualidade a que nos referimos não está ligada ao fator sexual, mas a todos os sentidos, pois a "sensualização dos sentidos" dá-se justamente pelo encanto que desperta em nosso íntimo. Vejamos, um professor sensualiza o sentido do conhecimento quando em sua aula encanta os seus alunos, pois a forma e modo de lecionar mostra-se de uma forma atrativa que desperta neles o desejo pelo assunto ali dissertado, ou seja, a aula do professor não é sensual porque ele é "bonito", mas sim porque a sua aula traz em si a sensualidade do sentido do conhecimento que desperta o encanto a quem se presta a ouvi-lo.

Com isso, temos o desejo como uma vibração divina ligada ao fator estimulador de Olorum, que nos impulsiona a vivenciá-lo e satisfazê-lo, encontrando o equilíbrio no campo ou na busca da vivenciação desse desejo.

A busca, citada no exemplo, foi por meio do conhecimento. O desejo que é algo abstrato, como o amor, a fé e outros sentidos que não podemos ver, apenas sentir, encontra uma forma de se manifestar em nós, que procuramos satisfazê-lo de alguma forma, uma vez que desejo é falta e somos estimulados por algo que nos falta, para saná-lo e transformá-lo em satisfação dos sentidos.

Nesse exemplo, o arquétipo ou a forma que damos a quem supre o nosso desejo pelo conhecimento chamamos de professor, pessoa legitimada a realizar os nossos desejos no campo do conhecimento, despertando em nós o encanto por esse sentido.

O estímulo está em todos os atos criadores, é ele que nos impulsiona a seguir em frente e sempre buscar o melhor para nossa vida. E a divindade que rege esse fator estimulador é a Senhora Orixá Divina Pomba-Gira, que nos inunda com a energia estimuladora da criação, do virtuosismo e da melhor forma de viver e vivenciar nossos desejos, alcançando a satisfação e o equilíbrio naquilo que desejamos.

E ela manifesta seu poder estimulador por meio da "sensualização dos sentidos", porque a sensualidade assume o sentido de encanto, do mesmo modo o bom professor que agrada seus alunos com suas aulas ímpares, despertando neles o desejo pelo conhecimento, pois um professor que não seduz é um professor que não estimula e torna a sua aula algo apático. Nesse sentido, a frase "sensualização dos sentidos" representa o encanto pela vida, a vontade de viver. Na religião, o encanto se apresenta por meio do bom sacerdote que cativa os adeptos da sua religião e por isso é legitimado como seu dirigente espiritual.

Um juiz que "sensualiza" o sentido da justiça, é um juiz que encanta a todos com suas sentenças proferidas em seus mandados, pois não se presta somente a emitir sentenças, vai além, emitindo juízos de cunho moral, ético, que visam não somente a averbar o mandado, mas também imprimir seu ponto de vista moral, sempre procurando enaltecer a conduta ética e os bons costumes.

Sendo assim, aprendemos que o desejo, o estímulo e a sensualidade da Sagrada Mãe Orixá Pomba-Gira não está ligada apenas ao campo sexual como estimuladora da vida e da multiplicação, mas está em todos outros sentidos agrupados na fé, amor, conhecimento, justiça, lei, evolução e geração, estimulando nossa bondade, caridade, prudência, amor, tolerância, respeito, ou seja, tudo que seja virtuoso, até que alcancemos a satisfação plena que é vivenciar esses sentidos, atraindo nossos semelhantes por meio do desejo de servir a Olorum.

Saravá, minha amada mãe e senhora dos desejos, a sua bênção, minha Mãe Maior e Sagrada Orixá Pomba-Gira, senhora do estímulo, do desejo e dos encantos Divinos!

## Imitação de Oxalá

A imitação de uma ação virtuosa é uma forma inconsciente de praticar uma atitude polida, é a prática de uma ação mecânica não calcada na vivência. Já para sermos virtuosos, temos de vivenciar um pensamento, ou seja, pensar a vida e viver o pensamento, não por imitação de uma ação virtuosa.

Para pensarmos a vida e agirmos de acordo com o nosso pensamento é necessário ter domínio e ação reflexiva sobre algo, pois somente passando pelo ato da reflexão saímos do automático ou da imitação ou forma instintiva de agir polidamente.

Ser bom, fazer a caridade sem pensá-la é quase agir feito um papagaio que repete uma ação oral sem nenhum domínio ou ciência do que está falando.

Agora, quando a palavra bondade e caridade passam pelo crivo da consciência e nos perguntamos: O que é ser bom, o que é a caridade? Chegamos a um consenso, que nos torna aptos e legitimados a vivenciar o pensamento que será o nosso objeto de fé, pois a partir do momento que refletimos uma ação e a qualificamos de virtuosa com valor concreto sustentado pela certeza (fé) passamos a vivenciá-la, tal qual o Mestre Jesus que realizou curas e milagres em dias que se deviam guardar preceitos e descanso, ou Sócrates que mesmo diante da opressão de seus opositores, acusando-o de blasfemar contra os deuses da Grécia e perverter a juventude, porque lecionava gratuitamente em praça pública ensinando valores absolutos que libertavam o espírito de conceitos relativos, retirando a filosofia do céu (abstracionismo) e trazendo-a para terra (razão), e, tantos outros mestres brilhantes que muito à frente do seu tempo agiram da mesma forma, colocando como prioridade e determinação a reflexão da vida, independentemente de uma estrutura cultural ou religiosa que pudesse amordaçar e abreviar a sua forma de pensar.

Eles pensaram a vida e viveram seus pensamentos com tanta intensidade que os assumiram como missão e, perseverantes aceitaram até a morte física em nome da eternidade das suas vidas como pensamento ou pensamento como vida, e assim não negaram suas divindades (convicções), não as traíram em nome de um dogma que é uma forma de eternizar leis que não são absolutas, ou seja, não servem para todos.

Tiveram todos eles por objeto de virtude a sua fé, pois fizeram dela a sua própria vida e, como missão, convictos na forma de pensar a vida, viveram seus pensamentos, crendo nos valores neles estabelecidos.

## Horas e minutos nas oferendas – portais sagrados do dia do Orixá

A estrutura religiosa revela como padrão universal dias específicos de cultos, de comemoração de suas divindades, como o nascimento de Jesus Cristo, a Páscoa, o Saaba, a Páscoa Judaica, o dia de Santo Antônio, de São Judas, da Missa do Galo, da libertação, do encontro de casais e da oração da família entre os neopentecostais, do entardecer da sexta-feira até o entardecer do sábado resguardados pelos judeus, da prece realizada pelos Islamitas ao divino pai Allah no nascer do sol. Enfim, todas as religiões possuem dias e horas sagrados que são datas específicas, seja para jejuar, para se manter em oração, etc.

Nas tribos indígenas, orações, preceitos e cultos religiosos deveriam ser feitos em sete luas, durante sete sóis, no ponto da noite grande, no ponto do sol a pino, no amanhecer, no ponto do meio-dia, ao entardecer, ao anoitecer, no ponto da hora grande, na madrugada, etc. Todos os povos de regiões diferentes, mesmo sem se conhecer já ordenavam seus cultos embasados em dias e horas específicos, a isso denominamos Estrutura Religiosa Divina Universal, pois se manifesta em todas as civilizações no inconsciente coletivo religioso, servindo de padrão Divino, pois foi inspirada para todas as culturas.

Na Umbanda, todo ato é sagrado e tem fundamento, então, quando fazemos uma oferenda, essa oferenda tem dia específico e cada dia tem a regência predominante de um Trono Divino. Temos sete Tronos Divinos, que são o Trono da Fé, do Amor, do Conhecimento, da Justiça, da Lei, da Evolução e da Geração e cada um rege um dos sete dias da semana:

Domingo, regido pelo Trono da Fé, Orixá Pai Oxalá e Mãe Logunan.
Segunda-feira, regido pelo Trono da Evolução, Orixá Obaluayê e Nanã Buroque.
Terça-feira, regido pelo Trono do Conhecimento, Orixá Pai Oxóssi e Mãe Obá.
Quarta-feira, regido pelo Trono da Justiça, Orixá Pai Xangô e Mãe Egunitá.
Quinta-feira, regido pelo Trono da Lei, Orixá Pai Ogum e Mãe Iansã.
Sexta-feira, regido pelo Trono da Geração, Orixá Pai Omulu e Mãe Iemanjá.
Sábado, regido pelo trono do Amor, Orixá Pai Oxumaré e Mãe Oxum.

Cada dia da semana é regido por um par de orixá, cuja irradiação predomina como regente, pois é o seu dia sagrado, sendo as horas e os minutos, os portais a outros mistérios divinos que acessam esse mistério maior. Por exemplo:

A segunda-feira que é um dia regido pelo Trono da Evolução em que manifesta a irradiação e os mistérios do pai Obaluayê e mãe Nanã Buroque. Ao oferendarmos ao nosso divino pai Ogum Megê, devemos fazê-lo na segunda-feira, pois esse pai é um intermediário do divino pai Ogum (senhor da lei divina) para os domínios do divino e pai maior Obaluayê (senhor da evolução divina). Essa oferenda por ser de Ogum Megê, deve ser realizada no cemitério (campo de pai Obaluayê), porém, num (caminho) dentro do cemitério, pois quem rege os caminhos é Ogum, e se a oferenda é para Ogum Megê, então, a oferenda tem de ser num caminho (Ogum) de terra e dentro do cemitério (Megê) campo de Obaluayê. Esse é um dia correto de se oferendar Obaluayê e Nanã Buroque, e qualquer orixá intermediário ou intermediador dessa linha.

As horas sagradas são divididas e pertencentes às forças cósmicas ou mistérios negativos (trevas), às forças universais ou mistérios positivos (luz), ou forças mistas positivas e negativas, universais e cósmicas ou luz e trevas.

Forças cósmicas ou mistérios negativos (trevas) das 00h00 às 06h00.

Forças universais ou mistérios positivos (luz) das 06h00 às 18h00.

Forças mistas, positivas e negativas, ou universais e cósmicas ou luz e trevas das 18h00 às 23h59.

Seguindo com o exemplo: oferendamos nosso pai Ogum Megê na segunda-feira no campo santo ou cemitério em um caminho de terra próximo ao cruzeiro, na hora regida pelos mistérios positivos das 06h00 às 18h00.

Porém, seu eu tivesse a determinação do mentor espiritual que me assiste para realizar essa oferenda ao meio-dia, saberia que é ao pai Ogum Megê na segunda-feira, porque é o dia em que o Trono da Evolução está voltado cem por cento para nós, irradiando Seu mistério por meio do pai Obaluayê que é o campo onde Ogum Megê está assentado; saberia que deveria fazer a oferenda em um caminho de terra, pois o elemento do Trono da Evolução é terra e o campo de Ogum, os caminhos. E saberia que ao meio-dia estaria fazendo essa oferenda sob a irradiação de pai Oxalá, pois é ele que rege essa hora sagrada, e se fizesse às 12h21 seria de Ogum Megê sob a irradiação de Oxalá (12h00) e no magnetismo de Logunan Tempo (21 minutos).

E se fosse às 13h00 seria na irradiação de Logunan Tempo, pois essa é sua hora sagrada. E se fosse às 13h45, seria na irradiação de Logunan Tempo (13h00) e no magnetismo do Pai Oxóssi (45 minutos). Então, minha oferenda seria sob a REGÊNCIA de Obaluayê, na VIBRAÇÃO de Ogum, na IRRADIAÇÃO de Oxalá e no MAGNETISMO de Logunan Tempo.

Portanto, aprendemos que no dia sagrado regido por um mistério divino, os outros entram nele como horas e minutos sagrados, ou seja, a oferenda de Ogum Megê foi feita na segunda-feira, dia regido por Obaluayê, na hora de Oxalá (meio-dia) e no minuto de Logunan (21 minutos).

Saibam que quando um dia é regido por um orixá-mistério, as outras divindades orixás entram como axé ou energia realizadora e poder irradiante pelas horas a eles reservadas pelo mistério regente do dia, por onde irão realizar suas funções como mistérios auxiliares.

No dia de regência do orixá, as irradiações de outros mistérios divinos entram por meio das horas, os magnetismos por meio dos minutos e as vibrações por meio dos segundos. Os dias seriam como as realidades de Olorum, as horas como domínios dentro dessas realidades, os minutos como faixas vibratórias dentro desses domínios e os segundos como níveis vibratórios dentro dessas faixas vibratórias.

Agora, se fosse uma oferenda ao Senhor Exu Guardião Cósmico do Mistério Tranca-Ruas das Almas, a oferenda teria que ser feita na segunda-feira, pois o mistério das almas é regido por Obaluayê, no cemitério, pois é seu campo natural, em um caminho de terra, pois o mistério e o fator ou energia divina trancadora pertence a Ogum, sendo o mistério Tranca-Ruas um mistério negativo de Ogum, pois, tranca o caminho externo (ruas) de quem está se desvirtuando e atentando contra os princípios da Lei e da Vida. Mas, como tudo que é caminho pertence a Ogum, se é um caminho das almas, está no campo de Obaluayê, então, a oferenda tem de ser feita em um caminho de terra, próximo a uma campa, (o de Ogum Megê era em um caminho de terra próximo ao cruzeiro das almas, pois ele é o redentor das almas); para o Senhor Tranca-Ruas é em um cemitério em um caminho (Ogum) próximo a uma campa (almas que ficaram presas e não adentraram na passagem luminosa do Cruzeiro Divino das Santas Almas Benditas de Obaluayê).

Como o mistério Tranca-Ruas das Almas é cósmico, negativo e punidor de quem atenta contra os princípios da vida e tranca todos os seres das trevas para que não espalhem o horror e os vícios, deve ser oferendado nas horas mistas das 18h00 às 23h59 ou nas horas cósmicas (regidas pelos mistérios negativos) das 00h00 às 05h59.

Se fizesse essa oferenda à meia-noite seria sob a irradiação de pai Omulu, que rege essa hora sagrada, e se fizesse às 00h13 sob a irradiação de Omulu e no magnetismo de Logunan Tempo (13 minutos) e se fosse às 00h09 sob a irradiação de Omulu e no magnetismo de Iansã Balê (09 minutos).

Então, minha oferenda seria feita sob a REGÊNCIA de Obaluayê, na VIBRAÇÃO de Ogum, na IRRADIAÇÃO de Omulu e no MAGNETISMO de Logunan Tempo, e na ENERGIA de Iansã Balê.

Os dias sagrados são regidos por tronos e pelos orixás que os representam, as horas sagradas são regidas por orixás maiores, os minutos sagrados são regidos por orixás médios e os segundos sagrados são regidos por orixás menores.

No dia do orixá, as horas e os minutos são os portais de acesso ao mistério regido pelo orixá, por outros mistérios guardiões.

Os mistérios dos dias, horas, minutos e segundos sagrados são extensos e complexos, mas, entendo que com esses esclarecimentos conseguimos descrever, fazer entender e justificar as práticas de Umbanda que são e fazem parte da estrutura religiosa divina.

## A cura de espíritos sofredores

A cura e o alívio de espíritos atormentados são uma prática de auxílio muito corrente no meio espiritualista. Diversas são as religiões e doutrinas que realizam esse trabalho no plano material e no plano espiritual.

No plano espiritual são os socorristas, uma classe de espíritos voltados para o amparo espiritual daqueles que se encontram perdidos nas zonas umbralinas. Diversos são os motivos que levam um espírito a transitar por essas que são verdadeiras prisões mentais de atos ilícitos cometidos contra si e contra os semelhantes.

No Kardecismo o trabalho de cura, conscientização e doutrina é realizado em benefício dos espíritos retirados dessas zonas astrais umbralinas, que podemos também nomear de limbo, tão bem descrito na bíblia, não é nem o "céu" nem o "inferno". Digamos que seja a antessala para ambos, pois ali o espírito ascende ao primeiro grau da luz ou desce ao primeiro grau das trevas, com a ajuda dos espíritos socorristas. Caso aceite fazer uma reforma íntima, ascenderá, do contrário permanecerá vibrando sentimentos negativos, o que o tornará cada vez mais denso energeticamente falando e cairá para o primeiro grau das trevas em que iniciará sua trajetória decadente até chegar ao sétimo grau negativo, quando se tornará expressão viva da sua queda e de seu negativismo.

O Kardecismo lida com a cura de espíritos aprisionados somente na faixa vibratória umbralina que ainda é o "meio" e por isso, desde Allan Kardec, desenvolveu-se uma prática doutrinária embasada no evangelho para elucidação, conscientização e doutrina desses espíritos aprisionados para que depois de doutrinados, um mentor espiritual possa encaminhá-los a um local onde possam ser curados das chagas (doenças e ferimentos) abertas em seus perispíritos.

Agora, na Umbanda a coisa é diferente, em seus trabalhos espirituais também há a parte voltada à cura de espíritos sofredores, porém ocorre em outro nível e de outra forma.

1º O trabalho de resgate de espíritos não se dá na zona umbralina, os espíritos resgatados pela religião de Umbanda são espíritos que já caíram nos graus descendentes desde o primeiro ao sétimo grau. A Umbanda resgata espíritos já caídos nas trevas em seus mais diversos níveis.

2º Os socorristas são um pouco diferentes dos kardecistas, são uma classe de espíritos destinados a esse trabalho e que possuem uma energia e imantação mais firme para resistirem às faixas vibratórias negativas mais densas. Também são dotados de outros recursos como armas e indumentárias específicas simbolizadoras de seus graus, para que as usem caso haja algum "imprevisto" ou impedimento no resgate desses espíritos caídos.

(Saibam que cada médium de Umbanda traz em sua corrente espiritual um guia "caçador de almas perdidas" que não incorpora e é responsável por resgatar espíritos caídos nas trevas e os agregar ao campo mediúnico para que assim possam ser curados, regenerados e encaminhados para seus lugares de merecimento.

Essa informação foi transmitida pelo Senhor Caboclo Arranca-Toco, incorporado em mim, quando indaguei a ele o motivo de uma infinidade de espíritos sofredores se agregarem em nossa corrente e como atraímos tantos espíritos dessa natureza, pois quando damos passagem a esses espíritos nunca nenhum médium diz: "Ah! Hoje estou 'zero' não tem nenhum e por mais que tomemos banhos de sal grosso e estejamos 'zen', pelo contrário aí é que atraímos mais". Ele, então, informou que os espíritos sofredores são deixados em nosso campo mediúnico, por esses "caçadores de almas perdidas", cuja missão é facultar aos espíritos resgatados um meio de retomarem suas evoluções).

3º Essa classe de espíritos sofredores, que são resgatados, caíram nas trevas da ignorância e lá expandiram ainda mais o negativo que traziam em si, como o ódio e a devassidão que os levaram a quedas intermináveis. Porém, em um determinado momento quando ultrapassam todos os limites impostos pela Lei Maior, essa mesma Lei os verga, purificando-os por meio da dor, pois só usando desse último recurso a Lei Divina anula a ação negativa desses espíritos caídos e pela dor os cura. Então, voltam sua face para Olorum para clamar por perdão por todos os seus erros, e já profundamente arrependidos, o seu íntimo só vibra duas coisas: dor e esperança de alguma forma fazer o bem e servir a Olorum ajudando seu próximo.

4º A Lei Maior usa de um de seus agentes nas trevas para lembrar a esses espíritos caídos que fora da caridade não há salvação, e esses agentes nas trevas a serviço da Lei (Exus Guardiões) sabem exatamente como interromper a queda acentuada de tais espíritos, usando de meios necessários para transformá-los em verdadeiros "anjos" querendo sair o mais rápido possível das trevas para fazer o bem ao seu semelhante.

5º Após a purificação de seus negativismos, os espíritos são agregados no campo magnético de um médium de algum templo umbandista, recebendo a luz da chama branca da vela que cura e regenera seus espíritos quase que instantaneamente, e já curados são encaminhados ao seu local de merecimento, onde a partir daí retomam o caminho reto da evolução.

Vemos aí a diferença da incorporação de um espírito sofredor no Kardecismo e a diferença da incorporação de um espírito sofredor na Umbanda. O espírito sofredor que incorpora no médium umbandista o faz de forma passiva e o que incorpora no médium Kardecista o faz de forma ativa.

Na Umbanda o espírito sofredor quando incorpora não precisa ser mais doutrinado, conscientizado e esclarecido, pois ele sabe que a causa de sua dor deve-se à dor causada ao seu semelhante, e aprendeu isso pagando um preço muito caro. Por isso, quando ele incorpora em um médium umbandista só o faz para ter seu espírito curado por meio da chama da vela branca e ter seu magnetismo humano refeito, e que nós, seus semelhantes, somos os únicos que podemos doá-lo em potencial. Por essa razão, ele não fala quem foi em sua última encarnação, não chora, não se revolta, não reclama e não fala o motivo de sua queda, porque foi transformado pela dor que é o último recurso da Lei Maior para espíritos, cujas quedas sucessivas o anulariam por completo. Ele quer somente ser curado e ter seu magnetismo humano refeito para poder, o mais rápido possível, resgatar todos os seus erros do passado.

O primeiro recurso da Lei Maior é transmutar o espírito ainda na zona umbralina e o último recurso da Lei Maior é o esgotamento do espírito pela dor, a pior escola para se aprender, porém um recurso válido e transformador para os espíritos que se perderam em suas quedas. Lembrem-se disso: Em ambas as ações, a Lei Maior sempre visa à preservação da vida do ser.

Saravá, Umbanda!

## Clamor aos Orixás

Meu amado pai Oxalá, que vossa bênção recaia sobre mim como pétalas de rosa a me reconciliar com o mundo, trazendo a paz daquele que se reconcilia com tudo e com todos, com o Criador, com a criação e com a criatura, pois só me reconciliando com o meu irmão irei reconciliar-me comigo e assim estarei reconciliado com Olorum que está em mim e naquele que me chama de irmão.

Minha amada mãe Iemanjá, que vossa bênção recaia sobre mim como a dádiva do recém-nascido que ao ser parido recebe o calor e o conforto do abraço vivo do amor divino de mãe.

Meu amado pai Oxumaré, que vossa bênção recaia sobre mim como fagulhas de cores vivas que ao tocar minha visão, desperte em mim o encanto pela vida e em tudo que eu olhar eu veja a Centelha Divina de luz que todos possuem em seu íntimo, herança e dádiva provenientes de Olorum, o senhor dos encantos da vida.

Minha amada mãe Oxum, que vossa bênção recaia sobre mim como a satisfação do recém-nascido ao receber o leite materno que é fonte de vida, pois quem vive do seu amor vive a plenitude da vida e goza da divina profissão de dar sem receber, pois, toda riqueza divina supre a quem recebe e torna o seu doador mais afortunado, pois o amor é válido apenas quando empregado no outro, pois quando empregado a si não é amor é vaidade.

Meu amado pai Oxóssi, que vossa bênção recaia sobre mim como a choupana que abriga a vida, tal como o conhecimento que dá sentido a tudo, pois o conhecimento é o exercício e a habilidade de produzir pensamentos a favor da vida e dos seres que nela vivem. Que vossa bênção recaia sobre mim como o ofício do ourives que lapida a pedra bruta até que se torne joia preciosa; como o ofício do padeiro que do trigo faz o pão que sacia a vida. Que vossa bênção recaia sobre mim como talentos divinos que só têm serventia quando aplicados e utilizados em benefício do todo.

Minha amada mãe Obá, que vossa bênção recaia sobre mim como a razão divina que fundamenta todas as práticas colocadas a serviço do todo. Que vossa bênção recaia sobre mim como a terra fértil para que onde eu plantar a fé eu colha a esperança, onde eu plantar a caridade eu colha o amor, onde eu plantar o conhecimento eu colha a sabedoria, onde eu plantar a lei eu colha o bom costume, onde eu plantar a justiça eu colha o respeito, onde eu plantar a sabedoria eu colha o conhecimento, onde eu plantar a vida eu colha mais e mais vidas. Que minhas virtudes sejam a terra fértil para que o mestre semeador possa depositar a sua semente e esperar bons frutos, pois só confiando na terra fértil é que o semeador planta e confia na semeadura do seu legado, pois se a terra é fértil e a semente é boa, os frutos também irão dar boas sementes, permitindo assim a ancestralidade da árvore divina das virtudes.

Meu amado pai Ogum, que vossa bênção recaia sobre mim como a paz e o diálogo provenientes de sua lei ordenadora. Que vossa espada fortaleça meu caráter, para que eu não sucumba diante dos obstáculos pertinentes a todos que caminham o caminho de retorno ao Pai Maior. Que vossa capa divina me proteja da vaidade que aprecia vestir meu ego. Que o vosso capacete de general possa proteger minha mente e meus pensamentos de influências descomprometidas com a luz e a vida, e que o vosso porta-estandarte erga no alto do altíssimo a bandeira do amor como a indicar que sem amor nada se justifica, inclusive a própria Lei.

Minha amada mãe Iansã, que vossa bênção recaia sobre mim como a brisa leve que refresca minhas emoções, não permitindo que eu guarde mágoas e rancores daqueles que cruzarem meu caminho, que no meu caminho vós sejais a brisa que refresca, o vento que conduz o barco à vela do bom pescador, os sons dos bons presságios, os cantos e louvores da paz e a força motriz que movimenta a vida.

Meu amado pai Xangô, que vossa bênção recaia sobre mim como a razão soberana que conduz a tudo e a todos com equilíbrio. Que vossa bênção se instale na minha vida como uma viga mestra fundamentando a minha razão para que ela seja soberana em detrimento dos meus instintos e inclinações, transformando meus desejos pessoais em vontades superiores, adormecendo minhas inclinações humanas e despertando em mim vossas razões divinas. Que vossa bênção recaia sobre mim e que eu seja agraciado com a vossa coroa de rei justo, para com ela em minha cabeça, possa tomar as melhores decisões na minha vida e também possa ser uma extensão da vossa bondade e do vosso amor na vida do meu semelhante. Que a vossa coroa represente em mim o rei único e responsável pelos meus atos, e que com o vosso auxílio eu faça dos meus atos decretos de bondade e luz para que seja aplicado na minha vida como mandamentos de evolução.

Minha amada mãe Oroiná, que vossa bênção brote do meu íntimo como a chama viva da fé, energizando meu ser e refazendo minha alma no calor do vosso fogo transformador, consumindo os sentimentos coléricos e forjando no meu íntimo a energia viva que transforma a dor em prazer, o ódio em amor, a guerra em paz e a ignorância em sabedoria. Que vossa bênção recaia sobre mim como a chama purificadora que dissolve as crostas de vibrações negativas e revela o ser de luz que habita em meu todo imortal.

Meu amado pai Obaluayê, que vossa bênção recaia sobre mim como cruzes redentoras, abrindo passagens em meus caminhos, que permitam galgar um degrau de luz e um estado de consciência mais elevado, tornando-me uma extensão do vosso mistério divino, da vossa bondade e misericórdia na vida do meu semelhante. Que vossa bênção recaia sobre mim como luz a me guiar nos vales escuros que eu tiver que atravessar, que a vossa sabedoria seja o cajado firme que ampara aqueles que caminham com passos lentos, porém seguros. Que eu seja a extensão do seu abraço caloroso, naqueles que tremem diante ao frio da solidão, que eu seja a extensão da sua mão firme, a levantar aqueles que sucumbiram na sua caminhada, justamente por não aceitarem o auxílio do vosso cajado que ampara a evolução de tudo e de todos. Que eu seja a extensão da vossa caridade a dividir o pão com aqueles que no seu caminho padecem de fome, e padecem justamente por cobrar pelo alimento da fé quando de graça o recebeu das mãos do Divino Criador. Que eu seja a vossa face luminosa que se volta às minhas sombras humanas que caminham na escuridão, para que eu ao iluminá-la possa uni-la a mim como a metade luminosa que me faltava. Que eu e meu eu sejamos uma só luz a habitar o íntimo do Criador de todos nós.

Minha amada mãe Nanã Buroque, que vossa bênção brote do meu íntimo como o sorriso da velha negra a saber do fim do cativeiro, que vossa bênção brote do meu íntimo como as lágrimas de superação, de resignação e de perseverança por ter se mantido na fé inabalável enquanto o chicote da incompreensão humana no tronco da morte cortava a sua alma viva em Olorum. Que vossa bênção recaia sobre mim como o perdão antecedido às almas humanas que ausentes de Olorum fomentam o ódio, a maledicência, a ambição, a ganância e a vaidade, vícios esses que corroem a alma daquele que na fraqueza da fé deixou se levar pelos instintos do corpo que corrompem a alma. Que a vossa bênção recaia sobre mim como flores de luz e que eu possa sentir o cheiro do jardim por onde as santas almas benditas transitam e traga esse jardim no meio onde me encontro para que a essência das almas, que já se assentaram no céu, possa fortalecer a vida daqueles que ainda se encontram na terra.

Meu amado pai Omolu, que vossa bênção recaia sobre mim como a dádiva da saúde mental e corporal, curando minhas chagas abertas em meu íntimo, curando as dores da alma e afastando do meu corpo físico toda eminente doença que se avizinha. Que vossa benção recaia sobre mim como a paz e a calma que a tudo estabiliza, dando estabilidade familiar para que eu possa ver minha família crescer saudável e feliz, dando a estabilidade financeira para que sustente de forma digna e próspera todos que dependem de mim como provedor do lar. Que vossa benção recaia sobre mim como a dádiva divina da paz interior daqueles que no fim de um percurso podem recostar sua cabeça na relva macia e gozar da tranquilidade de ter cumprido a vossa missão com êxito e descansar o sono dos justos, até que nova senda luminosa nos seja facultada.

Minha amada mãe Logunan, que vossa bênção recaia sobre mim como a sabedoria do tempo que no tempo certo a tudo e a todos ensina, conduz e direciona. Que vossa benção recaia sobre mim como os minutos preciosos que ainda tenho para me reconciliar com a vida, para que na eternidade do tempo em mim, eu possa reescrever a minha história, como aquele que a tudo viu e a tudo sentiu quando estava junto da senhora do tempo e que após tudo ver e tudo conhecer, decidiu reescrever o tempo dos maduros, daqueles que não mais esbravejam, mas sim silenciam diante da pressa que é inimiga da perfeição e rival da eternidade.

Que vossa bênção recaia sobre mim como o fruto maduro que nem antes e nem depois, mas na hora certa possa ser servido na mesa do Criador. Que vossa bênção recaia sobre mim não como o suor do afoito que por ser apressado agora transpira medo. Mas sim, que vossa benção recaia sobre mim como a tranquilidade daqueles que amadureceram no tempo e no tempo certo espalharam os frutos de suas obras, que por estarem maduras podem ser saboreadas por aqueles que já não querem perder mais tempo na vida.

Meu amado pai Exu, que vossa benção recaia sobre mim como o vigor e a vitalidade em fazer o bem, que eu me sinta forte e poderoso sempre que for solicitado para servir a luz e amparar a vida, mas que recaia sobre mim a apatia e a fraqueza sempre que tomar a lei divina por minhas mãos e dela me servir para causar algum mal ao meu semelhante.

Sagrado Pai Exu, que vossa benção recaia sobre mim como a alegria e a felicidade de me sentir útil como obreiro dos orixás, semeando e levando uma mensagem de amor, carinho e esclarecimento aos corações confusos e desnorteados. Que eu seja a extensão da vossa bondade, que faculta a todos uma segunda chance e nova oportunidade de retornar ao Pai Maior amparados pelo vosso mistério e faixa vibratória evolutiva. Fortalece minha caminhada, para que eu possa sempre estar alegre e com um sorriso largo no rosto mesmo que a tristeza insista em mudar minha feição.

Minha amada mãe Pomba-Gira, que vossa bênção recaia sobre mim como o estímulo e o desejo de tornar o mundo melhor, começando por mim, me melhorando para que o meu templo íntimo venha abrigar virtudes que pelo vosso mistério são estimuladas, tornando o desejo de buscar a luz em vontade de permanecer nela.

Que vós, minha amada Mãe Pomba-Gira, fortalecei em mim os desejos que enalteçam as qualidades virtuosas que habitam meu íntimo, mas também a vós peço que desestimules em mim sentimentos negativos que não encontram fundamentos na Lei de Olorum, pois Olorum só gerou virtudes, e nos vícios me torno ausente em Olorum e caminho como uma sombra sem alma a vagar pelos descaminhos da vida. Que a vaidade se transforme em orgulho, que a ambição se transforme em desprendimento, que a beleza seja vista pela alma e que o desejo seja o estímulo que conduza ao amor.

# Outras publicações

**FEITIÇOS, MAGIAS E MIRONGAS**
*Evandro Mendonça*

Mais uma obra que apresento a vocês, meus leitores, com muito orgulho e satisfação do dever comprido. Espero que seja do agrado de todos e que possam usufruir de todos os feitiços contidos nessa obra.

São feitiços simples mas de muita eficácia, e muitos deles hoje nem praticados mais na maioria dos terreiros. Vocês encontrarão vários feitiços com o propósito de ajudar a cada um à medida do possível e do merecimento de cada um.

Mas, para aqueles que ainda cultuam uma Umbanda antiga de amor, fé, raiz e fundamento, tenho certeza de que se identificarão com essa obra e seus feitiços.

Lembrando que esta obra é quase um segmento do meu primeiro e mais vendido livro: *Umbanda – Defumações, Banhos, Rituais, Trabalhos e Oferendas.*

Formato: 16 x 23 cm – 192 páginas

**ZÉ PELINTRA – FEITIÇOS E MAGIAS**
*Evandro Mendonça*

Este livro foi feito com muito amor e carinho, ainda mais falando em espiritualidade, doutrina, raiz e fundamentos religiosos.

É um livro simples, básico, didático, direcionado à todos aqueles médiuns novos que estão entrando para os terreiros de Umbanda, e que realmente têm o desejo de aprender.

É um livro que apresenta banhos, defumações, pontos cantados, rituais, magias, feitiços, oferendas e simpatias, da linha dos Malandros que podem ser muito úteis e usados no seu dia a dia.

Formato: 16 x 23 cm – 192 páginas

# *Outras publicações*

### FEITIÇOS DE QUIMBANDA
*Evandro Mendonça*

A obra é simples, mas foi feita com o coração e sempre com o intuito de ajudar e dividir com meus irmãos o aprendizado do dia a dia.

Os feitiços nela expostos são aparentemente simples, mas de bastante eficácia em seus resultados.

Para isso basta fazê-los com fé, confiança e pensamento positivo naquilo que você deseja.

Porém, muito cuidado com o que você vai pedir, pois poderá ser atendido, e não se esqueça nunca de que toda a ação produz uma reação e tudo que se planta se colhe, assim é a lei da natureza, e você tem o livre-arbítrio de escolher para si tudo que quiser e desejar, mas procure fazer sempre dentro da razão para que não crie laços eternos que possam prejudica-lo.

Formato: 16 x 23 cm – 192 páginas

### A UMBANDA BEM EXPLICADA
*Daniel Soares Filho*

"A Umbanda bem explicada" é o resultado de uma pesquisa de campo e bibliográfica que tem por objetivo trazer a público algumas expressões, palavras e atividades ligadas à realidade umbandista. Em um território continental como o Brasil e pela ausência de uma codificação dogmática, a Umbanda apresenta um leque amplo de diferentes práticas e saberes que merecem ser discutidos.

A obra não tem a pretensão de abarcar todas as possibilidades do exercício da religião. O que se busca é abordar os temas sobre a Umbanda, tendo como princípio básico o respeito a todas as Casas que fazem tremular, com honra e dedicação, a "bandeira de Oxalá". Durante os capítulos, o leitor notará, por diversas vezes, a preocupação do autor em alertar para o fato de que o seu discurso não é único e muito menos taxativo.

Formato: 16 x 23 cm – 160 páginas

## EXU – A MÃO ESQUERDA DO CRIADOR

*Ortiz Belo de Souza*

*Exu – A Mão Esquerda do Criador* vem como ferramenta indispensável para o praticante da Umbanda, com seus fundamentos e esclarecimentos que dará novo horizonte proporcionando a evolução!

Bases sólidas provenientes de anos de trabalho, respeitando a tradição vinda através de nossos ancestrais espirituais, desmistificando o que é a Esquerda da Umbanda, entendendo a Cruz da Criação em uma visão de gênese e hierarquia espirituais nunca escritas em obras literárias.

Assim é este trabalho que vem dar ao médium de Umbanda o que ele sempre teve, mas ainda estava oculto em sua vida como religioso.

Formato: 16 x 23 cm – 144 páginas

## O LIVRO DE OURO DA UMBANDA

*Ortiz Belo de Souza*

"O Livro de Ouro da Umbanda", este título nos leva ao mundo de interpretações do fascínio que é a religião de Umbanda. Uma obra pautada na ética que indica o brilho que é ser médium de Umbanda. Um Chamado religioso que proclama a importância do Poder Supremo do Criador através dos espíritos de Luz, sendo um alicerce que permitirá a união de todos os pensamentos, enaltecendo sempre a grandiosidade que é servir como medianeiro dos planos extrafísicos, conotando a realeza que vem por trás daqueles dotados da capacidade de interagir com seus guias espirituais, de maneira sempre humilde.

Um compêndio de explanações que servem a todos nós o tempo todo, ajudando na educação do medianeiro, em sua meditação sobre "o que eu sou" e o "o que devo ser". Com certeza, utilizará esta ferramenta para elevar seu trabalho religioso.

Formato: 16 x 23 cm – 256 páginas

# Outras publicações

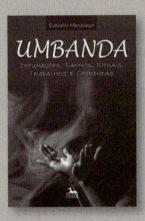

**UMBANDA – DEFUMAÇÕES, BANHOS, RITUAIS, TRABALHOS E OFERENDAS**

Evandro Mendonça

Rica em detalhes, a obra oferece ao leitor as minúcias da prática dos rituais, dos trabalhos e das oferendas que podem mudar definitivamente a vida de cada um de nós. Oferece também os segredos da defumação, assim como os da prática de banhos. Uma obra fundamental para o umbandista e para qualquer leitor que se interesse pelo universo do sagrado. Um livro necessário e essencialmente sério, escrito com fé, amor e dedicação.

Formato: 16 x 23 cm – 208 páginas

**PRETO-VELHO E SEUS ENCANTOS**

*Evandro Mendonça inspirado pelo Africano São Cipriano*

Os Pretos-Velhos têm origens africana, ou seja: nos negros escravos contrabandeados para o Brasil, que são hoje espíritos que compõe as linhas africanas e linhas das almas na Umbanda.

São almas desencarnadas de negros que foram trazidos para o Brasil como escravos, e batizados na igreja católica com um nome brasileiro. Hoje incorporam nos seus médiuns com a intenção de ajudar as almas das pessoas ainda encarnadas na terra.

A obra aqui apresentada oferece ao leitor preces, benzimentos e simpatias que oferecidas aos Pretos-Velhos sempre darão um resultado positivo e satisfatório.

Formato: 16 x 23 cm – 176 páginas

## EXU, POMBA-GIRA E SEUS AXÉS

*Evandro Mendonça inspirado pelo Sr. Exu Marabô e pela Sra. Pomba-Gira Maria Padilha*

A obra apresenta as liberações dos axés de Exus e de Pombas-Giras de modo surpreendente, condensado e extremamente útil. É um trabalho direcionado a qualquer pessoa que se interesse pelo universo apresentado, no entanto, é de extrema importância àquelas pessoas que tenham interesse em evoluir em suas residências, em seus terreiros, nas suas vidas.

E o que são esses axés? "Axé" é força, luz, poder espiritual, (tudo o que está relacionado com a sagrada religião), objetos, pontos cantados e riscados, limpezas espirituais etc. São os poderes ligados às Entidades.

Formato: 16 x 23 cm – 176 páginas

## A MAGIA DE SÃO COSME E SÃO DAMIÃO

*Evandro Mendonça*

Algumas lendas, histórias e relatos contam que São Cosme e São Damião passavam dias e noites dedicados a cura tanto de pessoas como animais sem nada cobrar, por esse motivo foram sincretizados como "santos dos pobres" e também considerados padroeiros dos médicos.

Não esquecendo também seu irmão mais novo chamado Doúm, que junto fez parte de todas as suas trajetórias.

A obra oferece ao leitor algumas preces, simpatias, crenças, banhos e muitas outras curiosidades de São Cosme e São Damião.

Formato: 14 x 21 cm – 136 páginas

# Outras publicações

**EXU E SEUS ASSENTAMENTOS**

*Evandro Mendonça inspirado pelo Senhor Exu Marabô*

Todos nós temos o nosso Exu individual. É ele quem executa as tarefas do nosso Orixá, abrindo e fechando tudo. É uma energia vital que não morre nunca, e ao ser potencializado aqui na Terra com assentamentos (ponto de força), passa a dirigir todos os caminhos de cada um de nós, procurando sempre destrancar e abrir o que estive fechado ou trancado.

Formato: 16 x 23 cm – 176 páginas

**POMBA-GIRA E SEUS ASSENTAMENTOS**

*Evandro Mendonça inspirado pela Senhora Pomba-Gira Maria Padilha*

Pomba-Gira é uma energia poderosa e fortíssima. Atua em tudo e em todos, dia e noite. E as suas sete ponteiras colocadas no assentamento com as pontas para cima representam os sete caminhos da mulher. Juntas às outras ferramentas, ervas, sangue, se potencializam tornando os caminhos mais seguros de êxitos. Hoje é uma das entidades mais cultuadas dentro da religião de Umbanda. Vive na Terra, no meio das mulheres. Tanto que os pedidos e as oferendas das mulheres direcionadas à Pomba-Gira têm um retorno muito rápido, na maioria das vezes com sucesso absoluto.

Formato: 16 x 23 cm – 176 páginas

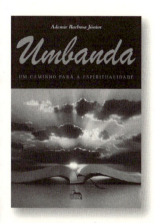

## UMBANDA – UM CAMINHO PARA A ESPIRITUALIDADE

*Ademir Barbosa Júnior (Dermes)*

Este livro traz algumas reflexões sobre a Espiritualidade das Religiões de Matriz Africana, notadamente da Umbanda e do Candomblé. São pequenos artigos disponibilizados em sítios na internet, notas de palestras e bate-papos, trechos de alguns de meus livros.

Como o tema é amplo e toca a alma humana, independentemente de segmento religioso, acrescentei dois textos que não se referem especificamente às Religiões de Matriz Africana, porém complementam os demais: "Materialização: fenômeno do algodão" e "Espiritualidade e ego sutil".

Espero que, ao ler o livro, o leitor se sinta tão à vontade como se pisasse num terreiro acolhedor.

Formato: 16 x 23 cm – 144 páginas

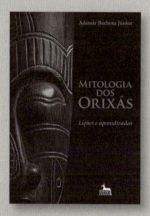

## MITOLOGIA DOS ORIXÁS – LIÇÕES E APRENDIZADOS

*Ademir Barbosa Júnior (Dermes)*

O objetivo principal deste livro não é o estudo sociológico da mitologia iorubá, mas a apresentação da rica mitologia dos Orixás, que, aliás, possui inúmeras e variadas versões.

Não se trata também de um estudo do Candomblé ou da Umbanda, embora, evidentemente, reverbere valores dessas religiões, ditas de matriz africana.

Foram escolhidos alguns dos Orixás mais conhecidos no Brasil, mesmo que nem todos sejam direta e explicitamente cultuados, além de entidades como Olorum (Deus Supremo iorubá) e as Iya Mi Oxorongá (Mães Ancestrais), que aparecem em alguns relatos.

Formato: 16 x 23 cm – 144 páginas

Distribuição exclusiva

www.aquarolibooks.com.br